Cordula Ziebell
Barbara Ziebell

# SCHWESTERNBANDE

Wie lebendige
Schwestern-Beziehungen
gelingen

**Besuchen Sie uns im Internet:**
www.knaur.de

Aus Verantwortung für die Umwelt hat sich die Verlagsgruppe
Droemer Knaur zu einer nachhaltigen Buchproduktion verpflichtet.
Der bewusste Umgang mit unseren Ressourcen, der Schutz unseres Klimas
und der Natur gehören zu unseren obersten Unternehmenszielen.
Gemeinsam mit unseren Partnern und Lieferanten setzen wir uns für eine
klimaneutrale Buchproduktion ein, die den Erwerb von Klimazertifikaten
zur Kompensation des $CO_2$-Ausstoßes einschließt.
Weitere Informationen finden Sie unter: www.klimaneutralerverlag.de

Originalausgabe Oktober 2021
Knaur Verlag
© 2021 Knaur Verlag
Ein Imprint der Verlagsgruppe Droemer Knaur GmbH & Co. KG, München
Alle Rechte vorbehalten. Das Werk darf – auch teilweise – nur mit
Genehmigung des Verlags wiedergegeben werden.
Redaktion: Dr. Caroline Draeger
Covergestaltung: Ruth Botzenhardt | buxdesign
Coverabbildung: Ruth Botzenhardt | buxdesign
Satz: Adobe InDesign im Verlag
Druck und Bindung: GGP Media GmbH, Pößneck
Printed in Germany
ISBN 978-3-426-21497-8

5   4   3   2

# Inhalt

# Vorwort

November 2019 – wir haben uns ein paar Tage Auszeit an der Ostsee genommen, um mit diesem Buch über Schwesternbeziehungen zu beginnen. Ostsee – wir lieben den Duft. Es riecht vertraut, vermittelt Geborgenheit, und ein Gefühl von Heimat breitet sich in uns aus.

Travemünde an der Ostsee ist nach Hamburg unsere zweite Heimat, denn hier lebten unsere Großeltern. Bei ihnen verbrachten wir jede Sommerferien. Es waren schöne Zeiten dort bei ihnen – mit unseren Eltern und uns. Wir sind Schwestern – Barbara und Cordula.

Und weil wir Schwestern sind, sitzen wir auch jetzt hier in unseren warmen Sesseln mit Blick auf die vertraute Ostsee und den vielen schönen, aber zum Teil auch schmerzhaften Erinnerungsfragmenten. Denn nun geht es um unser Herzensthema: Schwestern!

Eine Schwester zu sein und zu haben kann etwas Wundervolles sein, ein Geschenk des Himmels – etwas Kostbares, was es gilt zu pflegen und zu hegen. Es kann jedoch auch eine Bürde darstellen oder ein mittleres bis großes Leid sein, geprägt durch unerfüllte und unerfüllbare Erwartungen und Sehnsüchte, gegenseitige Verletzungen oder Kontaktabbrüche. Damit kennen wir uns nicht nur als Schwestern aus, denn wir erfahren viel darüber in unseren Workshops und Coachings für Schwestern.

In einer »Schwesternbande« zu sein gleicht einem Wechselbad der Gefühle: harmonisch, inspirierend, neutral, aber auch konfliktreich, verletzend. Die Liste ließe sich fortsetzen.

Schwester zu sein ist ein Abenteuer. Welche Art von Beziehung du auch immer zu deiner Schwester oder deinen Schwestern haben magst: Wir möchten dich mit diesem Buch einladen, dein eigenes Schwestersein und Schwestererleben zu erforschen. Wir möchten dich ermutigen, dich auf eine Abenteuerreise einzulassen, von der du nicht weißt, wie sie enden wird. Wir sind uns aber sicher: Einiges – vielleicht sogar vieles – wird anders sein als vorher!

## Vorwort zur 2. Auflage

Seit Erscheinen unseres Buches im Oktober 2021 erhielten wir zahlreiche positive Rückmeldungen. Für viele »Schwestern« wirke es »befreiend«, die Beispiele seien »sehr anschaulich« und die Übungen »direkt anwendbar«. Wir erhielten auch den Tipp, darauf hinzuweisen, dass in »jedem Kapitel hilfreiche Übungen« zu finden seien. Auch wenn beispielsweise die Überschrift Großfamilie nicht passe, da die Leserin nur eine Schwester habe oder unterschiedliche Kontaktwünsche nicht ihr Thema sei. Die Übungen dort, wie »Umgang mit Kritik« oder »Vier Ohren und vier Münder«, könnten genau richtig für sie sein. Das geben wir hier gern weiter.

In unseren Bonusmaterialien findest du eine PDF mit allen Übungsanleitungen zum Ausdrucken und zwei Übungen als Audio. Auch eine Übersichtstabelle der Fallbeispiele mit den zugehörigen Methoden, Übungen und Fotos der erwähnten Symbole erhältst du dort. Des Weiteren kannst du uns Autorinnen näher kennenlernen, eine weitere Schwesterngeschichte mit einer Übung zur Stärkung des Selbstbewusstseins lesen und in einer Auswahl von Büchern und Filmen zu Schwestern stöbern: Bonusmaterialien: http://www.schwestern-buch.de/material.

Alles Liebe für dich und deine Schwestern- oder Geschwisterbeziehungen
wünschen Cordula und Barbara im April 2023

# Ein Buch von Schwestern für Schwestern

## Es begann auf Korfu

Dieses Mal waren wir, Barbara und Cordula, auf Korfu gelandet zu einem einwöchigen Schwesternurlaub. Solche gemeinsamen Schwesternurlaube hatten wir seit einigen Jahren zur Tradition werden lassen. Wir brechen mindestens alle zwei Jahre zusammen auf.

Für unseren Korfu-Urlaub hatten wir uns ein »Ferien- und Seminarresort« ausgesucht, einen Urlaubsort, ideal für allein reisende Frauen, die aber dennoch nicht immer allein sein wollen und etwa beim Morgen- und Abendbuffet und verschiedenen Kursangeboten gern auch Zeit mit anderen verbringen möchten.

Wir beide genießen es in unseren Urlauben, miteinander in den Tag hineinzuleben. Oft haben wir keinen bestimmten Plan, sondern lassen uns auf das ein, was kommt. Häufig stimmen unsere jeweiligen Bedürfnisse überein, manchmal aber auch nicht. Dann sind wir uns gegenseitig Inspiration, oder jede geht auch mal ihren eigenen Weg, und später treffen wir uns wieder. Wir finden meist schnell unseren »Schwesternurlaubs-Flow«. So war es für uns immer. Es ist selbstverständlich für uns, dass wir unsere Schwesternurlaube so verleben – auch auf Korfu war das so.

»Wie schafft ihr es, euch so gut zu vertragen?« – »Meine Schwester und ich haben ein schlechtes Verhältnis, gemeinsame Urlaube wären undenkbar!« – »Ich könnte es mit meiner Schwester nie länger als ein bis zwei Tage aushalten!« – »Meine Schwester will nichts mehr von mir wissen.« – »Ich würde mich nicht trauen, meine Schwester zu fragen, ob sie mit mir einen

Schwesternurlaub verbringen würde!« – Die vielen Fragen und Reaktionen der anderen Frauen bei den gemeinsamen Mahlzeiten haben uns dann doch überrascht. Erstaunt stellten wir fest, dass die Schwesternthematik nun bei vielen Frauen im Vordergrund stand. Uns überwältigten die oft sehr negativen Äußerungen vieler Schwestern. Der Bedarf an Unterstützung war offensichtlich. Wir begannen, gemeinsam darüber nachzudenken.

Als Gestalttherapeutin hatte ich, Cordula, bereits oft erfahren, wie stark wir alle – außer durch die Eltern und weitere Einflussfaktoren – insbesondere auch durch unsere Geschwister, unsere Geschwisterposition und Rollenzuschreibungen geprägt werden. Bei Familienaufstellungen beobachtete ich, dass die horizontalen Erfahrungen innerhalb der Geschwister mindestens genauso starke Auswirkungen auf das eigene Selbstwertgefühl und auf spätere Beziehungen zum/zur Partner*in oder zu Kolleg*innen haben können wie die vertikale Beziehung zu Mutter oder Vater. In therapeutischen Zusammenhängen wurde dies lange Zeit weniger beachtet, im Fokus standen eher die Eltern-Kind-Beziehungen.

Schwestern (und Brüder) können wir uns genauso wenig wie unsere Eltern aussuchen. Wir können uns von ihnen nicht scheiden lassen, selbst wenn wir es wollten – die emotionale Bindung bleibt, egal wie (gut oder schlecht) wir uns verstehen und wie weit entfernt wir (physisch und emotional) voneinander leben. Inzwischen wurde auch von der Geschwisterforschung erkannt, dass sich die Geschwisterbeziehungen mindestens ebenso stark auf die seelische Entwicklung eines Menschen auswirken wie die Beziehung zu den Eltern.[1]

Es gibt im deutschsprachigen Raum eine Vielzahl von Seminarangeboten zu Themen der Persönlichkeitsentwicklung, zu Beziehungsarbeit und zu Kommunikation, doch keine Angebote für erwachsene Geschwister und deren Themen wie beispielsweise zum Umgang mit Beziehungsproblemen, Kontaktabbrüchen oder Erbstreitigkeiten. Konflikte unter Schwestern werden in unserer Gesellschaft tabuisiert oder – bei Promis – reißerisch zur Schau gestellt und gern als »Zickenkrieg« bewertet.

Barbara und ich waren also in unserem Schwesternurlaub auf Korfu auf etwas Wichtiges gestoßen: ein Thema, das uns nicht mehr loslassen sollte. Und tatsächlich hatte ich eines Nachts, nur ein paar Tage nach diesem Urlaub, eine Eingebung: Wir beide könnten Frauen unterstützen und Wochenendworkshops für Schwestern anbieten.

Das war also im Sommer 2008 die Geburtsstunde unseres Projektes »Schwestern-Workshops – Von Schwestern für Schwestern«. Wir waren erfüllt von Vorfreude, Tatendrang und erwartungsvoller Aufregung und warfen hierfür zunächst unseren gesamten Erfahrungsschatz zusammen. Meine, Barbaras, methodisch-didaktischen Kompetenzen aus vielen Lehrenden-Fortbildungen und Trainings, Kenntnisse aus lösungsorientierter und spiritueller Beratung sowie meinen ganz persönlichen Entwicklungsprozess. Und dazu meine, Cordulas, damals 15-jährige Erfahrungen mit szenisch-dialogischen Aufstellungsarbeiten, gewaltfreier Kommunikation und Achtsamkeitspraktiken als Gestalttherapeutin, Coach und Supervisorin in der eigenen psychotherapeutischen Praxis.

Uns wurde deutlich, wie viele Kompetenzen und Qualitäten jede von uns mitbrachte und wie gut es tat, diese wertzuschätzen und anzuwenden. Es ging nicht um Konkurrenz, wer was besser kann oder macht, sondern wir wollten alles als gemeinsame Ressource anerkennen! Auch der bewusste Umgang mit den in unserer eigenen Schwesterngeschichte entstandenen Mustern und Dynamiken war für uns eine der wichtigsten Schlüsselkompetenzen. Wir spürten, wie uns all diese Erkenntnisse beflügelten, sodass wir rasch in einen gemeinsamen Flow kamen und unsere Kreativität und unser Potenzial entfalten konnten.

Wir entwickelten zwei verschiedene Konzeptformate für Wochenend-Workshops für Frauen, die die Beziehung zu ihrer Schwester oder auch zu ihrem Bruder verbessern möchten: einen Workshop für Frauen, die allein, *ohne* ihre Schwester oder ihren Bruder teilnehmen, und einen weiteren, an dem Frauen *mit* ihrer/ihren Schwester/-n gemeinsam kommen möchten. Brüder können an unseren familieninternen Geschwister-Coachings mit der eigenen Geschwistergruppe teilnehmen. Unsere Workshops und Coachings gestalteten wir von Beginn an erlebnisorientiert, mit vielfältigen Methoden und Möglichkeiten zum Perspektivenwechsel. Genauso werden wir es nun in diesem Buch halten. Alle Werkzeuge und Methoden haben wir erst einmal an uns selbst erprobt und konnten dabei unsere frühere Schwestern-Dynamik mit den damaligen Mustern und Glaubenssätzen noch einmal auf einer tieferen Ebene sehen und anerkennen.

### Warum (nur) für und über Schwestern?

Vielleicht fragst du dich, warum wir dieses Buch nur für und über Schwestern schreiben, beim Verhältnis von Brüdern untereinander dürfte es schließlich ähnlich zugehen. Doch wir selbst sind Schwestern, und es ist uns eine Herzensangelegenheit, zu einem versöhnlicheren Umgang insbesondere von Schwestern beizutragen!

Wir vergessen dabei natürlich nicht, dass Frauen, die Brüder haben, auch Schwestern sind. Sie nehmen ebenso an unseren Workshops teil, um ihre Beziehungen zu ihren Brüdern zu überdenken und diese neu zu gestalten. Der Fokus dieses Buches aber liegt auf den Beziehungsdynamiken, wie sie zwischen Schwestern vorkommen. Aus diesem Grund sprechen wir ausschließlich über Schwestern und benutzen die weibliche Schriftform. Dennoch wirst du, wenn du (auch) einen oder mehrere Brüder hast, sicherlich vieles auf eure Beziehung(en) übertragen können.

## Unsere Schwestern-Dynamik

Wir haben eine ganz eigene Schwestern-Dynamik, denn wir sind eine große und eine kleine Schwester.

Wir blicken zurück auf über 60 Jahre gemeinsamen »Schwesterseins«. Schwester zu sein und eine Schwester zu haben ist ein entscheidender Teil unserer Identität.

Das Grundmotiv in Familien mit mehreren Kindern ist, dass Geschwister miteinander um die elterliche Liebe und Anerkennung ringen (müssen) – das war auch bei uns so. In der Folge hat jede von uns ihr Schwestersein tief greifend anders erlebt.

Ich, Barbara, die Erstgeborene, wurde durch die nachkommende Cordula aus meiner Mittelpunktposition als einziges Kind herauskatapultiert und musste neue »Alleinstellungsmerkmale« entwickeln, um die Zuneigung unserer Eltern nicht zu verlieren.

Und ich, Cordula, dreieinhalb Jahre später geboren, spürte schnell, dass meine große Schwester bereits viele Fähigkeiten und Rollen besetzt hatte, die für mich schon aufgrund des Alters- und Erfahrungsvorsprunges nicht einzuholen waren. Ich begann instinktiv neue »Nischen«, also noch nicht belegte Rollen und Kompetenzen, zu suchen, zu besetzen und zu kultivieren. Barbaras sprachlichen und intellektuellen Vorsprung setzte ich Sportlichkeit, Kraft und Geschicklichkeit entgegen und war dabei sehr erfolgreich.

Wie wir beide dies als Kinder erlebt haben, erzählt Barbara im Kapitel der Ältesten und Cordula bei den Jüngsten. Heute wissen wir: Diese Rollenaufteilung war damals sehr funktional, für ein ganzes Leben aber dann doch nicht angemessen und auch einschränkend.

Mittlerweile blicken wir auch auf eine über zehnjährige gemeinsame professionelle Erfahrung zurück. Hiermit begann eine weitere Ära unserer Schwesternbeziehung, denn auch beruflich eng zusammenzuarbeiten hat unserem Band eine weitergehende Qualität verliehen. Wir hatten uns zwar bereits auf Augenhöhe gefühlt, doch einige unserer automatisierten und unbewussten Verhaltensweisen wurden uns noch deutlicher bewusst. Bei der Zusammenarbeit während der Workshops sind manchmal alte Empfindlichkeiten zwischen uns hochgekommen. Wir haben uns zuweilen dabei ertappt, wie überkommene Gewohnheiten von uns hochploppten, und gespürt, wie diese uns nach wie vor einengen oder als wunde Punkte schmerzhaft triggerten. Doch zum Glück können wir diese Mechanismen jetzt immer schneller enttarnen und Schicht für Schicht abtragen und auflösen. Die Schwestern-Workshops waren und sind deshalb eine Heilung auch für uns selbst!

**Was dich in diesem Buch erwartet**

Die Inhalte dieses Buches leben von unseren Erfahrungen mit vielen Schwestern verschiedener Generationen; tatsächlich war die jüngste Teilnehmerin an einem Workshop 28 und unsere älteste 82 Jahre alt. Sie alle kommen aus unterschiedlichen Familien, Umfeldern und Berufsgruppen. Und ihr Schwesternsein ist mit all den Erwartungen von außen verknüpft, die nun einmal an Schwestern gestellt werden.

Beim Lesen dieses Buches wirst du von den Geschichten, Prozessen, Erkenntnissen und den überraschenden Lösungswegen unserer Teilnehmerinnen profitieren und mit ihnen mitlernen können. Auch unsere Kenntnisse und Kompetenzen als Expertinnen in Sachen Schwestersein kommen dir hier zugute. Wir freuen uns sehr darauf, unsere Erkenntnisse mit dir zu teilen.

Zu Beginn geht es um Besonderheiten von Schwesternbeziehungen und wie aufgrund von Familiensystemen und Rollenzuschreibungen verschiedene Dynamiken entstehen können. Erkenntnisse aus der Geschwisterforschung ergänzen und veranschaulichen wir durch eigene Erfahrungen.

Im Hauptteil decken wir anhand von Fallbeispielen aus unseren Schwestern-Workshops typische Beziehungsmuster auf und helfen dir, deine eigene Schwestern-Dynamik besser zu verstehen sowie neue Perspektiven und überraschende Lösungswege zu finden, um deine Schwesternbeziehung zu bereichern. Dafür bieten wir dir immer wieder entsprechende Impulsfragen und praktische Übungen an; deine Überlegungen und Reflexionen dazu werden dich beim Lesen sicher aktiv begleiten. Wir empfehlen dir, so etwas wie ein »Schwestern-Lesetagebuch« – du kannst es auch anders nennen – anzulegen und zu gestalten, in das du dir neue Erkenntnisse, deine Antworten auf Impulsfragen und vieles mehr notierst.

Dies alles dient dazu, deine Sicht auf dein Schwestersein zu erweitern. Erfahre, wie bereichernd und heilsam es sein kann, Perspektiven zu wechseln und zu weiten sowie dabei den Blick zunächst auf dich selbst zu richten und zu erkennen, dass jede Veränderung bei dir selbst beginnt. Du wirst in den einzelnen Schwesterngeschichten eigene Themen wiedererkennen und mögliche Lösungen aus festgefahrenen Mustern kennenlernen. Denn wir beschreiben auch Prozesse und hilfreiche Methoden, mit deren Hilfe starre Muster, Konflikte und mögliche Dilemmas aufgelöst werden können. Dabei wird es immer wieder um das grundlegende Thema der Versöhnung gehen – vor allem mit dir selbst.

Du wirst sehen, auch mit problematischen Erfahrungen bist du nicht allein. Gemeinsam mit uns kannst du sehen, wie es anderen Frauen mit ihren Schwesternbeziehungen ergeht. Wir alle ringen um einen besseren Umgang und teilen die Sehnsucht, eine gute Beziehung zur Schwester zu führen. Wie diese aussehen kann, woran du erkennst, dass es glückt, davon handelt das Kapitel »Wie lebendige Schwesternbeziehungen gelingen können«.

Nicht immer ist es möglich, eine friedliche, gute Beziehung mit der Schwester aufbauen und leben zu können. Manchmal ist es besser, Abstand zu gewinnen oder den Kontakt ruhen zu lassen. Wie du es schaffen kannst, mit einer solch unbefriedigenden Situation deinen Frieden zu machen, erfährst du unter anderem in »Schwestern in der Krise und Lösungswege«.

Ein Geheimnis, wie lebendige Schwesternbeziehungen gelingen, verraten wir dir allerdings jetzt schon: »Sei du selbst die Veränderung, die du dir wünschst für die Welt!« (Mahatma Gandhi)

# Schwesternbande – eine besondere Beziehung

Beziehungen zu Schwestern und Brüdern haben in unserem Leben einen besonderen Stellenwert, denn es sind meist die am längsten andauernden sozialen Beziehungen, die wir haben. Partner*innen, Kinder und der Freundeskreis kommen später hinzu, die Eltern sterben in der Regel früher. Geschwister – mehr oder weniger zeitgleich geboren – erleben eine gemeinsame Sozialisationsphase und wachsen meist im gleichen Zeitgeist auf. Sie sind da, ob wir wollen oder nicht, wir leben mit ihnen quasi in einer »Zwangs- und Schicksalsgemeinschaft«. Es entsteht ein »emotionales Band«, das spürbar bleibt, auch wenn der Kontakt abbricht.

Was ist nun das Besondere an Schwesternbeziehungen und was bedeutet es, eine Schwester zu haben und eine Schwester zu sein? Psycholog*innen an den britischen Universitäten Ulster und De Montfort haben in einer Untersuchung herausgefunden, dass es Vorteile fürs ganze Leben bringt, eine Schwester zu haben: Menschen mit einer Schwester, so das Ergebnis, würden Krisen besser meistern als Schwestern, die ausschließlich Brüder haben. Wer Schwestern hat, ist demnach ausgeglichener, motivierter, ehrgeiziger, optimistischer und führt insgesamt ein besseres Sozialleben. Schwestern sprechen eher über ihre Gefühle, wünschen sich auch innerhalb der Familie eine offenere Kommunikation und tragen mehr dazu bei als Brüder. Der Studie zufolge sind sie es, die den Familienzusammenhalt stärken.[2]

Oft sind Schwestern die besten Freundinnen und intimsten Vertrauten. Aber das ist nicht immer so, die vielen verschiedenen Arten von Schwesternbeziehungen bewegen sich zwischen zwei Extremen: Ihre Beziehungen können durch große emotionale Nähe, Solidarität und Freude gekennzeichnet sein oder auf der anderen Seite durch Neid, Rivalität und Kontaktabbrüche. Teilnehmerinnen erzählen uns dazu: »Meine Schwester ist der wichtigste Mensch in meinem Leben.« – »Mit niemandem kann ich so lachen und herumalbern wie mit meiner Schwester.« – »Es gibt keinen Menschen, der mich so sehr auf die Palme bringt.«

Schwestern erleben das oft: Positive und negative Empfindungen – oft gleichzeitig – führen zu einer starken emotionalen Zwiespältigkeit, und sie müssen lernen, mit dieser Ambivalenz umzugehen. Kein Wunder, dass viele Schwestern eigens hierfür eine besondere Kompetenz ausbilden, für die Tucholsky das sehr anschauliche und viel zitierte Bild fand: »Wilde Indianer sind entweder auf Kriegspfad oder rauchen die Friedenspfeife – Geschwister jedoch können gleichzeitig beides.«[3]

### Schwestern unter Harmoniezwang

Du erinnerst dich bestimmt an »Schneeweißchen und Rosenrot« aus dem gleichnamigen Märchen von den Gebrüdern Grimm? Die beiden Schwestern haben sich sehr lieb und sind unzertrennlich. Sie sind ein Schwesternpaar, das in einer harmonischen, fast schon symbiotischen Einheit lebt, in der sich ihre unterschiedlichen Charaktere positiv ausdrücken und einander ergänzen. Schneeweißchen ist die Stille, Sanfte, die gern zu Hause bei der Mutter sitzt und die immer abends die Haustür schließt. Rosenrot ist die Temperamentvolle, die gern draußen herumtollt und die morgens die Tür der Hütte öffnet. So verschieden sie sind, teilen sie alles miteinander und versprechen sich, ein Leben lang füreinander da zu sein. »Schneeweißchen und Rosenrot« sind so zum Vorbild einer Schwesternbeziehung geworden, in der sich die Schwestern in ihrer Unterschiedlichkeit anerkennen, ohne miteinander im Wettbewerb zu stehen.

In der Mehrheit der überlieferten »Zwei-Schwestern-Märchen« werden hingegen Schwesternbeziehungen beschrieben, in denen es eine gute, verletzliche, oft auch fleißige und »schöne« sowie eine andere böse, neidische, oft auch faule und »hässliche« Schwester gibt. Es geht um Missgunst, Rivalität, Hass und Intrigen. Hier wird polarisiert und moralisch festgelegt, was gut und was schlecht ist, wobei eine Schwester – die Böse – immer bestraft wird. Zwietracht unter Schwestern darf demnach nicht sein, ist etwas Schlechtes und muss verurteilt werden. Das lernen wir – nicht nur mit Märchen – schon als Kinder.

Grimms Märchen sind seit circa 200 Jahren kraftvolle Metaphern. Sie spiegeln und transportieren Werte und Moralvorstellungen, die bis in die heutige Zeit auf unsere Gesellschaft wirken. Ebenso finden sich darin Frauen- und Männerbilder mit ihren geschlechtsspezifischen Rollenerwartungen und Zuschreibungen von »gut und böse« und »richtig und falsch« sowie Verhaltensregeln für das Leben in Familien und der Gesellschaft. Folgt man dem, wird von Schwestern ein stets harmonisches Verhältnis erwartet – Disharmonie und Meinungsverschiedenheiten haben einen schlechten Ruf. Die idealisierende Vorstellung, Schwestern müssten sich inniglich lieben und auf Gedeih und Verderb wie »Schneeweißchen und Rosenrot« zusammenhalten, hat sich als Klischee, als »Normalfall«, in vielen Köpfen festgesetzt.[4]

Erfüllen Schwestern diese Erwartung nicht, gelten sie als neidisch und streitsüchtig, empfindlich, schwierig oder zickig, und ihre Auseinandersetzungen werden als »Weiberstreit« abgeurteilt. Schwestern selbst orientieren sich (unbewusst) bis heute an diesen Idealvorstellungen; weichen sie davon ab, ist der Leidensdruck allein aus diesem Grund schon groß. Viele Teilnehmerinnen trauen sich in unseren Workshops zum ersten

Mal, davon zu erzählen, wie sehr sie dann ein schlechtes Gewissen oder gar ihre Schuldgefühle quälen. »Neid unter Schwestern wird selten offen geäußert, sondern eher verdrängt und somatisiert.«[5] Dann kann der Druck zu Krankheiten führen.

Interessanterweise zeigt sich in Film und Literatur, dass »die spannenden Schwesterngeschichten immer dann entstehen, wenn Schwestern sich nicht-schwesterlich verhalten«.[6]

Beispielsweise wird in der Fernsehserie »Ku'damm 56, 59, 63«[7] sehr eindrucksvoll beschrieben, wie eine alleinerziehende Mutter versucht, ihren drei vor und während des Zweiten Weltkriegs geborenen Töchtern durch eine strenge Erziehung eine »anständige« Zukunft zu ermöglichen. Der Einfluss des nicht aufgearbeiteten Nationalsozialismus sowie die Situation von Frauen in den 1950er- und 1960er-Jahren – ein eigenes Konto eröffnen oder arbeiten gehen war ohne Erlaubnis des Ehemannes nicht erlaubt – prägen die Persönlichkeitsentwicklung der drei Schwestern und ihr Verhältnis untereinander. Sie sind ausgesprochen verschieden, und jede entwickelt eigene Strategien, sich von der dominanten Mutter und den moralisch-reglementierenden Rollenerwartungen zu lösen. Es kommt zu heftigen Auseinandersetzungen, nichtschwesterlichem Verrat und Kämpfen. Doch im Ernstfall und bei Bedrohungen von außen halten sie zusammen.

Wir haben Frauen kennengelernt, die selbst oder deren Mütter während des Krieges oder in der Nachkriegszeit geboren und aufgewachsen sind. Es ist mittlerweile nachgewiesen, dass diese Erfahrungen und mögliche Traumatisierungen noch über mehrere Generationen nachwirken[8] und auch auf die Geschwisterbeziehungen Einfluss nehmen.

In der Frauenbewegung der 1980er-Jahre wurde dann der Zusammenhang zwischen schwesterlichen Erfahrungen und späteren »Spaltungen zwischen Frauen« thematisiert. Die erste Generation dieser sich emanzipierenden, vom typischen Frauenbild abweichenden Frauen suchte Wege, eine neue »Schwesterlichkeit«[9] und »Frauen-Solidarität« aufzubauen. Ihnen ging es darum, Unterschiede zu akzeptieren sowie konstruktive Auseinandersetzungen mit Meinungsverschiedenheiten zu entwickeln.[10]

Und doch: Schwesternbeziehungen beinhalten bis heute einen starken Harmoniezwang. Schwestern leiden unter diesem hohen Erwartungsdruck vonseiten der Gesellschaft, der Familie und ihrer Schwestern – und entwickeln daraus oft eine Anspruchshaltung an sich selbst.

## Weil Schwestern Mädchen sind

Der beschriebene Harmoniedruck wird gespeist und verstärkt von den auch heute noch – oft unbewusst – vorherrschenden geschlechtsspezifischen Charakter- und Verhaltenszuschreibungen. So werden Mädchen immer noch »typische« Verhaltensweisen zugeschrieben, wie eher einfühlsam, gefällig und fürsorglich zu sein sowie sich anzupassen. Jungen hingegen hätten sich eher aktiv und dominant zu zeigen und sollen sich ruhig miteinander messen. Älteren Schwestern werden häufig Aufgaben im Haushalt und bei der Beaufsichtigung jüngerer Geschwister zugeteilt, oder sie geraten gar in eine Mutterrolle, ältere Brüder jedoch weniger in eine Vaterrolle.[11]

Eine weitere Besonderheit unter Schwestern ist Studien zufolge, dass sie Gefühle untereinander anders artikulieren und ausleben würden als Brüder.[12] Frauen zeigen demnach in der Regel eine höhere innerseelische Sensibilität und können dadurch intimere und engere Beziehungen zu ihren Schwestern aufbauen als Brüder oder als gemischt-geschlechtliche Geschwisterpaare. Brüder würden Konkurrenz und Rivalität eher körperlich äußern, während diese zwischen Schwestern meist auf der emotional-verbalen Ebene ausgetragen werden. Mädchen, die allein unter Schwestern aufwachsen und dazu ältere

Schwestern als Rollenvorbilder haben, entwickeln häufiger »typisch weibliche« Verhaltens- und Charaktermerkmale als Schwestern in gemischtgeschlechtlichen Geschwisterreihen.

## Identifikation und Abgrenzung

Es gibt noch weitere besondere Kennzeichen von Beziehungen zwischen Schwestern. So fühlen sie sich aufgrund ihrer Gleichgeschlechtlichkeit einander meist nah verbunden und beobachten sich von Anfang an genau. Sie identifizieren sich mit der Schwester, denn zum Bruder ist die Abgrenzung klar – er ist »sowieso ganz anders«. Schwestern können deshalb eine sehr intensive und vertraute Beziehung entwickeln, mit dem Gefühl großer Verbundenheit, dies umso mehr bei einem geringen Altersabstand. Das bedeutet andererseits aber auch, dass sich Schwestern stärker voneinander abgrenzen müssen als von ihren Brüdern, um eine eigene Position innerhalb der Familie und eine eigene Persönlichkeit zu entwickeln. Überhaupt ist es unter Schwestern schwieriger, eine Nische und eine individuelle Rolle in der Familie zu finden. Dennoch muss dies nicht zwangsläufig zu Neid, Rivalität und Konkurrenz führen. Verhalten sich Schwestern in dieser Weise, so ist dies häufig ein Ergebnis des elterlichen Verhaltens, insbesondere wenn diese oder andere Mitmenschen die Schwestern ständig miteinander vergleichen.

Bis heute werden in Familie und in Gesellschaft Schwestern stark miteinander verglichen und bewertet. Kinder übernehmen dieses Vergleichen und Bewerten der Eltern. Eine von beiden schneidet dabei immer schlechter, die andere besser ab. Sie kennen es nicht anders, als sich immer im Vergleich zueinander zu sehen, und viele fühlen sich in ihrer gesamten Persönlichkeit entweder minderwertig oder überlegen. Zahlreiche Schwestern leiden auch noch im Erwachsenenalter unter einem angegriffenen Selbstwertgefühl, denn sie haben den Eindruck, »nicht gesehen worden zu sein und sich nicht mit der Schwester auf Augenhöhe zu fühlen«.

Andere Frauen quält das Gefühl, von ihren Schwestern beneidet zu werden, als »etwas Besseres« angesehen oder gar auf ein »Podest gestellt« zu werden. Sie werden mit Vorwürfen konfrontiert, wie: »Du hast immer das volle Lob unserer Eltern bekommen.«

Diese Erfahrung aus der Kindheit ist mitentscheidend für die Entwicklung des Selbstwertgefühls, Selbstbildes und letztendlich der Selbstliebe: »Vergleiche machen entweder stolz oder unglücklich. Sie tun dem anderen, mit dem verglichen wird, immer Unrecht, weil sie seine Einzigartigkeit nicht würdigen.«[13] Jeder Mensch ist ein einzigartiges Wesen – dies zu sehen ist die Voraussetzung für eine Begegnung auf Augenhöhe und ein Erleben von Ebenbürtigkeit.

## Ungleichbehandlung und Gerechtigkeit

In einigen Familien gibt es durchaus ausgesprochene Lieblingskinder, sogenannte Sonnenkinder, die ganz offensichtlich ihren Schwestern oder Brüdern vorgezogen werden. Diese Ungleichbehandlung ist der Nährboden für Rivalität, Missgunst, Streit und Hass unter Geschwistern. In der Geschwisterforschung wurde auch festgestellt: Sosehr sich Eltern bemühen, haben viele unbewusst doch eine Favoritin.[14] Oft versuchen sie dies auszugleichen, sodass eine Schwester »Mamas Liebling«, die andere »Papas Schätzchen« wird.

Meistens sind Eltern bei mehreren Geschwisterkindern um Gerechtigkeit untereinander bemüht und versuchen, niemanden zu benachteiligen oder zu bevorzugen. Doch wann findet wirkliche Gerechtigkeit statt? Was wird von den Schwestern als »gerecht« empfunden?

Gleichbehandlung, ungeachtet ihres Altersunterschiedes, ihrer Interessen und Fähigkeiten, kann bei Schwestern genauso ein Gefühl von Ungerechtigkeit erzeugen wie eine auf die jeweilige Individualität ausgerichtete Behandlung. Wenn etwa die ältere Schwester abends eine Stunde länger aufbleiben darf, kann sich die jüngere benachteiligt fühlen. Werden beide gleich behandelt und müssen zur selben Uhrzeit ins Bett, kann es die Ältere als gemein und ungerecht empfinden.

Wichtig ist: Schwestern (natürlich alle Kinder) sollten als einzigartige Wesen betrachtet und ihre jeweiligen Qualitäten und Charaktereigenschaften als Potenzial anerkannt und wertgeschätzt werden. Denn dann werden sie darin unterstützt, sich zu individuellen, starken Persönlichkeiten zu entwickeln. Mädchen und Frauen lernen dabei, dass man schließlich nicht »Äpfel mit Birnen« vergleichen kann, sondern dass sie auch als Schwestern eigenständige und liebenswerte Persönlichkeiten sind. Bestenfalls ergänzen sie sich mit ihren Qualitäten und Besonderheiten und können sich gegenseitig bereichern.

### Verbindendes und Trennendes

Wie das Band auf dem Buchumschlag symbolisch veranschaulicht, gibt es in dem Band zwischen Schwestern Verbindendes sowie Trennendes – es gibt Nähe und Distanz, Stärken und Schwächen, Licht- und Schattenseiten.

Uns hilft es, wenn wir uns dieses Verhältnis einmal in Form einer Waage anschauen:

| Nachteile, Einschränkendes | Vorteile, Bereicherndes |
|---|---|
| Schlechte Phasen | Gute Phasen |
| Streit, Krisen | Verzeihen, Versöhnung |
| Unverständnis, Misstrauen | Verständnis, Vertrauen |
| Rivalität, Wettstreit, Missgunst | Kooperation, Solidarität |
| Verstrickt, Feindschaft | Verbündet, Freundschaft |
| Fremdheit, Distanz | Nähe, Verbundenheit, Vertrautheit |
| Neid, Wut, Hass | Zuneigung, Liebe |
| Geringschätzung, Abwertung | Wertschätzung, Anerkennung |
| Hierarchie, Dominanz, Macht | Ebenbürtigkeit, auf Augenhöhe |
| Schwächen, Defizite | Stärken, Ressourcen |
| Grenzen | Möglichkeiten, Chancen |

Wir alle haben ein großes Bedürfnis nach Harmonie, Kohärenz und Frieden und sind meist darum bemüht, diese herzustellen. Viele versuchen es jedoch, indem sie eine Seite der Waage, meist die negative Waagschale und deren ungeliebte Inhalte, ausklammern oder negieren. Was passiert dann? Die Waage gerät in ein völliges Ungleichgewicht!

Wenn wir mit Menschen im Konflikt stehen, neigen wir dazu, unseren Fokus auf die Probleme zu lenken und alles Positive aus den Augen zu verlieren. Doch es ist wichtig, sich mit beiden Seiten auseinanderzusetzen, gerade in Zeiten von Zwietracht. Nimm auch dann das Ganze in den Blick, also auch die Habenseite der Waage. Und akzeptiere gleichzeitig die als negativ empfundenen Inhalte der anderen Waagschale als das, was auch da war oder ist. Denn genau daran dürfen wir wachsen und können im besten Fall überwinden, was uns stört. Wir können uns damit versöhnen, was wir zuvor nicht integrieren konnten.

Die Erfahrung zeigt: Wenn Neid, Wut und Hass unterdrückt werden, kann die Beziehung zwischen Schwestern nicht gelingen. Selbst und gerade dann nicht, wenn eigentlich Versöhnung angestrebt wird.

Du siehst, wir möchten Schwestern aus dem Harmoniedruck entlassen und laden dazu ein, dich auch mit den »negativen« Erinnerungen und Gefühlen zu versöhnen. Jede Waagschale hat ihr Gewicht und ihre Berechtigung, beide Schalen ergeben die ganze Waage.

Der Weg zu einer funktionierenden Schwesternbeziehung ist es also, Licht- und Schattenseiten, Verbindendes und Trennendes zu integrieren.

An dieser Stelle möchten wir dir vorschlagen, diese Waage und die Überlegungen dazu auf dich und deine Beziehung zu deiner Schwester anzuwenden: Welche Qualitäten auf den beiden Seiten der Waage findest du in der Beziehung zu deiner/ deinen Schwester/-n wieder? Wie zeigten und zeigen sie sich in euren unterschiedlichen Lebensphasen – und wie gehst du damit um?

### Das Besondere von Schwesternbeziehungen

- Die Gleichgeschlechtlichkeit und das gegenseitige Identifizieren haben einen großen Einfluss auf die Verbundenheit und Vertrautheit unter Schwestern, erfordern jedoch auch eine klarere Abgrenzung.
- Aufgrund der patriarchalen Prägung besteht eine große gesellschaftliche Erwartungshaltung an Frauen – mehr als an Brüder –, harmonische und funktionierende Schwesternbeziehungen zu führen. Viele übernehmen diese Idealvorstellung und trauen sich nicht, für ihre eigenen Bedürfnisse einzutreten.
- Schwesternkonflikte werden von der Umwelt intensiver und

als weniger wünschenswert wahrgenommen als die unter Brüdern, deren Rivalitätskämpfe eher als etwas Normales betrachtet werden.

- Schwesternbeziehungen beruhen häufig auf moralischen Verpflichtungen und Verantwortungen, die von jeder Schwester unterschiedlich empfunden werden. Die jeweils zugewiesenen Rollen sind sehr unterschiedlich, bieten verschiedene Möglichkeiten zur Entwicklung und können zu massiven Störungen des Verhältnisses unter Schwestern führen. Die entsprechenden Erfahrungen prägen für das ganze Leben und nicht nur das Verhältnis zur Schwester, sondern auch in anderen Beziehungen.

- Frauen fühlen sich häufig gemäß ihrer weiblichen Geschlechterrolle für die Beziehungspflege innerhalb der Familie zuständig und suchen bis ins hohe Alter nach Lösungen für eine bessere Schwestern- oder auch Geschwisterbeziehung.

- Es ist möglich, alte Rollenzuschreibungen, Stereotype und Verhaltensmuster aufzulösen, indem man sie sich bewusst macht, sie reflektiert und neue Perspektiven und Sichtweisen einnimmt.

- Nur durch die Integration von Licht- und Schattenseiten kann sich eine lebendige Schwesternbeziehung entwickeln.

- Das Sich-bewusst-Machen und die Anerkennung von der Einzigartigkeit jedes Menschen ist der erste Schritt zu Versöhnung und Ebenbürtigkeit.

## Impulsfragen

- Welche Erfahrungen hast du mit Erwartungen gemacht, die an dich in deiner Rolle als Mädchen bzw. Schwester gestellt wurden?

- Wie stark und in welchen Bereichen wurdet ihr Schwestern miteinander verglichen und bewertet?

- Gab es in deiner Familie ein ungeschriebenes Gesetz, wie eure Schwesternbeziehung zu sein hatte?
- Inwieweit durftet du und deine Schwester(n) eure Verschiedenheit positiv ausleben?
- Und wie ist es heute?

## Wie Schwestern-Dynamiken entstehen

Die Familie ist ein soziales System, wie ein lebender Organismus. Jedes Wort, jede Mimik oder Geste, jedes Verhalten beeinflusst die anderen Familienmitglieder. Jede Familie entwickelt ein eigenes System mit einer ureigenen Dynamik. Bildhaft betrachtet, hat jedes Familiensystem sein eigenes Spielfeld mit bestimmten Spielregeln und verschiedenfarbigen und unterschiedlich großen Spielfiguren. Rückt zum Beispiel eine Spielfigur drei Felder vor und eine andere fünf Felder zurück, hat dies Konsequenzen für alle anderen Figuren auf dem Spielbrett. Und wenn eine Figur nicht mehr mitspielt, hat auch dies Auswirkungen auf alle.

In einer Familie bestimmen erst einmal die Eltern die Spielregeln. Kinder wissen noch nichts von Regeln. Sie sind offene, freie Wesen, die die Welt voller Freude und Neugier betrachten und dabei lernbegierig alles aufnehmen. Essenziell ist für sie die elterliche Fürsorge und Liebe. Deshalb lernen Kinder instinktiv, sich schnell an die jeweiligen Familienspielregeln anzupassen und sich daran zu halten. Jedes Familiensystem ist einzigartig und wird beeinflusst vom kulturellen Hintergrund und finanziellen Status, von Kindheitserfahrungen und Bildung der Eltern, der Anzahl der Kinder, der Geburtenfolge, den Geschlechtern und Altersunterschieden, Rollenzuweisungen und vielem mehr. Kein Wunder, dass sich in jeder Familie besondere Schwestern-Dynamiken entwickeln.

Die Erstgeborene hat in der Regel die volle Aufmerksamkeit der Eltern und ihre gesamte Fürsorge, denn sie ist ja noch die einzige kleine Spielfigur. Doch kommt eine zweite hinzu, ändert sich das gesamte System. Es entsteht quasi eine Spielerweiterung mit neuen, anderen Spielregeln. Meistens ist dies für alle Mitspieler*innen mit geänderten Zuordnungen, Rollenzuschreibungen und entsprechend neu zugewiesenen Aufgaben und Erwartungen verbunden. Das ist nicht nur für die Eltern eine große Umstellung, sondern bedeutet für die Vorgeborenen eine völlige Neuorientierung. Plötzlich ist da eine noch unbekannte Spielfigur, ein hilfloses Wesen, das man sich nicht aussuchen konnte, und es fordert ganze Beachtung.

Die ältere Schwester wird von einem Tag auf den anderen zur »Großen«. Die Regeln ihrer alten Spielfigur sind für sie nicht mehr gültig, und sie erhält neue. Sehr häufig ist dies die Rolle der »Vernünftigen oder gar Verantwortungsvollen«. Viele Anteile ihrer bisherigen Rolle bekommt die Nächstgeborene zugeschrieben, und diese wird nun die »kleine Süße«, das »Nesthäkchen« oder oder nimmt später vielleicht die Rolle der »Quirligen und unvernünftigen Draufgängerin« ein. Wenn nach der jüngsten noch weitere Geschwister kommen und sie zur mittleren Schwester wird, entstehen bei ihr häufig Irritationen und Unsicherheiten – welche Rolle kann sie nun übernehmen: die Rolle der Ältesten war ja bereits belegt und die Regeln ihrer bisherigen Spielfigur als die Jüngste gelten nun auch nicht mehr. Oft übernehmen dann diese sogenannten »Sandwichkinder« die Rolle der »Vermittlerin und Harmonisierenden« oder der »Besonderen«.

Der Einfluss der Position in einer Geschwisterreihe wird hier deutlich. Daher ist es interessant, die Rollenzuschreibungen innerhalb der Geschwisterfolge und deren Bedeutung für die Persönlichkeitsbildung und die sich entwickelnde Dynamik einmal näher anzuschauen.

## Rollenzuweisung und Persönlichkeitsentwicklung

Lange Zeit wurde in der Forschung die Position in der Geschwisterfolge als einzige oder wichtigste Prägung überbewertet. Es lassen sich durchaus »typische« Rollenzuschreibungen und daraus resultierende Selbstbilder bei den ältesten, mittleren und jüngsten Geschwistern beobachten. Welche dies im Einzelnen sein können, werden wir anschaulich beschreiben. Doch diese Rollenzuweisungen sind nicht zwingend.[15] Denn in jeder Familie entsteht und entwickelt sich eine ureigene Dynamik. Und jedes Kind bringt ein ganz eigenes inneres Wesen mit entsprechenden Charaktereigenschaften mit auf die Welt und hat damit eine einzigartige Persönlichkeit. So erleben wir in unseren Workshops und Coachings auch älteste Schwestern, die sich als unterlegen und unsicher empfinden, und jüngste Schwestern, die sich verantwortlich fühlen oder eher die »Vernünftigen« sind. Schließlich nehmen auch die Altersabstände in der Geschwisterfolge und die Geschwisteranzahl, der materielle Status der Familie und ihr Wertebewusstsein sowie andere Prägungen durch die Schule und das Umfeld der Kinder auf die Persönlichkeitsentwicklung Einfluss.

Wenn Eltern zum Beispiel bestimmte Eigenschaften oder Eigenarten häufig betonen und generalisieren (»Sei doch nicht immer so ängstlich«, »Ständig musst du Streit anfangen« etc.), legen sie damit eine Rolle für die Tochter innerhalb der Familie fest. Ganz schnell und unmerklich werden diese Zuschreibungen vom Kind als allgemeingültig und wahr übernommen. Da gibt es die Rolle der immer Kranken, der Ängstlichen, Aggressiven, Schüchternen, der Draufgängerin, der Lauten oder Altklugen und viele mehr.

Kinder akzeptieren und übernehmen meist die Sicht ihrer Eltern und damit auch die durch sie zugewiesenen Rollenzuschreibungen und entwickeln daraus eine Überzeugung, auch Glaubenssatz genannt, und ein Selbstbild sowie ein Bild von ihren Geschwistern (siehe dazu Kap. »Selbstbild und Selbstwertgefühl«). Dann wird die Älteste vielleicht tatsächlich zur »Verantwortlichen«, die Mittlere zum »Sonderling« und die Jüngste zur »Stillen«.

Wenn diese Stigmatisierungen unbewusst bleiben, können sie nicht aufgelöst werden, und die Wahrscheinlichkeit ist hoch, dass es zwischen den Schwestern ein Leben lang zu gegenseitigen Erwartungen und Enttäuschungen kommt. Daraus können vorwurfsvolle Haltungen entstehen, wie »Du hast dich ja nie gekümmert« oder Neid: »Du warst schon immer der Sonnenschein, ich hätte mich auch gern mal ins gemachte Nest gesetzt«, die leicht in Rivalität umschlagen: »Ich wurde immer benachteiligt, du hast immer deinen Willen bekommen.« Wird das eigene Bild von der Schwester, ein bestimmtes Selbstbild oder eine Erwartungshaltung nicht erfüllt, entwickeln sich durchaus Feindseligkeiten und Zerwürfnisse, die manchmal erst im Alter massiv aufbrechen.

Wir sind in unseren Workshops auf sehr viele unterschiedliche Rollen mit entsprechenden Glaubenssätzen, Zuschreibungen oder Aufgaben gestoßen. Neben der Verantwortungsvollen und der Entthronten sehen wir häufig das Nesthäkchen, die Harmonisierende, die Zurückgezogene oder die Bestimmerin. Zu all diesen Rollen findest du Anregungen in diesem Buch.

Es geht uns nicht (nur) darum, was »wissenschaftlich« betrachtet aktuell Gültigkeit hat. Wenn wir von »typisch« sprechen, benennen wir keine repräsentative Typologie, sondern weisen auf Parallelen hin, die auf bestimmte wiederkehrende Muster hindeuten. Und wichtig ist uns – und sicher auch dir –, dass wir das subjektive Empfinden der Frauen unbedingt anerkennen. Im Mittelpunkt steht für uns die einzelne Frau: Was hat sie individuell in ihrem Leben als Schwester erfahren? Was erlebt sie heute in ihrer Schwesternbeziehung als quälend? Und wie kann sie für sich Auswege und Lösungen finden?

**Aber wie?**

Du wirst interessante Methoden kennenlernen, wie die Frauen dies mit uns gemeinsam herausfinden. Eine erste ist die Frage nach einem Gegenstand, der symbolisiert, was die Teilnehmerin in Bezug auf ihre Schwester belastet. Wir möchten dir dies an einem konkreten Beispiel veranschaulichen:

In einem Workshop wählte eine Frau, nennen wir sie Julia, als Symbol einen eiförmigen Stein, also quasi ein »versteinertes Ei«. Dieses stand für die Verantwortung, die sie immer noch gegenüber ihrer Schwester empfand, die in der Kindheit mehrere Jahre krank gewesen war. Das war nun Julias »Päckchen«, das sie schon so lange mit sich herumtrug und unter dem sie sehr litt. Wie sie uns beschrieb, fühlte sie sich ständig unfrei, schaute immer erst auf die Stimmungslage und Bedürfnisse ihrer Schwester und war sich selbst gegenüber »wie versteinert«. Ihre von den Eltern auferlegte Verantwortung für die Schwester (»Gib auf deine kranke Schwester acht!«) hatte sich bis ins Erwachsenenalter in ihr verfestigt, sodass sie zunehmend das Gefühl hatte, der Auftrag laste auf ihr »schwer wie ein Stein«. Das manifestierte sich allerdings nicht nur, wenn es um die Schwester ging. Auch in den Beziehungen zu den Mitgliedern ihrer jetzigen Familie, im Freundeskreis und im Arbeitsumfeld konnte sie sich nur schwer von ihrem inneren Impuls lösen, sich um alles zu kümmern, denn »die anderen schaffen es bestimmt nicht allein, sie brauchen mich!« Doch nun wollte sie diese Verantwortungslast endlich loswerden.

In der von uns angeleiteten Aufstellungsarbeit mit einer Schwesternstellvertreterin passierte nun etwas völlig Unvorhergesehenes: Als Julia das – ihr Verantwortungsgefühl symbolisierende – Ei mit den Worten »Schau dir mal meine Verantwortungslast an!« auf die Tischplatte legte, rollte es fast vom Tisch. Doch bevor sie reagieren konnte, fing ihre Schwesternstellvertreterin es reflexartig auf und hatte nun plötzlich »die Verantwortung« in ihrer Hand! Das war ein großes Schlüsselerlebnis für Julia: Obwohl sie nicht sofort reagiert hatte, war kein Unglück geschehen. Julia konnte hautnah erleben, dass ihre »Schwester« selbst handelte! Ihr wurde bewusst, dass sie ihrer Schwester den Raum und die Chance dafür auch lassen musste! Auch ihre richtige Schwester konnte sich kümmern, genau wie die Schwesternstellvertreterin es intuitiv demonstriert hatte. Julia erkannte, dass sie ihrer Schwester immer zuvorkam und ihr keine Möglichkeit ließ, selbstwirksam zu handeln. Und obwohl ihr dies theoretisch durchaus bewusst gewesen war, konnte das konkrete Erleben bewirken, die Erkenntnis zu verarbeiten: »Erst wenn ich loslasse, kann meine Schwester übernehmen.«

## Impulsfragen

- Wie war es für dich, die älteste, mittlere oder jüngste Schwester gewesen zu sein?
- Welche Rolle(n) hattest du als Kind in der Familie?
- Was warst du damals hauptsächlich für deine Schwester (z. B. Vorbild, Prinzessin …)?
- Was war deine Schwester für dich (z. B. Beschützerin, Rivalin …)?
- In welcher Rollenzuschreibung erkennst du dich am ehesten wieder?
- Und wie ist es heute? Was hat sich geändert und wo bist du noch in derselben oder einer ähnlichen Rolle wie als Kind?

# Schwestern-Dynamiken in Fallbeispielen

Viele Frauen tragen ein Problem – ein »Päckchen« – mit sich herum, etwas, das sie in Bezug auf die Schwester(n) belastet und für das sie bisher keine Lösung finden konnten. Vielleicht hast auch du aus diesem Grund zu unserem Buch gegriffen. Du bist damit also nicht allein.

Häufig sehen die Betroffenen die Ursache in der Schwester, weil »die so schwierig oder doof« sei und sie also »die Schuld an den Beziehungskonflikten« trage. Ergebnisse einer empirischen Studie bestätigen, »dass Auseinandersetzungen überwiegend der Schwester zugeschrieben werden«. Als Konfliktthemen nennt die Studie »unterschiedliche Meinungen, aber auch Art und Mentalität der anderen und die Versorgung der Eltern bzw. das Erbe«.[16]

Doch welche Ursachen könnten wirklich verantwortlich für die Konflikte sein? In unseren Fallbeispielen schwieriger Schwesternbeziehungen wirst du sicher einige der bereits beschriebenen Ursachen wiedererkennen. Das kann die Ungleichbehandlung durch die Eltern sein oder die Position in der Geschwisterreihe, aber auch der Altersabstand mit den entsprechenden Rollenzuschreibungen. Wir haben die Fallbeispiele anhand der Konstellationen »Position in der Geschwisterfolge (Älteste, Mittlere, Jüngste)«, »große Altersabstände«, »Schwestern in Groß- und Patchworkfamilien« geordnet, damit du leichter die für dich passenden sowie hierfür geeigneten Lösungswege finden kannst. Wahrscheinlich wirst du dich analog der Situation in deiner Ursprungsfamilie zuordnen können. Wir möchten hier erklären, warum wir markante Rollenzuschreibungen als Überschriften gewählt haben. Denn das bedeutet keinesfalls, dass wir damit stereotype Rollenbezeichnungen und Etikettierungen unterstützen! Sie helfen allerdings aufzuzeigen, durch welche Faktoren und Bedingungen sie häufig entstehen und wie Schwestern sich als Erwachsene davon befreien und ihr Schwesternleben unbelastet von alten Mustern gestalten können. Unser Ziel ist also genau das Gegenteil: Indem wir Zuschreibungen zuspitzen, können sie leichter als das erkannt werden, was sie sind: überkommene Rollenprägungen. Erst dann ist ein bewusst handelnder Umgang mit ihnen möglich. Wenn du dich selbst oder Anteile von dir in einigen Rollenzuschreibungen wiedererkennst, wirst du feststellen, dass die betreffenden Abschnitte für dich besonders hilfreich und erhellend sind.

Wir haben die Erfahrung gemacht, dass sich allein durch das Bewusstmachen überholter und verinnerlichter Rollenzuschreibungen, Stereotype und Verhaltensmuster neue Perspektiven und Handlungsmöglichkeiten eröffnen. Bestenfalls ist ein Auflösen dieser veralteten Selbstbilder möglich. Vielleicht erkennst du, welche Rollenzuschreibung und dadurch entwickelten Fähigkeiten zu dir passen und welche Vorteile sie dir bieten. Dann ist es natürlich richtig, sie wertzuschätzen und beizubehalten. Doch wenn du feststellst, dass sie dich einengen, behindern, dich zu sehr auf eine Rolle festlegen oder reduzieren, darfst und kannst du dich daraus entlassen. Du wirst sehen, wie sehr es erleichtert, energieraubende Glaubenssätze als solche zu entlarven. Dann wird es dir auch leichter fallen, der Schwester offener, interessierter und ohne Erwartungshaltung zu begegnen. Die Fallbeispiele ermöglichen es dir, Prozesse zu begleiten, Lösungswege kennenzulernen und damit von den Erfahrungen und Erkenntnissen anderer Schwestern zu profitieren.

Der tatsächliche Weg der Frauen und wie viel Arbeit das im Einzelfall bedeuten kann, wird nicht immer nachvollziehbar sein, denn Beispiele sind nun einmal verkürzt dargestellte Prozesse. Es kann also sein, dass du die hier gefundenen Lösungen vielleicht manchmal als zu leicht oder gar als unwahrscheinlich empfindest. Lass dich nicht entmutigen, wenn es bei dir und deiner Schwester nicht so schnell und einfach geht, wie es hier erscheint. Tatsächlich entwickelten die Frauen ihre Schritte zu Lösungen im Rahmen von drei Workshop-Tagen, angeleitet und begleitet, so wie du es in diesem Buch auch erleben wirst.

## Jede Schwester hat ihr »Päckchen« zu tragen

Wie du oben bei Julia bereits sehen konntest, eröffnet die Frage, welches »Päckchen« die betroffene Frau trägt und welcher Symbolgegenstand dafür stehen könnte, den ersten Zugang zur eigenen, speziellen Thematik: Was sagt dieser über ihr Schwesternbeziehungsproblem und ihren Veränderungswunsch aus?

Dabei ist es nicht möglich, sich auf mehrere Schwestern gleichzeitig zu beziehen, sondern immer nur auf eine zurzeit. Du wirst merken, dass dies auch bei dir so sein wird, deshalb wähle jeweils aus, um welche deiner Schwestern es dir geht.

In Form von Fallbeispielen werden wir jeweils eine Schwester und ihr Problem mit speziell einer Schwester sowie ihren Lösungsweg in den Fokus nehmen. Diese Beispiele sind inspiriert von den Frauen, die in den vergangenen zehn Jahren an unseren Workshops teilgenommen haben. Ihre Geschichten sind nicht einzelnen zuzuordnen und auch die Namen sind fiktiv.

Damit du gut nachvollziehen kannst, mit welcher Methode auch du viel über dich und deine Schwester lernen und neue Erkenntnisse gewinnen kannst, bieten wir dir zu jedem Beispiel Impulsfragen und Übungen an. Wir sind überzeugt, dass du dich oder deine Schwester(n) in einigen der Fallbeispiele wiedererkennst. Auch wenn jede von uns eine individuelle Familie und ganz eigene Schwestern hat, gibt es oftmals Parallelen, dann arbeitet die Frau im Fallbeispiel für uns alle mit. Gut zu wissen: Auch andere Schwestern suchen nach möglichen Lösungen – und ihr Beispiel kann uns alle inspirieren.

## Übung: Eine Einstimmung

Bevor du weiterliest, möchten wir dich zu einer kleinen Einstimmung einladen. Sie hilft dir, dich auf dein eigenes Thema als Schwester zu fokussieren, deine Erinnerungen, Gefühle und Gedanken bewusst wahrzunehmen und zu ordnen. Danach wird es dir leichter fallen, in dein eigenes Erleben einzutauchen. Bitte lass dich dazu auf die folgende meditative Fantasiereise ein. Am besten nimmst du dir eine Viertelstunde Zeit, in der du nicht gestört wirst. Du wirst merken, wie angenehm es ist, einmal in dich hineinzuhören – und lass die Fragen auf dich wirken, indem du nach jedem Abschnitt die Augen schließt, um Raum für deine inneren Erinnerungsbilder zu schaffen.

Du kannst dir den Text auch von einer vertrauten Person langsam vorlesen lassen, oder du sprichst ihn dir selbst auf dein Handy und hörst ihn dir dann an.

### Rückbesinnung

Bitte setze dich bequem hin. Stelle die Füße so auf, dass die gesamten Fußsohlen den Boden berühren.

Schließe jetzt die Augen oder lass den Blick sanft auf dem Boden ruhen.

Spüre bewusst deinen Körper: Wie fühlt sich der Po auf der Sitzfläche an und dein Rücken an der Lehne?

Beobachte, wie du atmest, ohne etwas daran zu verändern. Spüre, wie die Luft ein- und ausströmt, wie sich dein Brust- und Bauchraum weitet …

Lass deine Gedanken wie Wolken durch deinen Geist ziehen, sie kommen und gehen …

Du bist jetzt ganz bei dir und liest dieses Buch über Schwestern. Du möchtest etwas über deine Schwestern-Dynamik erfahren, wünschst dir Klärung, Lösungswege, Inspirationen.

Bereite dich innerlich darauf vor, dich durch einige Stationen deines Lebens führen zu lassen.

Schau dabei wohlwollend – aus einer gesunden Distanz – auf die verschiedenen Phasen deines Lebens:

In welchem Jahr – in welcher Region und welchem Zeitgeist – wurdest du geboren?

Du erkennst dich als neugeborenes Baby. Und du siehst vor dir deine Eltern, deine Mutter, deinen Vater und, wenn du die jüngere bist, deine ältere Schwester oder vielleicht auch andere Geschwister.

Wie war es für dich, in diese Position in deine Familie hineingeboren worden zu sein?

Du wächst heran. Siehst du dich als Kleinkind?

Vielleicht warst du im Kindergarten? Erinnerst du dich an ein Spielzeug?

Vielleicht hast du inzwischen eine Schwester bekommen oder weitere Geschwister?

Erinnere dich an deine Schulzeit, die Zeit in der Grundschule ... und später in der weiterführenden Schule ...

Du kamst in die Pubertät, wurdest eine Jugendliche und eine junge Erwachsene.

Wie war es in all diesen Phasen für dich, die größere, mittlere oder kleinere Schwester zu sein?

Kommen dir Erlebnisse in den Sinn, die dir als negativ haften geblieben sind? Und kannst du dich an Szenen mit deiner/ deinen Schwester/-n erinnern, die du positiv erlebt hast?

Wer von deinen (Geschwistern) Schwestern stand dir nahe? Mit wem hast du dich gut austauschen können? Oder ist jede eher ihren eigenen Weg gegangen, für sich geblieben?

Mit welcher war die Beziehung eher schwierig für dich?

Sieh dich als erwachsene Frau: Du bist ausgezogen, vielleicht hast du eine Ausbildung gemacht oder studiert, du hast angefangen zu arbeiten, vielleicht eine eigene Familie gegründet, vielleicht bist du Mutter und/oder Tante geworden. Wie hat sich im Erwachsenenalter euer Kontakt und euer Verhältnis zueinander weiterentwickelt?

Wenn du mehrere Schwestern hast: Welche Beziehung ist besonders konfliktbeladen? Welche möchtest du gern genauer betrachten?

Gab es besondere Ereignisse, einschneidende Erlebnisse und Herausforderungen, die du mit ihr oder die ihr gemeinsam meistern musstet?

Was habt ihr als Kinder oder auch später füreinander getan? Was hast du für sie getragen? Und trägst du es vielleicht noch heute?

Was für eine Beziehung habt ihr beiden Schwestern gegenwärtig?

Gibt es ein »Päckchen«, das du aus deiner Kindheit und deiner Beziehung zu dieser Schwester mit dir herumträgst?

### Aufwachphase

Bereite dich nun langsam innerlich darauf vor, wieder mit deiner Aufmerksamkeit in den Raum, in dem du sitzt, zurückzukehren, ins Hier und Jetzt. Spüre deinen Atem, den Boden unter deinen Füßen, fühlst du den Po auf der Sitzfläche, den Rücken an der Lehne? Strecke und rekel dich, und wenn du bereit bist, öffne sanft die Augen und blicke dich um.

### Nachhall

Zwischen Schwestern findet bis ins hohe Alter ein lebenslanger Beziehungs- und Veränderungsprozess statt. Gemeinsam sind sie »in derselben Epoche über die Jahre und Jahrzehnte hin unterwegs«[17] und durchleben miteinander in den wechselnden Alters- und Lebensphasen unterschiedliche Zeiten von Nähe und Distanz. Mal gibt es Zeiten und Situationen, in denen sich Schwestern besonders gut verstehen und auf gleicher Wellenlänge bewegen. In anderen wiederum können sie kaum oder überhaupt nichts miteinander anfangen, stehen im Widerstreit, fühlen sich fremd oder verlieren sich womöglich völlig aus den Augen.

## *Impulsfragen*

Hier geht es um dich und um die Beziehung zu deiner Schwester:

- **Wie hast du in dieser Rückbesinnung euer Miteinander in den verschiedenen Lebensphasen erinnert? Gab es Zeiten von Nähe, von Entfremdung und Wiederannäherung? Erinnere dich an die beiden Schalen der Waage. Findest du dein Erleben auf einer Seite mehr wieder?**
- **Gibt es Erinnerungsbilder, die du besonders lebendig vor Augen hattest – in positiver oder negativer Hinsicht?**
- **Was hat dich beglückt, worüber freust du dich noch heute, schätzt du besonders?**
- **Was trägst du mit dir herum, welche Last empfindest du und gibt es so etwas wie »dein Päckchen«?**

Wenn du magst, notiere dir zu dem, was du in deiner Rückbesinnung vor deinem inneren Auge gesehen hast und deine Antworten auf die Fragen in dein Schwestern-Lesetagebuch, dann kannst du aus dieser Übung bereits erste Erkenntnisse mitnehmen und im Laufe des Weiterlesens darauf zurückgreifen.

Jetzt kommen wir zu unserer ersten außerordentlich hilfreichen und wirkungsvollen Methode, der Symbolarbeit. Gerade wenn es dir schwerfällt, dein »Päckchen« zu definieren, kann so ein stellvertretendes Symbol bewusst machen, was du eigentlich belastend findest. Daher möchten wir dich damit vertraut machen, welche Möglichkeiten und Kraft in der Arbeit mit Symbolen liegen.

## Methode: Symbole und ihre Wirkungskraft

Wir haben am Strand ein besonders schönes verlassenes Schneckenhaus gefunden – was für ein Symbol!
Was fällt *dir* dazu ein, was könntest du in Bezug auf deine Schwester mit diesem Symbol verbinden?

Vielleicht: »Meine Schwester hat sich in ein Schneckenhaus verkrochen.«

Oder: »Unsere Beziehung, ist so leer und unbewohnt wie dieses Schneckenhaus.«

Oder: »Zu zweit fühle ich mich in unserem Schneckenhaus geschützt, aber allein traue ich mich nicht raus.«

Vielleicht entsteht bei dir auch ein ganz anderes inneres Bild dazu?

Unsere Sprache ist reich an Metaphern und Symbolen – achte bei zukünftigen Gesprächen einmal genau darauf: Viele Aussagen bestehen häufig aus bildhaften Beschreibungen, gerade wenn es um Gefühle und unser Miteinander geht. Hier nur ein paar Beispiele:

»Das ist mir auf den Magen geschlagen.« – »Ich bin Luft für sie.« – »Ich würde ihr gern die Hand reichen.« – »Die Brücke zwischen uns ist zerstört.« – »Ich muss eine Grenze ziehen.«

Daraus lassen sich tatsächlich Symbole ableiten, denn die bildhaften Ausdrücke (Metaphern) haben ja häufig symbolischen Charakter, etwa »Brücke« oder »Grenze«. Sie zu kennen und in ihrer Bedeutung (an-)zu erkennen, kann helfen, Gefühle und eigenes innerstes Erleben anschaulich und begreifbar, ja buchstäblich fassbar zu machen, wenn dafür reale Gegenstände gewählt werden. Hierzu hat sich ein eigener Ansatz in der therapeutischen Arbeit entwickelt, die Arbeit mit Symbolen. Indem wir Gegenstände greifen, begreifen wir auf tieferer Ebene Zusammenhänge, die wir zuvor – ausschließlich mit dem Verstand – nicht voll verstehen konnten. »Wo Sprache nicht ausreicht, beginnt die Arbeit mit Symbolen.«[18]

Symbolhafte Gegenstände sind äußerst kraft- und wirkungsvoll. Sie schärfen unsere Wahrnehmung und bringen uns auf
eine Metaebene, das heißt, wir gewinnen Abstand und kommen in eine Beobachterinnenperspektive. Dadurch sehen und
interpretieren wir die Welt nicht mehr ausschließlich aus unserer Ich-Perspektive, die uns meist daran hindert, uns selbst mit
einer gewissen Distanz sehen zu können. In der Ich-Perspektive gefangen, glauben wir fest an das, was wir denken, sehen
und fühlen – und wir halten unsere Wahrnehmung für »die
wirkliche Realität«[19]. Begeben wir uns jedoch auf die Metaebene, schauen wir sozusagen »von oben« und mit Abstand auf
unsere Welt und unser Erleben – dann ist der Blickwinkel sehr
viel weiter, und wir entdecken und erkennen dann plötzlich viel
mehr. Das Symbol wird zum Dolmetscher und Vermittler, weil
es Distanz schafft und uns hilft, unsere Erinnerung und Gefühle in Worte zu fassen, sie einzuordnen und darüber zu berichten.[20] Es ermöglicht uns, unser unbewusstes Erleben bewusst zu
machen und in Sprache übersetzen zu können.

Symbolarbeit spielt als Ausgangspunkt und Methode in unseren Workshops eine zentrale Rolle. Deshalb stellen wir immer ein reichhaltiges Angebot an symbolhaften Gegenständen
zur Verfügung, die unsere Teilnehmerinnen anregen, ihr Unbewusstes zu aktivieren und ihren Impulsen zu folgen. Du wirst
in allen Fallbeispielen miterleben können, welche Prozesse und
Erkenntnisse die Frauen mithilfe unterschiedlichster Symbole
erfahren und wie sie ihre individuellen Lösungswege dabei entwickeln. Lass dich durch sie zu eigenen Experimenten inspirieren: Deine Wohnung, jeder Raum, insbesondere Kinderzim-
mer, sind voller Dinge, in denen du Symbole für dich finden
kannst!

### Ein Beispiel für Symbolarbeit

Du kannst dir dies noch nicht so genau vorstellen? Hier ein Beispiel, das die Arbeit mit Symbolen lebendig macht. Wie wert-

voll die Wahl eines symbolischen Gegenstands am Anfang einer Auseinandersetzung mit der Schwesternbeziehung ist, konntest du am Beispiel vom »versteinerten Ei« bereits miterleben. Julia hat darin ein Symbol für ihr »Päckchen« gefunden – für die Last, die ihre Eltern ihr auferlegt hatten. Durch das Zufassen ihrer Schwesternstellvertreterin nach diesem Symbol ist ihr auch gleichzeitig die Lösung »zugefallen«.

Durch welchen symbolhaften Gegenstand können wir jedoch beispielsweise unserem Groll auf die Schliche kommen, weil er diesen symbolisiert und »(be-)greifbar« macht?

Eine Workshopteilnehmerin, nennen wir sie Gesa, wählte für den Groll auf ihre Schwester eine kleine Hexe (Handpuppe). Als sie diese in der Hand hielt, gelang es ihr, einen tieferen Zugang zu ihrem Schwesternthema zu finden. Sie »begriff« sie mit allen Sinnen, betrachtete sie von allen Seiten, ertastete sie und assoziierte Gedanken dazu: Das Gesicht empfand sie als grimmig, und die dunklen Klamotten waren für sie irgendwie gefährlich und Angst einflößend. Aber weil die Hexe knallrot-schwarz gestreifte Strümpfe und schwarze spitze Schuhe trug, kam sie ihr auch »irgendwie cool und pfiffig« vor. So erinnerte sie sich, dass ihre Schwester, so zickig und gemein sie diese auch oft fand, auch eine andere Seite hatte: Sie konnte Gesa mit coolen und witzigen Ideen mitreißen, sodass die beiden Schwestern viel Spaß miteinander hatten. Allerdings überwog in diesem Moment das Gefühl, durch die Schwester verletzt worden zu sein. Und »ihre« Symbolhexe hatte es buchstäblich in sich: Gesa entdeckte nun, dass die Hexe eine Handpuppe war, sie konnte ihre Hand hineinstecken, sie bewegen und tatsächlich manipulieren (was ja übersetzt »von Hand bewegen« heißt). So machte ihr die Hexenpuppe nun auch bewusst, dass sie Zank und Ärger nicht ausgeliefert ist, sondern mit ihrem Groll etwas tun kann.

Diese neue Einsicht war für Gesa sehr entlastend, denn der Groll verlor dadurch seine Bedrohlichkeit. An die Stelle des hilflosen Ausgeliefertseins konnten nun die eigene Handlungs-fähigkeit und ein gesunder Tatendrang treten.

Dieses kleine Beispiel verdeutlicht, wie Symbole zu uns spre-chen, was sie in uns auslösen und wie wir mit ihrer Hilfe unsere Sicht- und Handlungsweisen erweitern können. Sie erreichen unser Unbewusstes schneller und direkter als Sprache. Symbole ver*sinn*bildlichen unser emotionales Erleben: Wir begreifen mit allen *Sinnen,* und dann ergibt manches für uns vielleicht tatsächlich einen *Sinn.* Dadurch lösen sich unsere Unklarheiten und Fragen, unsere Knoten im Kopf. Der Blick wird weiter und weicher, und wir entwickeln ein tiefer gehendes Verständnis, das uns auf Lösungswege führt. Dabei erleben wir meist auch eine Herzöffnung, wir öffnen unser Herz, statt uns weiter den Kopf zu zerbrechen.[21]

## Impulsfragen

- Wie ist dein Zugang zu bildhafter Sprache? Lausche einmal aufmerksamer, ob und wie andere Menschen in deinem Um-feld Metaphern oder eine bildhafte Sprache benutzen, und fra-ge einmal nach, was genau sie damit verbinden.
- Trägst du – oder ihr Schwestern gemeinsam – einen Talisman oder Glücksbringer, Ringe, eine Kette oder ein Amulett? Früher war es weit verbreitet, weil solche Amulette Schutz vor Unglück bieten sollten.
- Vielleicht weißt du hier schon, was dein »Päckchen« ist, das du bezogen auf deine Schwester mit dir herumträgst? Schau dich in deinem Zimmer/deiner Wohnung um, ob du einen Gegen-stand entdeckst, der dein Schwesternthema und deinen Wunsch dazu symbolisch zum Ausdruck bringt. Bewahre dieses Symbol auf und hole es dir beim Lesen an den Stellen hervor, an denen du Parallelen zu deinen Themen entdeckst. Beobachte, ob und was sich an deinen Gefühlen in Bezug auf dein Symbol und vielleicht auch gegenüber deiner Schwester verändert.

# Positionen in der Geschwisterfolge

Es macht einen Unterschied, in welcher Position der Geschwisterfolge eine Schwester zur Welt gekommen ist. Wie sich das auswirken kann, das veranschaulichen wir dir in den folgenden Fallbeispielen. Die darin beschriebenen Methoden und Übungen können dir helfen, für deine Fragen und Probleme, die in deiner Position in der Geschwisterfolge entstanden sind, Lösungswege zu finden.

## Du bist die Älteste

Wir beginnen hier mit den Ältesten. Sofort kommt die Beschwerde: »Oh, Mann, immer müssen wir den Anfang machen!« Prompt hören wir von den Jüngeren ihre Klage dazu: »Oh, gemein, immer dürfen die Ältesten anfangen!«

Wir lassen das mit Absicht so stehen. Doch was macht es mit dir, dass auch wir hier – wie so viele – mit den Ältesten beginnen?

Wenn du die Älteste bist: Wie war es für dich, als Erste in deine Familie hineingeboren worden zu sein?

Warst du deshalb dann automatisch auch immer die Erste bei allem? Oder musstest du wegen der Jüngeren oft zurücktreten, Rücksicht nehmen und warst deshalb oft die Letzte?

Auch diese Fragen können dir zu mehr Klarheit verhelfen, was alles damit verbunden ist, wenn du »die Älteste« bist:

Welche Aufgaben, Rollen und Gewohnheiten hast du in deiner Rolle als Älteste übernommen? Welche davon passen zu dir und es entstanden daraus besondere Fähigkeiten und Stärken?

Kannst du sie wertschätzen und möchtest sie auch in Zukunft gern beibehalten? Und welche tun dir nicht gut, engen dich ein und behindern dich? Wo fühlst du dich überfordert, missverstanden oder in die falsche Schublade gedrängt?

Was für eine Dynamik ist zwischen dir und deiner jüngeren Schwester, um die es dir hier geht, entstanden? War und ist diese Dynamik bereichernd oder eher hinderlich für dich? Welcher Rolle entsprichst du – und in welcher Rolle siehst du deine Schwester?

Wenn du nicht die Älteste bist, ist dieser Abschnitt sicher auch spannend für dich, denn du kannst dies aus deiner Sicht der Jüngeren auf die Ältere lesen. Wie geht es dir mit deiner großen Schwester? Wie hast du sie erlebt? Und wie ist es heute?

Unabhängig davon, aus welcher Rolle/Position du liest: Deine Überlegungen und Reflexionen zu all diesen Fragen werden dich beim Lesen der Fallbeispiele sicher aktiv begleiten.

Sich mit der eigenen Schwesternbeziehung zu beschäftigen muss nicht immer schwer und ernst sein, es kann durchaus auch mal leicht und humorvoll ablaufen, wie ein Beispiel aus unserem Workshop zeigt: Nachdem in Kleingruppen die jeweils »Ältesten«, »Mittleren« und »Jüngsten« ihre Erfahrungen ausgetauscht und eine Präsentation unter dem Motto »Was wir euch schon immer mal sagen wollten!« vorbereitet hatten, sangen diese »großen Schwestern« allen amüsiert und unter großem Gelächter folgenden Text vor:[22]

*Große nehmen in 'n Arm*
*Große bieten Geborgenheit*
*Große weinen heimlich*
*Große leiden an Einsamkeit*
*Ja, Große sind so verlässlich*
*Große sind kontrolliert und verletzlich*
*Große gehen als Erste auf'n Teich*
*Außen ganz hart und innen ganz weich*

*Große sind dominant*
*Große sind sensitiv*
*Große sind extrem stark*
*Große machen auch ganz viel Quark.*

Ja, viele Schwestern in der Position der Ältesten kennen solche Erfahrungen, doch wir werden sehen, es kann auch alles ganz anders sein.

## Fallbeispiel: Die Entthronte

Claudia, 35 Jahre, ist anderthalb Jahre älter als ihre Schwester Corinna. Sie lebt allein und widmet sich »voll und ganz« ihrem Beruf, der ihr viel Bestätigung bringt. Dennoch fühlt sie sich »unvollkommen – wie ein Mängelexemplar«.

Denn Corinna lebt seit zwei Jahren in einer festen Beziehung und ist schwanger. Bei gemeinsamen Treffen mit ihren Eltern dreht sich alles nur noch um die Schwangerschaft, und Claudia hat das Gefühl, nun völlig ins Hintertreffen zu geraten. Sie zieht sich zurück und wird stiller, tief verletzt. Sie kennt den Schmerz seit ihrer frühen Kindheit, seit der Geburt der kleinen Schwester. Ein Einsiedlerkrebs symbolisiert für sie ihr Problem am besten. Er kann auch in sein Schneckenhaus verschwinden. Sie hat es als traumatisch empfunden, »von einem auf den nächsten Moment vom Thron weggeschubst worden zu sein, denn nun hat sich alles nur noch um die Kleine und ihre Bedürfnisse gedreht«. Schnell hat sie gelernt, »still und artig zu sein« und sich zurückzunehmen – darüber hat sie Anerkennung erlangt. Seit Corinna dazu kam, sieht sie sich im ständigen Vergleich mit ihr und »schneidet dabei immer schlechter als sie ab«. Deren Schwangerschaft und den »Rummel, der darum gemacht wird«, empfindet sie wie eine Retraumatisierung, denn ihr traumatisch empfundenes Kindheitserleben wird in dieser

Weise wiederbelebt. Ihr Wunsch ist es, sich im Vergleich zur jüngeren Schwester nicht mehr so unsicher, defizitär und ungeliebt zu fühlen. Wie gut es wäre, sich gar nicht mehr ständig mit der Schwester vergleichen zu müssen!

An Claudias Beispiel sehen wir, dass die Geburt eines Geschwisters einen großen Einfluss auf die weitere Persönlichkeitsentwicklung bis hin in das Erwachsenenalter haben kann. Für Claudia war der Verlust ihres Alleinstellungsmerkmales und der damit verbundenen vollen Aufmerksamkeit durch die Eltern ein großer Schock. Zu Entthronungserlebnissen verbunden mit Eifersucht und Verlustängsten kommt es vor allem, wenn es den Eltern nicht gelingt, das erstgeborene Kind deutlich spüren zu lassen, dass es sich durch das neue Geschwister in der Beziehung und Nähe zu den Eltern nicht bedroht fühlen muss.[23] Aufgrund des Erlebten hat Claudia Botschaften empfangen wie zum Beispiel nicht mehr so wichtig zu sein und womöglich weniger geliebt zu werden. Daraus haben sich bei ihr bis heute Überzeugungen und Glaubenssätze über sich verfestigt, die bestimmen, wie sie sich sieht, wer sie ist und wie sie zu sein hat.

Wie war es bei dir? Wie hast du die Geburt deiner kleinen Schwester erlebt? Kennst du auch die Erfahrung, entthront worden zu sein? Wie bist du als Kind damit umgegangen? Und wie ist es heute? Hast du daraus Glaubenssätze über dich entwickelt, die heute noch wirken?

## Methode: Arbeiten mit Glaubenssätzen

### Glaubenssätze enttarnen

Wenn du wie Claudia unter einem ständigen Vergleichen mit deiner Schwester leidest, möchten wir dich bitten, einmal alle Gedanken und Gefühle in Bezug auf diese Vergleiche aufzuschreiben. Meinungen und Glaubenssätze, die wir über uns entwickelt haben, entfalten im Unbewussten ihre Wirkung. Wir können uns von ihnen erst dann lösen und befreien, wenn wir sie aufdecken und enttarnen. Auf so einer Liste von Gedanken und Gefühlen könnte beispielsweise stehen, was auch Claudia aufgeschrieben hat:

Im Vergleich zu meiner Schwester:

- »… bin ich unwichtig und uninteressant.«
- »… bin ich ein Mängelexemplar, weil ich keinen Partner habe.«
- »… werde ich weniger geliebt und bin nicht so anerkannt.«

Es ist wichtig, diese Sätze, die zu Überzeugungen geworden sind, an die Oberfläche und ans Licht zu holen und die dazugehörenden Gefühle zuzulassen und ihnen nachzuspüren – sie also aus dem Schatten des Unbewussten hervorzulocken. Sonst können sie dort weiterhin wirken und unbemerkt immer mächtiger werden.

Wir laden dich ein, deine Glaubenssätze über dich ebenso aufzuschreiben und dann zu überprüfen, wie du es bei Claudia miterleben kannst. Welche Botschaften und Glaubenssätze wirken auch bei dir womöglich heute noch als innere Überzeugungen (unterschwellig) fort?

Als Claudias Glaubenssätze offen auf dem Tisch liegen, spürt sie Trauer und Schmerz, auch Wut, Verzweiflung und Ohnmacht in sich aufsteigen. Alle diese Gefühle dürfen sein und haben ihre Berechtigung. Wenn sie gefühlt werden (dürfen) und einen Ausdruck finden, können sie sich umwandeln und auflösen.

Glaubenssätze, innere Überzeugungen und Urteile über uns selbst haben großen Einfluss auf die eigene Befindlichkeit und Handlungsfähigkeit. Je mehr und je stärker Claudia sich beispielsweise darauf fokussiert, unwichtig und uninteressant zu sein, desto eher wird sie dies auch im Außen erleben. Claudia ist das bereits aufgefallen, denn auch im Zusammensein mit ihrem Freundeskreis erlebt sie, wie sie häufig immer stiller und unsichtbarer wird. Ihr ist schon durch den Kopf gegangen, dass dies so sei wie bei einer »selbsterfüllenden Prophezeiung« (self-fulfilling prophecy).[24]

Wie wirken deine Glaubenssätze auf dich – was machen sie mit dir? Stärken sie dich und geben sie dir so etwas wie Mut, Zuversicht und Selbstvertrauen? Oder schwächen sie eher dein Selbstwertgefühl – wie bei Claudia – und lassen dich kleiner, unsicherer oder stiller werden?

Es ist ein allgemeingültiges Gesetz, dass uns das, was wir aus innerer Überzeugung erwarten, auch im Außen begegnet. Deshalb werden Sportler vor Wettkämpfen so gecoacht, dass sie sich beispielsweise ihren Weitsprung im Geiste ganz genau vorstellen und ihren Erfolg und Sieg – als positiven und stärkenden Support – immer wieder visualisieren!

### Glaubenssätze überprüfen und umwandeln

Was wir tun können, damit unsere negativen Glaubenssätze ihre zerstörerische Kraft nicht entfalten? Wir fordern Claudia auf, ihre Glaubenssätze auf ihren Wahrheitsgehalt zu überprüfen, und empfehlen ihr dafür folgende Fragestellungen:

»Ist es wirklich, wirklich wahr, dass ich unwichtig und uninteressant bin?«

»Ist es wirklich, wirklich wahr, dass ich ein Mängelexemplar bin?«

Dabei ist das »wirklich, wirklich« sehr wichtig – probiere es einmal selbst aus! Die doppelte Frage »Wirklich, wirklich?« fördert, dass wir ehrlicher mit uns sind und unsere Überzeugungen gründlicher überprüfen und hinterfragen.

Wie ist es mit deinen Glaubenssätzen – stimmen diese noch? Wirklich, wirklich?

Claudia kann alle Fragen mit »Nein« beantworten und wirkt dabei bereits sichtlich erleichtert.

Nun bitten wir Claudia, ihre Glaubenssätze in bejahende, energiegebende Sätze umzuwandeln. Es ist dabei wichtig, ausschließlich positiv besetzte Begriffe zu benutzen. Claudia schreibt also – obwohl diese Sätze sich für sie zunächst ungewohnt und noch nicht so stimmig anfühlen – auf: »Ich bin wichtig und interessant.« »Ich bin wertvoll so, wie ich bin.« »Ich werde anerkannt und geliebt.«

Bitte wandle auch du nun deine Glaubenssätze in positiv formulierte, unterstützende Stärkungssätze um und schreibe sie auf. Dabei kann es sich zunächst fremd anfühlen, solche Sätze zu schreiben. Fast alles, was neu ist, fühlt sich erst einmal ungewohnt an.

### Transfer und Verankerung deiner umgewandelten Glaubenssätze

Damit deine Kraftsätze im Alltag nicht wieder verloren gehen, empfehlen wir dir, deine Sätze groß, vielleicht auch schön verziert, jeweils auf ein Blatt zu schreiben und sie gut sichtbar in deiner Wohnung aufzuhängen, gerne an einer Stelle, wo du sie mehrmals täglich siehst. Oder du sprichst sie dir auf dein Smartphone und hörst sie dir mindestens einmal täglich an.

Denn genauso, wie sich die alten Glaubenssätze nach und nach in deinem Bewusstsein eingenistet haben, wirken die neuen nicht durch einmaliges Lesen. Achte darauf, die kraftspendenden und aufbauenden Sätze möglichst oft zu hören, zu sehen und auch zu sagen. Wenn du sie – auch ruhig laut – aussprichst, hat das Effekte auf das Gehirn – dank dessen Neuroplastizität (Fähigkeit des Gehirns, sich selbst zu ändern).[25]

### Wie entstehen Glaubenssätze und wie wirken sie?

»Sei doch nicht immer so vorlaut!« – »Die Drei in Mathe ist ja ganz schön, doch nächstes Mal machst du es besser!« und andere ähnliche Sätze erinnerst du sicher auch noch aus deiner Kindheit. Diese Sätze werden verinnerlicht und zu Überzeugungen, Gewohnheiten, zu Glaubenssätzen und »inneren Antreibern«. Das Modell der »Inneren Antreiber« geht auf die Transaktionsanalyse (TA) zurück,[26] auf die auch wir uns hier beziehen.

Entscheidend ist, ob wir solche Sätze in unsere persönliche Bewertung über uns selbst übernehmen.

Vielleicht hast auch du einige der folgenden inneren Antreiber, die dir ursprünglich ermöglichen sollten, gut durchs Leben zu kommen, oft gehört?

»Sei perfekt! Mach keine Fehler! Sei genau!«

»Sei schnell! Beeil dich!«

»Streng dich an! Mach es besser!«

»Sei brav! Mach es allen recht! Sei beliebt!«

»Sei stark!«

Die Wirkung dieser Antreiber wird noch klarer, wenn Worte wie »immer« und »nie« hinzukommen. So entstehen aus ihnen Glaubenssätze:

»Nie bin ich gut genug.«

»Ich muss immer effektiv sein.«

»Ich muss immer allen gefallen.«

»Ich darf nie um Hilfe bitten.« oder

»Ich darf nicht Nein sagen.«

Diese Behauptungen werden dann – meistens unhinterfragt, automatisch und unbewusst – befolgt, und zwar in einer Absolutheit, als würde eine Katastrophe drohen, wenn sie nicht erfüllt würden. Als Kinder haben wir dies tatsächlich so erlebt, da wir von der Anerkennung und Liebe der Eltern existenziell abhängig waren und Liebesentzug nun einmal tatsächlich katastrophal ist.

Ursprünglich waren solche Sätze sicherlich gut gemeint. Sie sind jedoch meist unerfüllbar und verursachen Enttäuschung über sich selbst. Denn wenn wir diesen inneren Überzeugungen nicht gerecht werden, sehen wir häufig nur noch unser vermeintliches Scheitern daran.

Glaubenssätze werden zu festen Lebenskonzepten und steuern auch im Erwachsenenalter unbewusst das Denken und Handeln. So sagen wir beispielsweise »Ja« zu einer Verabredung, obwohl wir keine Lust dazu haben, und ärgern uns dann über uns selbst, weil wir in Zeitnot geraten und »mal wieder nichts auf die Reihe kriegen«.

Glaubenssätze können nicht nur aus direkten Aussagen entstehen, sondern auch versteckt und unauffällig übertragen werden: durch die innere Haltung der Eltern, zum Beispiel deren geschlechtsstereotypische Arbeitsteilung (möglicher Glaubenssatz: »Frauen sind handwerklich ungeschickt.«) oder deren Kommunikation miteinander (z. B. »Eine eigene Meinung zu haben, ist gefährlich«). Sie können aber auch atmosphärisch aufgesogen werden, beispielsweise dadurch, dass dir als Kind immer gleich alles abgenommen wurde, wenn du es nicht auf Anhieb allein geschafft hast. Daraus kann sich dann die Überzeugung »Ich kann das nicht gut genug« entwickeln. Oder du bist häufig mit Nichtbeachtung und Liebesentzug bestraft worden, wenn du nicht »brav« warst. Daraus kann sich dann der Satz »Ich muss immer angepasst und lieb sein, um liebenswert zu sein« in dir eingraben. An diesen Beispielen sehen wir auch, dass Glaubenssätze häufig Verallgemeinerungen sind, die etwas behaupten, als seien sie – wie ein Dogma – in Stein gemeißelt. Sie machen starr, wenig beweglich und engen unser Blickfeld ein. Damit verhindern sie, dass wir andere und eventuell auch positivere Erfahrungen machen können.

Die hilfreiche Funktion von Glaubenssätzen und Überzeugungen, uns Halt, Orientierung und ein Gefühl von Sicherheit zu vermitteln, ist bei positiven, aufbauenden Glaubenssätzen noch viel wirkungsvoller – wenn wir sie (neu) verinnerlichen.

### Übung: Wie du Glaubenssätze entlarven kannst

Das Erkennen von negativen Glaubenssätzen ist der erste Schritt.

### 1. Glaubenssätze erkennen und sich bewusst machen

Folgende Worte weisen zum Beispiel darauf hin, dass in einer Aussage ein Glaubenssatz verborgen sein könnte:
immer/ alles / jeder / grundsätzlich / ständig / nie.

### 2. Übernommene »Wahrheiten« von anderen Menschen

»Meine Eltern und andere Bezugspersonen haben zu mir als Kind häufig ... gesagt.« Gehen dir solche Sätze im Kopf herum? Oder auch: »Eine Lehre, die ich nie vergessen werde« ... oder »Über mich wurde schon immer gesagt, dass ...« Notiere sie dir in dein Schwestern-Lesetagebuch, wenn du sie erkennst.

### 3. Sprichwörter, die zum Lebensmotto werden

»Wer hoch hinauswill, kann tief fallen!«
»Eigenlob stinkt!«
»Was Lieschen nicht lernt, lernt Lisa nimmermehr!«

Welche Wahrheiten von anderen Menschen und welche Sprichwörter sind eventuell zu deinem Lebensmotto geworden? Sind diese Glaubenssätze hilfreich oder bremsen sie dich? Stärken sie dich oder schwächen sie dich eher? Überprüfe und hinterfrage, ob deine Glaubenssätze heute noch Sinn ergeben! Sind sie wirklich, wirklich wahr? Denn erst dann kannst du sie im zweiten Schritt in kraftgebende, bejahende Sätze umwandeln.

## Fallbeispiel: Die Vernünftige und Unterlegene

Gabriele, 55 Jahre, war fünf, als ihre Schwester Sabine geboren wurde. Über die Geburt hat sie sich sehr gefreut. Denn sie hat sich als Einzelkind oft allein gefühlt und die anderen Kinder beneidet, wenn diese Geschwister hatten. Stritten sie sich beim Spielen, hielten die Geschwister zusammen und stellten sich gegen sie. Oder sie wurde überstimmt und sogar ausgeschlossen. Das waren bittere Erfahrungen – immer war sie die Unterlegene. Doch nun gab es die kleine Schwester, mit der sie zwar noch nicht richtig spielen konnte, aber sie fühlte sich jetzt schon groß und nicht mehr unterlegen. Sie kümmerte sich viel um die Kleine, und ihre Eltern freuten sich darüber. Sie waren stolz auf sie und lobten sie sehr. Gabriele fühlte sich anerkannt und geliebt. Die kleine Sabine aber war ein fröhliches, lebhaftes Kind und brachte alle zum Lachen und eroberte die Herzen. Das waren Momente, in denen Gabriele sich wieder ausgeschlossen und unterlegen fühlte. Um dies auszugleichen, so erklärt sie es sich heute, habe sie noch intensiver die Rolle der Verantwortungsvollen und Vernünftigen eingenommen.

Als Symbol wählt sie eine Pippi Langstrumpf aus, die für ihre Schwester steht. Pippi ist für Gabriele immer so »pfiffig«, so wie ihre Schwester Sabine. Gabriele hat das Gefühl, dass es Sabine immer leichter hatte und sie hingegen immer um alles kämpfen muss(te). Ihr Wunsch ist es, das Unterlegenheitsgefühl loszuwerden und nicht mehr so vernünftig zu sein – sie wünscht sich mehr Leichtigkeit in ihrem Leben, so wie bei ihrer Schwester. Um dem näherzukommen, ermutigen wir Gabriele – und vielleicht auch dich –, sich im Rahmen der folgenden Methode auf ein Experiment einzulassen.

## Methode: Szenisches Spiel
## mit dem »magischen Kind«

Wir alle kommen als liebenswerte, staunende, kreative und neugierige Wesen auf die Welt. In jeder Erwachsenen von uns lebt diese archetypische Kraft, ein inneres »magisches Kind«, das völlig unschuldig, frei und noch voller Möglichkeiten ist. Während der magischen Phase zwischen dem dritten und sechsten Lebensjahr werden Dinge und Geschehnisse vom Kind weitgehend magisch erlebt. In der kindlichen Vorstellung ist alles möglich, Schönes wie auch Schreckliches. Was es selbst denkt und tut, sieht es als Ursache für vieles, was passiert.[27] Viele von uns mussten jedoch diesen fantasievollen, kreativen und gleichsam magischen Teil unseres Wesens zurücklassen, wir haben diesen Wesenszug verdrängt, während wir älter wurden. Infolge der Erziehung und anderer Einflüsse ist das Kind in uns leider unter einer dicken Schicht aus Unsicherheit, Scham, Angst oder Vernunft verborgen. Dieses kleine magische Mädchen ist aber immer da. Es wartet in jeder von uns darauf, gesehen und gehört zu werden. Solange dies nicht geschieht, projizieren wir in uns verborgene Anteile häufig auf andere Menschen und sehen diese in ihnen. Dann reagieren wir auf zweierlei Weise. Wir werten sie wegen genau dieser Eigenschaften entweder ab (»Die sollte lieber mal erwachsen werden« o. Ä.). Oder wir bewundern gerade diesen Zug an ihr – ja, wir beneiden sie vielleicht sogar. So geht es Gabriele, sie beneidet ihre Schwester um deren Leichtigkeit. Zum Glück haben wir das, was wir bei anderen bewundern, oder zumindest Anteile davon, auch in uns selbst. Denn ein inneres Kind steckt in jeder.

Unsere magischen Kinder wollen, wenn wir sie unterdrückt oder sie sich versteckt haben, von uns gerufen und eingeladen werden, an unserem Leben teilzuhaben. Es geschieht, indem wir uns auf unsere Kinderebene einlassen. Dies im Erwachsenenalter umzusetzen, erscheint nicht einfach, doch Gabrieles

Beispiel zeigt, wie es doch möglich ist. Gabrieles Symbol aufgreifend, schlagen wir ihr ein »Pippi-Langstrumpf-Spiel« vor. Gabriele weist in der Rolle der Pippi den anderen Teilnehmerinnen deren Rollen zu: Annika und Thomas, Herr Nilsson, das Äffchen, ihr Pferd »Kleiner Onkel«, die beiden Dorfpolizisten Kling und Klang und Frau Prysselius, die Dame vom Jugendamt – in unserem reichhaltigen Equipment finden alle passende Utensilien und Verkleidungsmaterial dafür. Sofort werden Kindheitserinnerungen wach, und voller Elan und Begeisterung tauchen sie in ihre Rollen ein. Gabriele hat eine witzige Spielidee – nicht den Boden berühren –, und sie genießt es sichtlich, einmal ganz und gar unvernünftig zu sein. Ihr fällt dabei das Original-Pippi-Lied ein: »Ich mache mir die Welt, so wie sie mir gefällt!«[28]

In der anschließenden Reflexion äußert sich Gabriele überrascht, wie viel Kreativität, Pfiffigkeit und Leichtigkeit sie in sich trägt – Facetten ihrer Persönlichkeit, die sie ihrer Schwester zugeschrieben und bei sich selbst unter dem »Deckel der Vernunft« begraben hatte. Für sie ist es ein Aha-Erlebnis, nun zu erfahren, wie mit spielerischer Leichtigkeit auch ihr Unterlegenheitsgefühl verschwand.

Sie nimmt als Erinnerung ein Foto von sich und der Pippi-Symbolpuppe mit, das sie an ihre Erfahrung hier erinnert und daran, auch zu Hause ihr inneres Kind immer wieder neu zu beleben.

Wenn es dir schwerfällt, Kontakt zu deinem inneren Kind aufzunehmen, helfen dir sicher die hier folgenden Anregungen.

### Übung: Das »magische Kind« einladen

Wie ging es dir gerade bei der Beschreibung? Kamen Bilder hoch, und hast du Kontakt zu deinem inneren magischen Kind bekommen?

Wenn dir das schwerfällt, erinnere dich daran, was du als Kind gern gespielt hast, in welche Rollen und Figuren bist du dabei geschlüpft – und in welche deine Schwester? Vielleicht sind stärkende Vorbilder dabei, sei es Ronja Räubertochter, Momo oder Hermine Granger, die Freundin von Harry Potter, dir fällt bestimmt eine eigene positive Identifikationsfigur ein. Diese verkörpern häufig Verhaltensweisen und Gefühle wie Neugierde, Mut, Unschuld, Freude, Lust, Freiheit oder Leichtigkeit.

Wie wäre es, im Kreis von Schwester(n) oder Freund*innen zum Beispiel einen Themenabend zu Pippi Langstrumpf oder deiner Lieblingsheldin zu gestalten?!

Wir, Cordula und Barbara, identifizierten uns zum Beispiel eine Zeit lang mit den »Mädels vom Immenhof«, einer Fernsehserie in den 1960ern. Analog unserer »realen Rollen« spielte ich, Cordula, die jüngere, wildere »Dally«, ich, Barbara, war die ältere, vernünftigere »Dick«. Beide waren für diese Zeit ausgesprochen selbstbewusste, kreative und tatkräftige Mädchen. Danach kam unser »Karl-May-Fieber«, ich, Barbara, schlüpfte am liebsten in die Rolle der mutigen und stolzen Indianerfrauen Ribanna oder Nscho-tschi, ich, Cordula, war lieber Winnetou oder ein Bösewicht. ☺

**Fallbeispiel: Die Bestimmerin**

Kerstin, 40 Jahre, ist drei Jahre älter als ihre Schwester Nikola. Heute wohnen sie mit Familie und je zwei Kindern nur eine Autostunde voneinander entfernt. Doch sie sehen sich selten, vielleicht zweimal im Jahr zu wichtigen Familienanlässen. Ab und zu telefonieren sie miteinander. Kerstin wünscht sich näheren Kontakt, doch Nikola blockt ab: Kerstin wolle immer recht haben und ihr vorschreiben, wo es langgeht.

In ihrer Kindheit haben sie beide viel mit ihren Cousinen

gespielt. Kerstin war die Älteste von allen und hatte immer gute Ideen, womit sie sich am besten beschäftigen könnten. Und sie hatte von den Eltern den Auftrag, auf die Kleineren »immer gut aufzupassen«. So hat sie die Rolle der »Aufpasserin und Bestimmerin« eingenommen, was ihr ganz gut gefiel. Später, als Jugendliche, war Kerstin allerdings oft von Nikola genervt, weil sie das Gefühl hatte, die Kleine mache ihr immer alles nach. Mit Beginn ihres Studiums trennten sich die Wege der Schwestern. Ihr Verhältnis zueinander ist eigentlich nicht schlecht, aber wenn sie sich treffen, herrscht eine irgendwie angespannte Atmosphäre.

Als Symbol für ihr Thema wählt Kerstin eine Mullbinde. Sie hat bemerkt, dass sie immer schnell dabei ist, sich um andere zu kümmern, deren Probleme zu lösen und sie »verarzten und heilen« zu wollen. In Gruppen übernimmt sie schnell die Führung. Sie glaubt, dass sie der Schwester gegenüber die Rolle der Bestimmerin gar nicht mehr einnimmt, doch für Nikola scheint dies wohl noch ein Thema zu sein.

Kerstins Wunsch ist es, diese Dynamik besser zu verstehen und sie am liebsten aufzulösen, um eine gleichwertige Beziehung zu ihrer Schwester zu finden.

Erstgeborene entwickeln aufgrund ihrer Rollenzuschreibungen häufig in ihrem Selbstwertgefühl eine größere Abhängigkeit von der Bestätigung durch die Eltern. Oft werden sie sozusagen zum »verlängerten Arm der Eltern« und verhalten sich dann strenger im Erziehen und Disziplinieren der jüngeren Geschwister als die Eltern selbst. Das muss zwangsläufig zu Konflikten zwischen den Geschwistern führen.[29]

Eine solche Schwestern-Dynamik begegnet uns in unseren Workshops und Coachings häufig: auf der einen Seite die Älteren, die früher die Rolle der Aufpasserin, Bestimmerin oder Kümmerin übernommen hatten – oft übernehmen mussten – und die sich heute eine Begegnung auf Augenhöhe wünschen und nicht verstehen, warum dies nicht möglich ist. Und auf der anderen Seite die Jüngeren, die früher immer die Kleinen waren, auf die man aufpassen musste und die nichts so gut konnten wie die Großen. Auch sie wünschen sich eine gleichwertige Beziehung und sind hilflos, wenn dies nicht gelingt. Jede sieht das Ganze dann meistens nur aus der eigenen Perspektive. Und diese individuelle Sicht ist in der Regel mit der Einstellung verbunden, das Schwesternproblem liege an der anderen und diese müsse sich ändern.

Was bleibt, sind gegenseitiges Unverständnis, Hilflosigkeit und Frustration bis hin zu Verbitterung und Wut. Gleichzeitig macht diese Haltung: »Weil es für mich so war, muss es auch für dich so sein«, blind dafür, wie die Schwester die Dynamik erlebt hat und noch erlebt, sowie für die eigenen Anteile an der Situation.

Kennst du diese Thematik und Dynamik zwischen Älteren und Jüngeren auch? Welche Rolle hattest oder hast du darin?

Das Kommunikationsmodell »Zwiegespräche«[30] ermöglicht, sich für die Erlebenswelt der anderen zu öffnen und Einblicke in ihre Realitätswahrnehmung zu gewinnen.


## Methode: Zwiegespräch

In einem Zwiegespräch hat jede der Beteiligten – bei uns im Workshop sind es jeweils zwei Teilnehmerinnen – zehn Minuten Zeit, um von sich und der eigenen Schwesternproblematik zu erzählen, ohne dass die andere unterbricht. Weder mit Worten noch mit Mimik oder Gestik soll das Gesagte kommentiert werden. Die Zuhörerin hat die Aufgabe, der anderen »mit voller Aufmerksamkeit zu lauschen«, um das Erleben der Sprecherin so gut wie möglich nachvollziehen zu können, mit einer Haltung von: »Ach *so* erlebst du das!«

Wir laden Kerstin ein, ein »Zwiegespräch« mit einer Workshop-Teilnehmerin zu führen, die selbst etwa drei Jahre jünger als ihre Schwester ist und weiß, wie es ist, sich immer noch als »Kleine« zu fühlen. Kerstin wird also durch ihr aktives Zuhören ermöglicht, in die Erlebenswelt einer jüngeren Schwester einzutauchen, und sie beide können ihr eigenes Erleben angstfrei schildern, weil sie eben nicht der eigenen, der wirklichen Schwester gegenüberstehen. Durch die Erzählungen ihrer Zwiegesprächspartnerin, wie es dieser mit ihrer großen Schwester ging, wird Kerstin deutlich, dass ihre Schwester Nikola womöglich auch noch in der Rolle der »Kleinen« gefangen ist und dass sie vielleicht nach wie vor zu ihr aufschaut. Kerstin fühlt sich dabei ertappt, dass auch sie ihre Schwester manchmal auf die Rolle »der Kleinen, die noch nicht alles durchblickt«, reduziert. Damit konfrontiert, ist sie sehr überrascht, und ihr ist es ein wenig peinlich, was wohl der Grund dafür sein wird, weshalb sie sich das zuvor nie eingestanden hat.

Für Kerstin ist es ein erhellender Schlüsselmoment, als sie erkennt, welchen Anteil sie selbst an dem angespannten Verhältnis zu Nikola hat, nämlich diese bisher unbewusst auf eine niedrigere Stufe gestellt zu haben. Diese Erkenntnis gibt ihr die Möglichkeit, Nikola von nun an mit anderen Augen zu betrachten und selbst etwas an der Situation zu ändern.

### Übung: Zwiegespräch mit deiner Schwester

Die Methode der Zwiegespräche wurde von dem Arzt und Psychotherapeuten Prof. Dr. Michael Lukas Moeller und seiner Frau Célia Maria Fatia ursprünglich für Paare und die Paarberatung entwickelt, doch sie eignet sich nachweislich für jede Art von Beziehung – auch für Schwestern. Das konntest du eben miterleben. Voraussetzung ist die grundsätzliche Bereitschaft, sich einerseits der anderen ehrlich zu zeigen und andererseits der anderen genau zu lauschen. Gleichzeitig ist es immens wichtig, die Regeln einzuhalten, nicht zu unterbrechen und nicht zu bewerten!

Du möchtest es nun selbst ausprobieren? Wenn die Bereitschaft dazu bei deiner Schwester (noch) nicht da ist, ist zunächst auch eine »einseitige Öffnung« möglich: Erkläre deiner Schwester das Konzept der Zwiegespräche und sage ihr, dass *du* gern erfahren möchtest, wie *sie* eure Beziehung oder ein bestimmtes (familiäres) Ereignis erlebt hat und noch heute erlebt – und dass du dich für sie und ihr Erleben ehrlich interessierst. Sichere ihr zu (und halte dies auch ein), ihr ausschließlich zu lauschen, ohne zu unterbrechen oder zu kommentieren und ohne das Gesagte zu bewerten.

Wir benutzen hier mit Absicht nicht den Begriff »zuhören«, denn dieser enthält das Wort »zu«, das ja auch »geschlossen« bedeuten kann. Doch sind wir wirklich offen, wenn wir *zu*hören? Beim Zwiegespräch geht es ums Lauschen und *Hin*hören – es beinhaltet eine Haltung von *Hin*wendung und wirklicher Bereitschaft und Offenheit, alles aufmerksam zu erlauschen, auch wenn das Gesagte schmerzt oder dir oder der Schwester nicht gefällt. Überprüfe also bitte vorher, ob du wirklich bereit dafür bist.

Wenn ihr unsicher seid, wie ihr beginnen könnt, hilft es, ein Fotoalbum aus eurer Kindheit als Orientierungshilfe in die Hand zu nehmen, es gemeinsam zu betrachten, und jede Schwester hat ihre Zeit, ungestört ihr Erleben zu erzählen.

Im Folgenden kannst du dieses Lauschen und Hinhören vertiefen, denn nun werde ich, Barbara, erzählen, wie ich als ältere Schwester die Geburt von Cordula und die ersten Jahre mit ihr erlebt habe.

## Fallbeispiel: Ein kleines Schwesterchen zum Spielen?

»Bärbel, komm mal rauf, dein Schwesterchen ist da!« Diesen Moment erinnere ich noch ganz genau, das Bild meiner Mutter oben auf dem Balkon mit diesem riesigen Kopfkissen im Arm. Ich bin dreieinhalb Jahre alt und spiele – wie so oft – unten im Hof mit den Nachbarskindern in der Sandkiste.

Sofort stürze ich los, laufe die Treppen vier Stockwerke hoch, wo ich – außer Atem angekommen – Mutti schon in der geöffneten Tür warten sehe. »Wo ist sie?«, frage ich und laufe ins Wohnzimmer. Da liegt sie, auf der Couch, neben diesem großen Kopfkissen, und sie ist ganz klein. Ein winziges, recht kahlköpfiges Baby. Ich stürme direkt hin und will sie streicheln und auf den Arm nehmen, doch Mutti stoppt mich. »Halt! Halt, Bärbel! Erst die Hände waschen!«, ruft sie aufgeregt.

Schon viele Monate hatte ich mich darauf gefreut, als es hieß: »Du bekommst ein kleines Geschwisterchen zum Spielen.« Ich weiß nicht mehr, was ich erwartet hatte, doch da lag nun dieses Bündel, und mit ihm spielen, es direkt mit runter in die Sandkiste nehmen oder was auch immer ich mir ausgemalt hatte, ging also nicht. Ganz vorsichtig durfte ich sie anfassen und mit viel Unterstützung in den Arm nehmen. Hier war nun also meine lang ersehnte Schwester, und sie sollte für immer dableiben. Das war dann doch erst einmal eine herbe Enttäuschung! Denn zum Spielen, wie versprochen, war sie völlig ungeeignet. Bis das möglich war, sollte es noch lange dauern.

Ich wurde jedoch umsichtig und liebevoll in die Babypflege mit einbezogen, wie zum Beispiel beim Wickeln und Baden. Auch das Anziehen durfte ich probieren, doch es war ein aussichtsloses Unterfangen für mich, diese gehäkelten Schühchen bei den ständig strampelnden Beinchen über die Füßchen zu streifen. So führten meine Anstrengungen so manches Mal zu heftigen Tränenausbrüchen.

Ich war nun also nicht mehr die »kleine Süße«, sondern

»schon so groß und vernünftig, konnte schon so viel und sollte immer schön auf die Schwester aufpassen«. »Aha«, dachte ich, »ich bin nun also nicht mehr klein und süß. Dann bin ich jetzt eben die Große, Kluge, Vernünftige, auch gut.«

Unsere Mutter gab sich große Mühe, mir genauso viel Aufmerksamkeit und Zuneigung zu geben wie vor der Geburt meiner Schwester. So ängstlich und übervorsichtig, wie sie mit mir gewesen war und was wohl zu meiner damaligen körperlichen Unsicherheit und Ungeschicklichkeit beigetragen hat, war sie jetzt nicht mehr.

Doch an Gefühle der Benachteiligung oder Eifersucht kann ich mich nicht erinnern. Da war zwar diese neue Rolle, ich gewöhnte mich jedoch schnell daran und war ganz zufrieden. Der Platz auf dem Arm und auf dem Schoß war jetzt häufiger besetzt, aber das scheint mich nicht weiter beeinträchtigt oder verletzt zu haben. Hingegen erinnere ich mich lebhaft daran, wie es war, als Cordula schon ein bisschen größer war und wir endlich gemeinsam draußen spielen konnten. Ich fand es sehr schön und schnell ganz normal, jetzt zu zweit zu sein und immer zusammen spielen, toben und herumalbern zu können. Als ich Cordula auf den Hof »mitnehmen« konnte, hatte ich allerdings ständig dieses »Pass gut auf deine kleine Schwester auf!« im Ohr. Ja, das habe ich sehr ernst genommen. Sogar beim Verstecken- und Fangenspielen hielt ich sie immer fest an der Hand und war dann doch ziemlich beeinträchtigt, weil ich ja nicht so schnell weglaufen und mich verstecken konnte wie die anderen. Dann habe ich sie auch als Last und »Bremse« erlebt.

Und natürlich gelang es mir häufig nicht, der Verantwortung und meinen Aufgaben als Aufpasserin wirklich gerecht zu werden. Deshalb hatte ich oft ein schlechtes Gewissen. Noch heute spüre ich meine Schuldgefühle von damals, zum Beispiel als wir einmal beim verbotenen Spielen auf dem Nachbargrundstück, einer Baustelle, plötzlich vor wild schimpfenden Männern weglaufen mussten, die wie aus dem Nichts auftauchten. Vor Hektik bekam ich nicht mit, dass Cordula mit ihren Gummistiefeln im Matsch hängen geblieben war und nicht mitkommen konnte. Dieses Gefühl, sie gerade in einer so bedrohlichen und »gefährlichen« Situation im Stich gelassen zu haben, das war sehr schlimm!

## Das Erleben ältester Schwestern

Wie die Beispiele zeigen, verarbeiten die Ältesten die Geburt des nächsten Kindes, durch die sich die gesamte Familienstruktur von einem Dreier- in ein Viererbündnis ändert, unterschiedlich. Einige erleben die Geburt der kleinen Schwester wie ein »Entthronungstrauma«. Dies hängt nicht per se ausschließlich mit der Geburtenrangfolge zusammen, sondern kann auch mit dem Verhalten der Eltern (wie stark wird die Älteste beispielsweise eingebunden und wertgeschätzt) und dem Altersabstand der Geschwister verbunden sein. So kann laut Studien bei einem größeren Altersabstand (mehr als sechs Jahre) die Älteste die neue Familienkonstellation besser verarbeiten, da sie ihre Rolle, ihren Platz »in der Familie schon gefunden und gefestigt« hat.[31]

Auch wenn das »Entthronungstrauma« als »veraltete These«[32] gilt, treffen wir in den Workshops häufig auf älteste Schwestern, bei denen die Geburt des nächsten Geschwisters mit einer starken Verunsicherung und Erschütterung ihres Selbstwertes verbunden war. Doch für manche Ältesten kann die Geburt von Geschwistern auch eine große Ich-Stärke, mehr Selbstständigkeit und ein besseres Selbstwertgefühl bewirken. Sie übernehmen die Rolle der Aufpasserin und Anführerin und in der Pubertät dann eine Pionierfunktion, indem sie Grenzen austesten und Regeln aushandeln.[33]

Erstgeborene haben in der Regel gemeinsam:

- dass die Eltern ihre eigenen Ängste und Unsicherheiten auf sie übertragen, da sie ja erstmals in der Elternrolle sind,[34]
- die Rolle eines Einzelkindes und die alleinige Aufmerksamkeit der Eltern, bis weitere Geschwister dazukommen,
- das Erleben einer Ambivalenz: einerseits ist da die Freude über und die Liebe zu dem kleinen Geschwisterchen, andererseits die völlig neue Situation, das Alleinstellungsmerkmal verloren zu haben, oft verbunden mit Verlustängsten, Eifersucht oder Verunsicherung,
- einen körperlichen und kognitiven (Erfahrungs-)Vorsprung vor den Geschwistern und damit häufig die Übernahme von Rollen wie: die Helfende, Dominierende, Vernünftige, Korrigierende und Erklärende, Rationale und Verantwortliche,
- die Entwicklung eines hohen Erwartungsdrucks an sich selbst, verbunden mit Ehrgeiz, Pflichtbewusstsein, Selbstkontrolle, Angst vor Kontrollverlust und Dominanz.[35]

Hast du dich in einem dieser Beispiele oder Aspekte wiedererkannt? Oder was davon ist dir eher fremd?

Es gibt – wie schon erwähnt – keinen kausalen Zusammenhang zwischen Geburtenrangfolge und Persönlichkeitsentwicklung, sondern eine Fülle an Möglichkeiten von Rollenzuschreibungen, Aufträgen, Erwartungen und entsprechenden Verhaltensmustern. »Es kann alles auch ganz anders sein«, so Alfred Adler.[36] Ob du Parallelen und Überschneidungen feststellst oder nicht: Es ist individuell und subjektiv, wie du dich als älteste Schwester erlebt hast und jetzt erlebst; es ist *dein* Erleben und *deine* Wahrnehmung.

Doch vielleicht hast du ja die ein oder andere Anregung erhalten, wie du mit deinem »Päckchen«, das du als Älteste getragen hast und vielleicht noch trägst, umgehen und es verringern oder gar abgeben kannst.

## Impulsfragen

- Wie hast du deine Geschwisterposition erlebt? Warst du als Erstgeborene diejenige, die den Weg für deine kleine Schwester erkämpft und gebahnt hat? Meinst du, dass sie es dadurch leichter hatte als du?
- Nimmst du heute gegenüber deiner jüngeren Schwester eine ähnliche Rolle ein wie in der Kindheit? Fühlt sich dies gut und stimmig an? Oder hat sich deine Rolle gewandelt und wenn ja, in welche Richtung? Wie fühlt sich dies an?
- Konntet und könnt ihr euch heute darüber austauschen und voneinander lernen?
- Welche Vorteile siehst du als Erstgeborene damals wie heute?
- Was denkst du, wie es den mittleren und jüngsten Schwestern mit ihrer Position in der Geschwisterreihe ergangen ist und geht?

In den folgenden Kapiteln kannst du mehr darüber erfahren.

# Du bist die Mittlere

Du bist als zweite (oder später in der Geschwisterfolge) in deine Familie hineingeboren worden. Wie hast du deine ältere Schwester oder deine großen Geschwister erlebt? Welche Rollen hatten sie und welche hast du für dich entwickelt? Wie lange warst du »die Kleine«?

Und wie war es dann für dich, als nach dir noch ein (oder mehrere) Geschwister zur Welt kamen und du nicht mehr die Jüngste warst?

Viele Frauen beschreiben – soweit sie sich erinnern können –, eine große Verunsicherung oder Irritation erlebt zu haben: Welchen Platz konnten sie nun innerhalb der Familie einnehmen? Die Nische der Großen, Ältesten war ja bereits besetzt, den Platz der Kleinen innerhalb der Familie haben sie nun verloren. War dies ein Vorteil oder ein Nachteil?

Wie war es bei dir? Welche Rolle(n) hast du als die Mittlere übernommen? Was hat dir damals Aufmerksamkeit und Anerkennung gebracht? Hast du dich eher zu den Älteren oder zu den Jüngeren gezählt? Oder fühltest du dich allein, nicht gesehen oder als fünftes Rad am Wagen? Welchen Gewinn konntest du vielleicht aus dieser Geschwisterposition ziehen? Und wie ist es heute?

Und wenn du die Älteste von mehreren Geschwistern bist: Wie hast du deine mittlere(n) Schwester(n) erlebt?

Oder bist du die Jüngste? Was war die Mittlere oder die Nächstältere für dich? Wie hast du sie wahrgenommen?

Wir berichten in diesem Kapitel von drei mittleren Schwestern mit ihren unterschiedlichen Strategien und ihrer Suche nach Lösungswegen.

### Fallbeispiel: Die Besondere

Hanne, 50 Jahre, ist die mittlere Schwester; ihre große Schwester Linda ist vier Jahre älter, die kleine Schwester Luise ist zweieinhalb Jahre jünger. Hanne war schon als kleines Kind überzeugt, bei der Geburt vertauscht oder adoptiert worden zu sein. Sie kam sich immer »anders und irgendwie fremd« vor. Sie beschreibt, dass sie »nie Schwestern waren, die kichernd unter einer Bettdecke lagen und ihre Geheimnisse austauschten«. An Gefühle von Vertrautheit und Verbundenheit kann sie sich nicht erinnern. Auch nicht so richtig an die Zeit, bevor Luise geboren wurde, außer dass ihre große Schwester Linda »immer alles besser wusste« und sie, Hanne, immer als »die Hübsche« bezeichnet wurde.

Als dann Luise geboren wurde, war diese »die kleine Prinzessin«, und alles drehte sich um sie. Auch Linda habe sich nur noch um die Kleine gekümmert, was Hanne in dem Gefühl bestärkte, sowieso nicht richtig zur Familie zu gehören. Dass die Namen ihrer Schwestern beide mit L anfingen, war für sie wie ein Beweis dafür. Dieses Gefühl habe sie dann, wie sie sagt, kultiviert: »Wenn schon anders, dann besonders!« Sie entwickelte einen eigenen Stil, las andere Bücher, spielte mit anderen Dingen. Später, als Jugendliche und junge Erwachsene, fand sie ihre Schwestern spießig: heiraten, Kinder kriegen, Häuser bauen. Sie engagierte sich politisch, blieb alleinstehend und kinderlos. Zwischen ihnen als Schwestern gab und gibt es keine Schnittmenge. »Wenn wir keine Schwestern wären, hätten wir uns nicht kennengelernt«, sagt Hanne heute.

Ihre Suche nach einem Platz in der Familie führte zu einer deutlichen Abgrenzung von ihren Schwestern. Ihr Selbstbild gab ihr Orientierung und Sicherheit, obwohl ihr dadurch ein Gefühl von Zugehörigkeit fehlte. Dennoch war der Status der Besonderen in Hannes Kindheit und im jungen Erwachsenenalter für ihre Identitätsfindung außerordentlich wichtig. Die Geschwisterforschung bestätigt, dass vermehrt Mittelgeborene – insbesondere in der Pubertät – »Extreme suchen, um sich aus der Geschwisterreihe deutlich herauszuheben«.[37] Jede von uns entwickelt sogenannte Überlebensstrategien, um Anerkennung und Zuwendung zu bekommen. Allerdings bemerken wir im Älterwerden – manchmal zunächst nur vage und unbewusst –, dass diese Strategien, Rollen und Verhaltensmuster uns auch einengen können.

So sieht Hanne sich »wie in einer Schublade festsitzend« und steckt auch ihre Schwestern in eine »spießige, normale Schublade«. Mit dieser – ihr noch unbewusst – eingeschränkten Sichtweise erlebt sie noch heute die Schwestern-Dynamik meist durch ihre Brille, sieht keine Schnittmenge und fühlt sich abgetrennt und fremd. Seit dem Tod der Eltern empfindet sie das verstärkt, daher möchte Hanne mehr Kontakt zu ihren Schwestern – und sie möchte ihren »Besonderen-Status« ablegen. Sie wünscht sich eine größere Nähe und Vertrautheit zu ihren beiden Schwestern, aber sie weiß nicht, wie sie es in die Tat umsetzen kann. Ein bisschen Angst hat sie auch, etwa davor, abgelehnt zu werden oder dass das Verhältnis zu eng werden könnte.

Als Symbol für ihren Wunsch und ihre zwiespältigen Gefühle wählt sie drei kleine Stoffkatzen, die zusammen in einem Körbchen sitzen. Eine davon ist schwarz und wird aus dem Körbchen fast hinausgedrängt.

Wie geht es dir – welche Rollen hast du übernommen und welche Strategien entwickelt, um innerhalb deiner Familie einen Platz zu finden? Und deine Schwestern? Kennst du, wenn du ganz ehrlich bist, dieses Schubladendenken auch? Wir laden dich – gemeinsam mit Hanne – ein, deine Sicht auf eure Schwesternbande zu erweitern, indem du einmal den Platz deiner Schwestern einnimmst und dich in sie hineinversetzt und hineinfühlst. Lies bitte als Leitfaden für dich zuerst Hannas Entwicklungsprozess einmal ganz durch. Danach findest du eine Übungsanleitung für dich.

## Methode: Perspektivenwechsel mit Platzhaltern

Diese Methode lässt sich am besten vorstellen, wenn wir sie dir am Beispiel von Hanne zeigen. Da sie sich von beiden Schwestern gleichermaßen absetzt, wird ihre Beziehungsdynamik zu diesen beiden Schwestern gleichzeitig in den Fokus genommen und eine Methode gewählt, in der ein Hineinversetzen in eine oder mehrere Schwestern möglich ist. Wir schlagen Hanne vor, sich drei verschiedenfarbige Tücher aus einem Korb zu nehmen, jeweils eine Farbe für sie und für jede der Schwestern. Als Ausgangslage nehmen wir Hannes Sichtweise in den Blick und bitten sie, sich auf das Tuch in ihrer Farbe zu stellen und noch einmal zu beschreiben, warum sie meint, besonders zu sein.

Sie zählt auf, was sie – im Vergleich zu Linda und Luise –

*nicht* ist, wie beispielsweise: »Ich bin nicht verheiratet und nicht so angepasst wie die Schwestern.« Wir machen sie darauf aufmerksam, dass sie sich stark über die Abgrenzung von ihren Schwestern definiert. Als sie dies erkennt, beginnt sie noch einmal von vorn und erklärt, *wer sie ist* und welche Qualitäten sie hat. Sie beschreibt sich als kreativ und handwerklich begabt, flexibel, politisch interessiert und vieles mehr.

Anschließend stellt Hanne sich hintereinander jeweils auf die Tücher, die ihre beiden Schwestern symbolisieren, und versucht, sich in diese hineinzuversetzen. Aus dieser Identifikation heraus spricht sie zuerst als Linda und dann als Luise.

Nachdem sie in jede Rolle hineingeschlüpft ist und in die jeweilige Schwester hineingespürt hat, ist sie sehr erstaunt. Für sie ist es ein Schlüsselerlebnis, weil sie erkennt, dass jede der beiden tatsächlich auch »etwas Besonderes« ist. Ihr ist bewusst geworden – und sie ist darüber ein wenig bestürzt – wie begrenzt ihr Blickwinkel war und dass *sie* es war, die alle – einschließlich sich selbst – in Schubladen gezwängt hat.

Wir sprechen Hanne auf ihre Aussage an, es gäbe keine Schnittmenge zwischen ihr und den Schwestern, und wenn sie keine Schwestern wären, gäbe es keinen Anlass, sich kennenzulernen. Wir laden sie dazu ein, aus ihrem nun geweiteten Blickwinkel und mit einer neugierigen Haltung mindestens eine mögliche Schnittstelle zu entdecken.

Hanne antwortet spontan, dass sie in allen eine kreative Ader sieht: Sie selbst handwerkelt, Linda kocht und näht gerne und Luise malt und liebt Kunst – eine Gemeinsamkeit, die ihr zuvor nie aufgefallen ist. Und sie kommt nun auf die Idee, ihren Schwestern einen gemeinsamen »Kreativtag« vorzuschlagen.

Hannes Beispiel macht deutlich, wie hilfreich und erhellend Perspektivenwechsel sein können. Eine einfache Übung wie »den Platz der anderen einzunehmen und durch ihre Brille zu sehen«, kann tief greifende Erkenntnisse hervorholen. Probiere es einmal aus!

## Übung: Den Platz der Schwester einnehmen

Suche dir einen Platz, das kann ein großes Tuch, ein Stuhl oder ein Kissen sein, der deine Schwester symbolisiert. Schließe auf diesem Platz die Augen und stelle dir deine Schwester vor, fange mit ihrem Äußeren an, dann denke an ihre Lebensumstände. Versuche dich in sie hineinzuversetzen, indem du im Stillen oder laut sagst: »Ich bin (Name der Schwester), ich bin (...) Jahre alt und lebe in (...). Ich bin (...) von Beruf. Ich erlebe mich (…) Meine Schwester (hier nennst du deinen Namen) sehe ich (…)« Bitte sprich (oder schreibe) alles in der ersten Person. Du verkörperst jetzt sie und siehst die Welt durch ihre Augen. Wenn dir nichts mehr einfällt, wechsle bitte den Platz, klopfe dich von oben bis unten ab und sage im Stillen: »Jetzt bin ich wieder (dein Name)!« Schau nun, ob sich deine Sicht auf die Schwester verändert hat und welche neuen Erkenntnisse du über sie und dich selbst gewonnen hast. Sage oder schreibe auf, was alles du jetzt in deiner Schwester siehst.

Noch eine Idee: Wie wäre es, bei eurer nächsten Begegnung von der Vorstellung auszugehen, dass du deiner Schwester zum allerersten Mal begegnest und im Grunde nichts über sie weißt. Sei neugierig – und bleib gespannt, was für einen neuen Eindruck sie auf dich macht.

Im nächsten Fallbeispiel lernst du eine völlig andere Rolle einer mittleren Schwester kennen.

## Fallbeispiel: Die Harmonisierende

Greta ist 38 Jahre alt und war bis zu ihrem achten Lebensjahr die kleinste von drei Schwestern. Sie hatte sich immer an ihren großen Schwestern orientiert, die fünf und sechs Jahre älter sind. Die Welt war für sie in Ordnung so. Doch mit der Geburt ihrer kleinen Schwester Frieda änderte sich schlagartig alles: Nun war da dieses Baby, und sie war nicht mehr die Kleine. Allerdings war sie auch nicht die Große, denn das waren ja schon die anderen beiden. Ihre älteste Schwester Bettina, die gemeinsam mit der zweitältesten Julia viel mit ihr gespielt hatte, musste sich nun – mit vierzehn Jahren – um die neue Kleine und zuweilen auch um den Haushalt kümmern. Greta versuchte, sich an diese völlig neue Familien- und Lebenssituation anzupassen, indem sie es allen recht machen wollte, aus Angst, überflüssig zu sein. Uneinigkeit und Streit unter den Geschwistern hielt sie kaum aus, sodass sie immer bemüht war, auszugleichen und zu vermitteln.

Als Symbol für ihr Päckchen wählt Greta ein Stofftier, das für sie wie ein unscheinbarer Wurm aussieht. Genauso fühlt auch sie sich oft: unscheinbar, unauffällig und nicht richtig gesehen. Ihr Wunsch ist es, nicht mehr angespannt für Harmonie sorgen zu müssen und »so unscheinbar wie ein Wurm« zu leben, sondern mit mehr Leichtigkeit durchs Leben gehen zu können.

Bei vielen mittleren Schwestern erleben wir so ein stark ausgeprägtes Verantwortungsgefühl, zwischen Familienmitgliedern vermitteln zu müssen. Häufig ist dies mit einer gewissen Last und einem Selbstbild verbunden, nicht gut genug bzw. nicht vollständig zu sein. Dies beschreibt Greta auf ihre Weise: »Ich werde nicht richtig gesehen und lebe wie auf Sparflamme.« Da Menschen oft dazu neigen, ihre blinden Flecken nach außen und auf andere Menschen zu projizieren, vermuten wir, dass es auch bei Greta so sein könnte. Bestimmt hat sie eigene Persönlichkeitsanteile nicht wirklich erkannt und schätzen gelernt.

An dieser Stelle laden wir auch dich ein, kurz innezuhalten und zu überlegen, ob es Bereiche gibt, in denen du dich nicht richtig gesehen fühlst oder in denen du ein »einschränkendes« Urteil über dich selbst getroffen hast. Kennst du diese Sätze: »Meine Schwester traut mir nichts zu« oder »Ich bin nicht so schlau wie meine Schwester«. Suche dir ein Symbol für dieses

Gefühl oder für dieses Bild, das du von dir hast – folge dabei deiner Intuition und nimm es so an, wie es im Moment für dich ist.

Schau nun, wie Gretas Prozess an dieser Stelle weitergeht – vielleicht findest du Parallelen zu dir.

Wir machen Greta darauf aufmerksam, dass sich in dem Stoffwurm, den sie als Symbol gewählt hat, etwas verbirgt. Sie entdeckt einen Klettverschluss, und als sie ihn vorsichtig auseinanderfaltet, quillt plötzlich etwas heraus. Was sich »entpuppt«, ist ein Schmetterling mit großen bunten Flügeln. Greta und die anderen Teilnehmerinnen müssen lachen. Wie so oft bei der Arbeit mit Symbolen hat auch Gretas Unterbewusstsein genau den richtigen Gegenstand gewählt![38]

Wir sehen, wie Gretas Augen strahlen, und melden ihr zurück, dass ihre innere »Sparflamme« angefangen hat zu leuchten, und ermutigen sie, dieses Gefühl in sich zu verankern, damit sie es bei Bedarf erinnern kann. Auf unsere Frage, wie sie diesen inneren Vorgang, dass ihre Sparflamme zu leuchten beginnt, am besten sichtbar machen könnte, holt sie eine Kerze und zündet sie an. Dann stellt sie die brennende Kerze neben die Symbolfigur, die sie selbst symbolisiert, auf ihren Schwestern-Stand.

Bist du neugierig geworden, was ein Schwestern-Stand ist?

Für uns ist diese Methode in den Workshops unverzichtbar. Sie ist äußerst wirkungsvoll, deshalb möchten wir sie dir hier jetzt vorstellen.


### Methode: Schwestern-Stand

Um sich mit der eigenen speziellen Schwesternthematik intensiv auseinanderzusetzen, geben wir zu Beginn unserer Workshops viel Raum für den Aufbau eines individuellen »Schwestern-Standes«. Mithilfe unseres reichhaltigen Angebots an symbol-

haften Gegenständen gestaltet jede Teilnehmerin auf ihrem
»Stand« die eigene Schwestern-Dynamik oder auch Schwes-
tern- und Geschwistergeschichte und verleiht ihrem individuellen Erleben durch verschiedene Symbole und deren Anord-
nung Ausdruck. Hier kann jede Frau ihre individuellen Erfahrungen, Erinnerungen, Gefühle und Gedanken sichtbar werden
lassen und ihnen – wie es in der Gestalttherapie heißt – eine
»Gestalt« geben.

Persönliche Erinnerungsgegenstände, Fotos, Geschriebenes,
Gemaltes und vieles mehr finden hier ihren Platz. Es entsteht
eine persönliche und anschauliche Darstellung der jeweiligen
Schwesternbeziehung, in der das Päckchen sichtbar ist, das jede
Einzelne trägt –, aber auch die Gesamtheit der Schwestern-Dynamik. Dabei geht es grundsätzlich nie um Vergleiche oder Be-
urteilungen der »schönsten« oder »kunstvollsten« Stände. Sollten diese Gedanken bei Einzelnen auftauchen, merken sie
schnell, was das eigentliche Potenzial dieser Methode ist: Denn
während des Entstehungsprozesses und auch in der späteren
Arbeit am jeweiligen Stand werden vielen Frauen bisher nicht
erkannte Zusammenhänge, Beziehungsdynamiken, Projektionen sicht- und begreifbar und damit bewusst. Verschiedene Facetten und auch vernachlässigte Details kommen zum Vor-
schein und werden verständlicher. »Wenn Dinge ihren Platz
bekommen, fangen sie an, sich zu verändern!«[39]

Alle Schwestern-Stände, die im Workshop entstehen, ergeben immer eine eindrucksvolle Ausstellung, die deutlich macht,
was Schwesternsein wirklich ist: bunt, vielfältig, individuell. So
erhalten alle Beteiligten durch ihren eigenen Stand sowie durch
die der anderen vielfältige Impulse, die durchs Erzählen allein
nicht in dieser Weise sichtbar geworden wären.

In einem anschließenden Zwiegespräch – du kennst ja die
Methode inzwischen –, erläutert jede Frau anhand ihres Stan-
des zunächst einer anderen Teilnehmerin, wie es ihr mit der
Schwester ging und geht. Viele merken oft erst während des Er-

zählens, was sie hier zum Ausdruck gebracht haben. Später verhelfen weitere von uns angeleitete Aktivitäten und Prozesse am eigenen Stand zu zusätzlichen Erkenntnissen, überraschenden Aha-Erlebnissen und der Entwicklung erster Lösungsschritte. Auch diese stellen die Frauen auf ihrem Stand symbolisch dar.

Das kannst du nun auch bei Greta und ihren Aktivitäten am Schwestern-Stand weiter miterleben:

Die Entpuppung der Wurm-Raupe zum Schmetterling symbolisiert offenbar das Sichtbarwerden von Gretas bisher verborgenen Persönlichkeitsanteilen. Wir fragen sie daher, welche Dinge auf ihrem Stand, die vorher vielleicht noch »im Dunkeln« lagen, nun durch das Licht der Kerze und den bunten Schmetterling »sichtbar« geworden sind. Und auf einmal erkennt sie, dass da einiges in ihr schlummert: Interessen und Fähigkeiten, die sie vorher nicht gesehen und »vergessen« hatte, fallen ihr jetzt ein, und schnell findet sie bereits aufgestellte und neue Symbole dafür: eine Waage für ihr Vermittlungstalent, das sie als Realschullehrerin für die Gründung einer Streitschlichtergruppe genutzt hat. Für ihr Organisationstalent wählt sie einen Kalender und gibt ihm einen Platz auf ihrem Tisch. Dann fallen ihr noch Leidenschaften ein wie das Tanzen (Symbol: Walkman), Gärtnern (Blume) und Gedichte-Schreiben. Alle staunen, als Greta mit strahlenden Augen tatsächlich ein eigenes Gedicht vorträgt und damit in ganz eigener Weise sichtbar wird.

Dieser Moment, in dem sie die innere »Sparflamme« zum Leuchten gebracht hat, bewegt nicht nur bei Greta viel und stößt Denkprozesse an, sondern auch bei den anderen Teilnehmerinnen – und vielleicht auch bei dir. Wir genießen und wertschätzen diesen Augenblick des tiefen Erlebens ohne weitere Worte.

Beim späteren Reflektieren wird Greta deutlich, dass sie die Harmonie, die sie im Außen – zwischen sich und ihren Schwestern – gesucht hatte, nun auch in ihrem eigenen Inneren gefunden hat und festigen kann. Sie hatte bisher immer nur diesen »unscheinbaren Wurm auf Sparflamme« gesehen und entdeckte nun ihre bunte, unbeschwerte und strahlende »Schmetterlings-Seite«. Damit fühlte sie sich um vieles leichter.

Nun möchte sie lernen, Harmonie zwischen diesen Seiten herzustellen. Konkret bedeutet dies, einerseits ihre bisher unterschätzten Fähigkeiten wertzuschätzen und »strahlen« zu lassen. Ein Schmetterling könne schließlich ja auch lange ruhig auf einer Blüte verharren und sich dort sogar durch seine Tarnung fast unsichtbar machen, also scheint das manchmal auch eine gute Strategie zu sein. Doch andererseits wird sie von nun an ihre bisher verborgenen Kompetenzen – Gedichte schreiben, organisieren und vermitteln sowie sich in andere hineinversetzen zu können – unbedingt ausleben und offen zeigen.

Um gut gelingende Beziehungen führen zu können, ist es wichtig, zunächst sich selbst ganz und vollständig zu sehen – mit eigenen, bisher vielleicht verdeckten Anteilen – und dabei sowohl die als positiv als auch die als negativ empfundenen oder als solche beurteilten Eigenschaften anzuerkennen. Wenn wir uns selbst in einer inneren Harmonie empfinden – kongruent sind –, können wir auch in »schwierigen« Beziehungen entspannter sein.

### Impulsfragen

- Wie ist es dir ergangen? Hast du diesen Prozess auch für dich mit vollziehen können?
- Wenn du ebenso dazu neigst, immer ausgleichen und Harmonie herstellen zu wollen, kann dies ein Hinweis darauf sein, dass du dir insbesondere in dir selbst mehr Harmonie und Ausgleich wünschst.
- Oder bist du bei dir – vielleicht mithilfe deines Symbols – auf neue Erkenntnisse gestoßen? Ist etwas für dich sichtbar geworden, das du dir bisher selbst nicht so wirklich zugetraut hast

oder wo du noch Angst davor verspürst, diesen Anteil von dir sichtbar zu machen? Wenn du dich beispielsweise nicht für so schlau hältst wie deine Schwester, frage dich, in welchen Bereichen? Und worin bist du »schlau« im Sinne von »patent, geschickt, erfahren«?

- Kannst du dich noch erinnern, wie du den Wechsel erlebt hast, nicht mehr die Kleinste, sondern plötzlich eine ältere Schwester zu sein?
- Was hast du als negativ und was als positiv erfahren?

### Übung: Deinen eigenen Schwestern-Stand gestalten

Vielleicht hast du auch Interesse und Lust bekommen, selbst so einen Schwestern-Stand zu eurer Schwesterngeschichte und den Dynamiken zwischen euch aufzubauen? Bei dir zu Hause könntest du ihn, wenn du magst, über einen längeren Zeitraum stehen lassen und immer mal wieder etwas ergänzen oder umgestalten. Eventuell bekommst du beim Weiterlesen neue Ideen dazu.

Du könntest den Stand vielleicht dazu nutzen, um deiner Schwester in einem Zwiegespräch von dir und deinem Erleben zu erzählen? Wenn deine Schwester dieses Buch ebenso liest, könnte auch sie einen Stand gestalten, und ihr könntet gemeinsam darüber in einen Austausch kommen, etwa in Form eines Zwiegesprächs.

### Fallbeispiel: Die Orientierungslose

Carla, 33 Jahre, war zwei Jahre lang die Kleinste und die Schwester von Nadine, doch als dann ihre Schwester Mathilde geboren wurde, war diese nun »das Küken«. Sie fand das kleine Baby eigentlich sehr süß, doch sie hatte auch das Gefühl, nun keine

Rolle mehr in der Familie zu spielen. Ähnlich wie bei Greta hatte Nadine auf einmal die Rolle der »Großen und Vernünftigen« und die »Neue«, Mathilde, die der »kleinen Süßen« inne. Carla fühlte sich – aus heutiger Sicht – schon ab diesem Zeitpunkt orientierungslos und schaute immer danach, wie Nadine sich verhielt, um es ihr nachzutun. Denn darüber erhoffte sie sich die gleiche Anerkennung und Wertschätzung, die die große Schwester von den Eltern bekam.

Carla beschreibt, dass sie bis heute unsicher ist und sich nicht gut entscheiden kann. Ihre zwei Jahre ältere Schwester Nadine dagegen sei eine sehr resolute Persönlichkeit, die genau wisse, was richtig und falsch sei und was sie wolle. Sie war immer Carlas Vorbild, und es fällt ihr schwer, zwischen Nadines und ihren eigenen Vorstellungen zu unterscheiden. Ihr Verhältnis zueinander fühlt sich seit einiger Zeit angespannt und belastet an. Sie hegt keinen starken Groll gegen Nadine, doch merkt sie, dass sie manchmal wütend auf ihre Schwester ist und sie doof findet, weil sie sich durch sie eingeengt fühlt. Gleichzeitig plagt sie ein schlechtes Gewissen, denn schließlich habe sie ja auch viel von ihr profitiert. So fühlt sie sich meist hin- und hergerissen.

Nicht nur viele mittlere Schwestern beschreiben ein Gefühl von Orientierungslosigkeit, Unentschlossenheit oder Unsicherheit. Wir erleben dies bei vielen Frauen, insbesondere wenn sie ihre ältere Schwester als großes Vorbild gesehen haben. Neben dem Vorteil, dass sie von ihr profitieren und am Vorbild lernen konnten, ergibt sich der Nachteil, sich zu viel oder zu schnell nach den Prämissen der Älteren zu richten und dabei zu versäumen, auf die eigenen Bedürfnisse und Intuition zu horchen. Carla hat für dieses Empfinden ein Symbol gewählt, das sehr häufig ausgesucht wird.

Siehst du Parallelen zu deiner eigenen Situation? Dann interessiert dich bestimmt, wie es mit Carla weiterging.

Als Symbol wählt sie für ihr »Päckchen« mit der Schwester einen Kompass. Denn Nadine weiß immer, wo es langgeht. An ihr hat sie sich orientiert und weiß daher selten, was sie selbst eigentlich will und was ihr Standpunkt ist. Dabei schätzt sie die enge Verbundenheit, und doch möchte sie das Gefühl von Angebundensein und Abhängigkeit auflösen.

Ihr Wunsch ist es, sich selbst deutlicher zu fühlen, klarer zwischen ihrem Standpunkt und dem ihrer Schwester unterscheiden und sich von der Meinung der Schwester lösen zu können.

Die folgende Methode der Symbol- und Ritualarbeit bietet wertvolle Einsichten und Hilfestellungen, wenn wir uns über den eigenen Standpunkt klarer werden möchten. Daher stellen wir sie dir weiterhin am Fallbeispiel Carla vor.

### Methode: Symbol- und Ritualarbeit mit einer Stellvertreterin

Carla erzählt, dass sie gegen Ende der Ausgestaltung ihres Schwestern-Stands den Kompass, der zunächst beim Symbol der Schwester lag, in die Richtung des Symbols, das sie selbst verkörpert, verschoben hat. Sie spürt, dass es sich so stimmiger anfühlt, auch wenn sie ein wenig ratlos davorsteht.

Wir laden sie ein, den Kompass einmal in die Hand zu nehmen, als gehöre er wirklich zu ihr. »Ungewohnt« sei das. Da bitten wir sie, einmal zu schauen, wohin ihr Kompass zeigt. Als sie sich, dem Zeiger folgend, in die Mitte des Raumes bewegt, sehen wir ihr die Unsicherheit an, obwohl sie sagt, dass es sich mit dem eigenen Kompass gut anfühlt. Wir ermutigen sie, ihren körperlichen Signalen und Impulsen Aufmerksamkeit zu schenken und ihnen weiter zu folgen. Dennoch bleibt ihr Zögern sichtbar, und sie sagt: »Ich höre ständig eine innere Stimme, die wie eine quälende Nervensäge auf meiner Schulter sitzt und mich immer wieder verunsichert – so wie ich mich von meiner Schwester verunsichern lasse.«

Welches Symbol möchte Carla nun für diese Nervensäge

aussuchen? Sie greift nach einer Kasperle-Handpuppe. Da wird ihr bewusst, wie stark sie immer auf die plappernde Stimme hört, die diese Kasperlepuppe symbolisch repräsentiert. Es sind die Sichtweisen und Überzeugungen, die sie von der Schwester übernommen und verinnerlicht hat. Ihren eigenen, also ihren inneren Kompass, hat sie längst weggelegt und vergessen, also ihr eigenes Spüren und Fühlen kaum mehr wahrgenommen. Doch nun, da sie ihren eigenen Kompass in der Hand hält, wird ihr klar, dass sie sehr wohl eine eigene Intuition hat und frei wählen kann, wem oder was sie folgen möchte. Was es dazu braucht, sind Mut und Vertrauen.

Wir schlagen Carla vor, auszuprobieren, ihrem inneren Kompass auch im Kontakt zu ihrer Schwester zu folgen und eine Stellvertreterin für Nadine zu wählen, um zu sehen, wie sich das für sie anfühlt. Die Stellvertreterin wird von Carla eingestimmt und setzt sich ihr gegenüber auf den Boden. Wir fragen Carla, was sie nun am liebsten tun würde.

»Den Kasper loswerden«, antwortet sie spontan, und wir lachen alle über diesen Wortwitz, was Carla guttut und sie entspannt. Das Kasperle-Geplapper in ihr ist ja eigentlich dadurch entstanden, dass sie ständig auf die Schwester geschaut hat, überlegt sie. Wir schlagen ihr daraufhin vor, ihrer Schwesternstellvertreterin den Kasper zu überreichen mit Worten wie beispielsweise: »Liebe Nadine! Das sind deine Meinungen, Überzeugungen und Sichtweisen über richtig und falsch, nicht meine! Ich habe sie – ohne dein Zutun – von dir übernommen. Doch jetzt gebe ich sie dir zurück, sie gehören zu dir.«

Nachdem sie auf diese Weise den Kasper als Symbol für die verinnerlichten Standpunkte ihrer Schwester abgegeben hat, fühlt sie sich erleichtert. Sie beschreibt, dass sie jetzt eine viel größere und irgendwie »freiere« Verbundenheit zu ihrer Schwester wahrnimmt und eben nicht mehr dieses enge, abhängige Angebundensein. Sie spürt sich selbst jetzt sehr viel klarer.

Wir sind in eine Welt hineingeboren, die dem Verstand, also dem Denken und der Rationalität, immer noch einen größeren Stellenwert beimisst als dem Gefühl und der Intuition. Dabei gibt es wissenschaftliche Studien, die belegen, dass das Herz über eine eigene Intelligenz verfügt und das Gehirn ebenso beeinflusst wie umgekehrt. Beide Organe sind über den Vagusnerv miteinander verbunden, und man hat erforscht, dass »das Herz sogar wesentlich mehr Signale ans Hirn sendet als umgekehrt und bei Weitem mehr Nervenverbindungen vom Herz ins Hirn verlaufen als in die andere Richtung«[40].

Schon Albert Einstein hat zu Beginn des letzten Jahrhunderts darauf hingewiesen: »Die Intuition ist ein göttliches Geschenk, der denkende Verstand ein treuer Diener. Es ist paradox, daß wir heutzutage angefangen haben, den Diener zu verehren und die göttliche Gabe zu entweihen.«[41]

Die Wirkung von rituellen Handlungen mit Symbolen, wie du sie bei Carla gerade mitverfolgt hast, wirst du in weiteren Kapiteln noch genauer kennenlernen. Doch zunächst kannst du erproben, deinen Kompass zu entdecken.

### Übung: Finde deinen inneren Kompass

Wir dürfen also – und dies ist ganz und gar nicht esoterisch, sondern wissenschaftlich untermauert – unserer Herzintelligenz, allgemeiner bekannt als Bauchgefühl, vertrauen. Denn dort sitzt unser innerer Kompass. Den Zugang dazu finden wir über das Hineinspüren in den Körper, über Achtsamkeit und Mitgefühl, auch und insbesondere uns selbst gegenüber.

Kennst auch du eine innere Stimme, die häufig an dir zweifelt? Die dich verunsichert und letztendlich gar orientierungslos macht? Im Kapitel »Die Beziehungsministerin« gehen wir ausführlicher auf unsere »inneren Stimmen« und unser »Inneres Team« ein. Weißt du, wessen Stimme du verinnerlicht hast?

Ist es die deiner Mutter, deines Vaters, deiner Schwester oder eines anderen Menschen? Was sagt diese Stimme, welche Botschaften hörst du? Wenn du dich stärker damit beschäftigen möchtest, kannst du, so wie du es bei Carla gesehen hast, ein Symbol für diese innere Stimme wählen und sie damit näher erforschen.

Finde für dich passende Worte für das, was du abgeben möchtest. Und vielleicht kennst du auch den Ursprung und kannst diese innere Stimme dorthin zurückgeben? Vertraue dabei deiner Intuition, deinem »inneren Kompass«!

Entscheidend ist es, den Kontakt zu *deinem* inneren Kompass wiederzufinden! Hierfür bieten wir dir die folgende Übung an und laden dich ein, wenn du magst, einen Moment innezuhalten. Lass dir den Text vorlesen oder sprich ihn dir auf dein Handy:

Suche dir einen ruhigen Platz, an dem du für die nächsten zehn bis zwanzig Minuten nicht gestört werden kannst, und finde eine gute Position im Sitzen oder Liegen, in der du mit wacher Aufmerksamkeit bei dir im Hier und Jetzt bleiben kannst.

Schließe bitte deine Augen, wenn es angenehm für dich ist, und konzentriere dich auf deinen Atem. Nimm ihn bewusst wahr, ohne ihn zu verändern.

Schenke deinem Körper deine volle, wohlwollende Aufmerksamkeit – wie geht es ihm gerade –, scanne ihn einmal kurz von oben nach unten durch.

Wenn die Gedanken abschweifen, verurteile dies nicht, sondern komm liebevoll zur Körperwahrnehmung zurück. Wie fühlst du dich gerade tief in deinem Innern – wie ist deine innere Stimmung?

Erlaube dir, präsent im Gegenwärtigen zu bleiben, auch wenn sich etwas nicht so angenehm anfühlt.

Wonach ist dir gerade? – Was brauchst du jetzt? – Was würdest du dir wünschen?

Was ist dir jetzt wirklich, wirklich wichtig?

Lass die Fragen eine Weile wirken ... und horche in dich hinein.

Vielleicht spürst du schon recht schnell einen Impuls, dich bewegen zu wollen ... Oder vielleicht taucht ein Bedürfnis, ein Bild, ein Gedanke auf?

Wenn du fühlst, dass es so genug ist, und du wieder »auftauchen« möchtest, atme einige Male tief und bewusst ein und aus. Rekele und strecke dich, wenn du magst. Und öffne dann langsam und vorsichtig deine Augen.

Vielleicht möchtest du jetzt etwas aufschreiben oder jemandem erzählen, was du erlebt hast. Vielleicht bist du aber auch voller Tatendrang und möchtest direkt einen Impuls in die Tat umsetzen? Oder du möchtest es einfach nur ruhig nachwirken lassen und genießen. Alles ist gut und richtig. Vertraue und folge deinem inneren Kompass!

### Das Leben als mittlere Schwester

In unseren Fallbeispielen haben wir Dynamiken und Bewältigungsstrategien beschrieben, wie mittlere Schwestern mit der neuen Position in der Geburtenreihe, nicht mehr die Kleinste zu sein, umgehen: Hanne findet eine Nische als »die Besondere«, die sich stark von allen anderen abgrenzt, sich jedoch dadurch auch als nicht zugehörig empfindet. Greta macht sich aus Angst, keinen Platz mehr in der Familie zu haben, »halb unsichtbar« und übernimmt die Rolle der Harmonisierenden. Carla fühlte sich durch die neue Familiensituation orientierungslos und findet aus Verunsicherung bis in die Gegenwart keinen eigenen klaren Standpunkt. Konntest du etwas von dir in den Fallbeispielen dieser mittleren Schwestern wiedererkennen?

Mittlere Geschwister – auch als »Sandwichkinder«[42] bezeichnet – fühlen sich oft übersehen und vernachlässigt, denn häufig

»tun sich in Dreierkonstellationen meist zwei enger zusammen, was unter Geschwistern (…) anscheinend oftmals dazu (führt), dass es die mittleren sind, die sich eher ausgeschlossen fühlen«.[43]

Auch Eltern kann es geschehen, den Ältesten und Jüngsten mehr Aufmerksamkeit als den Mittleren zukommen zu lassen. Was tun, wenn die Älteste bereits Mamas Liebling ist und die Jüngste die volle Fürsorglichkeit und Anerkennung des Vaters erhält?

Mittleren fehlt die Erfahrung, das alleinige Kind in der Familie gewesen zu sein und die größte Zuwendung der Eltern exklusiv für sich genossen zu haben, außer vielleicht in der Zeit als Säugling. Sie wählen – vielleicht auch deshalb – ihre vorgeborenen Geschwister eher als Vorbild als die Eltern, identifizieren sich mit den Großen und orientieren sich vorwiegend an ihnen.[44] Andere versuchen, ähnlich wie die Letztgeborenen, über kleinkindhaftes Verhalten Beachtung und Zuwendung zu finden.

Natürlich ist es auch von Faktoren wie dem Temperament und besonderen Talenten abhängig, wie die Mittlere mit dieser Konstellation umgeht: Ist sie beispielsweise eher stiller und vorsichtiger oder mutiger und aktiver? Einige mittlere Schwestern finden eine völlig neue Nische innerhalb des Familiensystems, indem sie sich beispielsweise durch Hobbys und ihr Äußeres von den anderen Geschwistern absetzen. Oder sie entwickeln empathische, vermittelnde Fähigkeiten, Kompromiss- und Bündnisfähigkeit und eine große soziale Kompetenz.

So beschreiben einige Mittlere »… ihre Position als ›die goldene Mitte‹, aus der sie eigentlich nur profitiert hätten: Von den älteren konnten sie lernen, was sich bewährt und was man besser unterlassen sollte, jüngeren gegenüber konnte man sich als die Großen und die Vorbilder präsentieren.«[45]

Es gibt also auch in der Position der Mittleren Vor- und Nachteile.

## Impulsfragen

- Wie hast du die Doppelrolle, die Ältere und die Jüngere zu sein, erfahren? Hast du – gemeinsam mit deinem/deinen älteren Geschwister/-n – auch die Rolle der »Großen« übernommen? Oder hast du dich eher der/den »Kleinen« zugeordnet?
- Konntest du von dieser Doppelrolle profitieren? Wenn ja, wie genau? (Talent zur Moderation oder Mediation, Kompromiss- und Teamfähigkeit?)
- Weißt du, was deine Geschwister, insbesondere deine Schwester(n) an dir (besonders) schätzen?

Grundsätzlich ist jedoch als Voraussetzung für eine gelingende Schwesternbeziehung von entscheidender Bedeutung, mögliche Macht- und Rivalitätskämpfe oder ein Konkurrenzverhalten, die aufgrund von Kategorien wie »schlauer–dümmer«, »stärker–schwächer«, »besser–schlechter«, »richtig–falsch« entstanden sind, aufzudecken und aufzulösen. Es gilt, eine neue Grundhaltung zu finden, ausgehend von der Einzigartigkeit jedes einzelnen Menschen – auch von dir selbst! –, und damit in eine gegenseitige Anerkennung von Ebenbürtigkeit hineinzuwachsen. Dieser zentrale, bedeutsame Punkt wird dir in diesem Buch immer wieder begegnen.

Wie es den »Kleinsten«, den dauerhaft Jüngsten, innerhalb ihrer Geschwisterreihe gehen kann, erfährst du im nachfolgenden Kapitel.

## Du bist die Jüngste

Du wurdest als letztes Kind in deiner Geschwisterreihe geboren und hast eine ältere Schwester oder mehrere große Geschwister. Nun, in diesem Abschnitt der Geschwisterfolge, bist du auch wieder als Letzte »dran« – das kennst du sicherlich, oder?

Hat dies für dich eher Vorteile oder Nachteile gehabt? Denn es kann ja zwei Seiten haben: Zum einen kannst du dich erst einmal in Sicherheit wiegen, dich zurücklehnen und abwarten, was die Großen so machen. Oder du kannst dich benachteiligt und als letztes Glied der Kette fühlen.

Die Jüngsten kennen die Erfahrung, das einzige Kind der Eltern gewesen zu sein und ein Leben ohne Geschwister, nicht. Sie befinden sich in der kleinsten und schwächsten Lage innerhalb der Familie und erleben die anderen als größer, schlauer, schneller und so weiter. Viele wollen diesen Vorsprung einholen und konkurrieren mit den Älteren, die gleichwohl »Orientierungsfiguren«[46] für sie sind. Diese sehen ihrerseits die jüngsten Schwestern oft als »die verwöhnten Kleinen«[47].

Viele jüngste Schwestern befinden sich in einem Spannungsfeld: Sie erzählen uns, dass sie einerseits mehr Freiräume als die Erstgeborenen erlebt und bei Schwierigkeiten meistens Hilfe bekommen haben. Andererseits leiden sie im Schatten der Bewunderung der Ältesten in deren »Star-Rolle«[48] unter zum Teil starken Minderwertigkeits- und Unterlegenheitsgefühlen.

Wie hast du deine große Schwester in Erinnerung? Wenn du mehrere hast, wähle eine, auf die du deine Reflexionen und Übungen im Folgenden beziehst.

Wie ist sie mit dir umgegangen? Hat sie (oder haben deine älteren Geschwister und die Eltern) dir einen Kosenamen gegeben, wie zum Beispiel: »die kleine Süße« oder »Nesthäkchen«? Wie wurdest du meist genannt?

Und heute? Wie ist es heute für dich, wenn deine ältere Schwester von dir als »der Kleinen« spricht?

Vielleicht hast du diese Rolle genossen – und tust es auch noch heute?

Oder war dies in eurer Familie kein Thema und du fühltest dich von Anfang an deiner älteren Schwester ebenbürtig?

Welche Rollen, Aufgaben und Nischen hast du für dich innerhalb deiner Familie gefunden – und wie ist es heute?

Gibt es für dich als die Jüngste deiner Familie noch ein »Päckchen«, das du in Bezug auf dein Verhältnis zur älteren Schwester mit dir herumträgst?

Wenn du nicht die Jüngste bist, ist es für dich bestimmt auch spannend, die Erfahrungen aus den Fallbeispielen von jüngsten Schwestern mit deinen Kindheitserinnerungen zu vergleichen.


## Fallbeispiel: Die Schuldige

Vera, 45 Jahre, ist knapp zwei Jahre jünger als ihre Schwester Ilona. Ihr Kontakt ist seit dem Tod der Mutter vor vier Jahren – trotz ihrer Bemühungen um eine einigermaßen friedliche Kommunikation – völlig zum Erliegen gekommen. Besonders seit sich Vera nach langem Zögern entschlossen hat, gegen ihre Schwester um die Herausgabe ihres Erbteils vor Gericht zu streiten, hat sie schlaflose Nächte. Ihre zahlreichen Versuche, zu einer gütlichen Lösung zu kommen, sind gescheitert.

Das Verhältnis zur Schwester Ilona war schon immer schlecht, wohl maßgeblich verursacht durch die alleinerziehende Mutter, die beide im Vergleich sah und in Konkurrenz zueinander setzte. Ihre Schwester habe immer recht gehabt, konnte alles besser und war immer »so ein verträgliches Kind«. Sie dagegen galt als »die Schwierige, die immer so anstrengend« war und in den Augen ihrer Mutter versagte. Und meistens war sie bei Streitereien mit Ilona auch »die Schuldige«. Als kleine Schwester wurde ihr von der Mutter die Große stets als Vorbild vorgeführt, als die Fähigere und letztendlich bessere Tochter: »Schau mal, wie gut Ilona das macht ...«

Schon immer hat Vera mit großen Minderwertigkeits- und Schuldgefühlen zu tun. Gedanken, etwas falsch oder nicht gut genug zu machen, nicht die richtigen Entscheidungen zu treffen oder Schuld an der schwierigen Beziehung zur Schwester zu haben, begleiten sie ständig. Und jetzt sogar »schuld« daran zu sein, sich vor Gericht zu begegnen, sei für sie ein Albtraum.

Hier sehen wir ein recht extremes Beispiel dafür, wie viel Leid in einer Schwesternbeziehung entstehen kann. Sich als Schwestern dann sogar irgendwann vor Gericht begegnen zu müssen, ist außerordentlich schmerzhaft. Unabhängig davon, wie stark dein Konflikt und dein Leid mit deiner (großen) Schwester ist: Kennst du es auch, dich häufig »schuldig« und »minderwertig« zu fühlen?

Als Symbol für ihre Minderwertigkeits- und Schuldgefühle wählt Vera einen schwarzen Koffer. Er versinnbildlicht ihre Gefühle von Hilf- und Wertlosigkeit, Schuld und großer Last.

Ihr Wunsch ist es, diese belastenden Gefühle loswerden oder zumindest mit ihnen besser umgehen zu können und dadurch mehr Energie und Ressourcen für ihr Leben zu haben. Und sie möchte akzeptieren lernen, dass es wahrscheinlich keine Brücke mehr zu Ilona gibt, und sich mit dem Gedanken versöhnen, dass sie fortan getrennte Wege gehen.

Schau einmal, wenn du nun Veras Prozess weiterverfolgst, welche Anregungen du darin für dich finden kannst. Falls du dich oft schuldig fühlst und selbstkritisch mit dir umgehst, kannst du die Methode gleich mit erproben/mit vollziehen/ mitmachen und, wenn es für dich passt, mit denselben Symbolen.

## Methode: Arbeit am Selbstwert – innere Kritikerin und wohlwollende Beobachterin

Während Vera mithilfe ihres Symbols ihr Problem beschreibt und es sich herauskristallisiert, was sie verändern möchte, bemerkt sie, dass der Koffer gefüllt ist, und öffnet ihn. Sie findet darin verschiedene Kieselsteine und kommentiert, die seien viel zu klein für ihre Last. Eigentlich müssten es große, schwere Steine sein, stellvertretend für die sie belastenden Schuldgefühle. Nicht nur wir, sondern auch die anderen Teilnehmerinnen spiegeln ihr wider, dass sie offenbar mit sich selbst sehr hart ins Gericht geht. Von uns aufgefordert, ihre Selbstvorwürfe und Schuldzuschreibungen anhand der Steine einzeln zu benennen, also explizit die Rolle der eigenen inneren Kritikerin bzw. Richterin einzunehmen, nimmt Vera Stein für Stein in die Hand und antwortet auf die Frage: »Wofür sprichst du dich alles schuldig?«:

»Ich war auf meine Schwester immer neidisch und habe ihr ihre Erfolge nicht gegönnt.«

»Ich hätte vielleicht wegen der Erbangelegenheit nachgeben sollen.«

»Ich konnte meiner Mutter bis zum Schluss nicht verzeihen.«

»Ich bin es nicht wert, dass mir irgendetwas zusteht.«

Unsere Persönlichkeit besteht aus vielen verschiedenen Persönlichkeitsanteilen, wie wir am Fallbeispiel »Die Beziehungsministerin« noch vertiefen werden. Jede von uns hat einen selbstreflektierenden Aspekt, eine »Innere Kritikerin«:[49] eine innere Stimme, mit der wir uns kritisch hinterfragen, was per se nichts Schlechtes ist. Doch wenn der kritische Anteil übermächtig wird, kann es zu massiven Selbstverurteilungen und Abwertungen kommen. Dann kann aus dieser selbstreflektierenden Fähigkeit eine »gnadenlose, uns anklagende, strenge Richterin« werden. Eine meist unbewusste Identifikation mit einer schonungslosen inneren Kritikerin erzeugt Selbstzweifel und starke Minderwertigkeitsgefühle wie bei Vera. Wir haben alle jedoch auch einen gewährenden, wohlwollenden und warmherzigen Persönlichkeitsaspekt.[50] Leider ist diese Ressource bei vielen Menschen nur wenig oder schwach ausgeprägt, da sie beispielsweise durch die Erziehung und Erfahrungen im Elternhaus und Schulsystem geschwächt wurde.

Wir bitten Vera, sich mit diesem wertschätzenden inneren Anteil, einer bejahenden und warmherzigen inneren Beobachterin oder »allerbesten Freundin«, zu verbinden und dafür ein Symbol zu wählen. Sie entscheidet sich für eine kleine Schatzkiste.

Unsere Einladung an Vera ist es nun, in die Rolle der wohlwollenden, anerkennenden Beobachterin zu schlüpfen. Wie schätzt diese Vera wohl ein? Für jede anerkennende Aussagen legt sie einen Edelstein in die Schatzkiste.

Vera beginnt aus dieser Perspektive heraus zögernd und zunächst noch etwas unsicher:

»Vera ist humorvoll und empathisch, und sie hat ein großes Durchhaltevermögen.«

»Sie hat sich immer bemüht, ihr Bestes zu geben.«

»Vera hat schon vieles in ihrem Leben bewerkstelligt.«

Bei diesen Sätzen spürt Vera, wie sie immer weicher und versöhnlicher mit sich selbst wird. Wir ermuntern sie, diese Sätze in Ich-Form zu wiederholen (»Ich bin humorvoll und empathisch ...«), was eine noch intensivere Wirkung hat.

Veras Erfahrung lässt sich verallgemeinern: Wenn uns bewusst wird, wie hart und unerbittlich wir mit uns selbst ins Gericht gehen und wie übermäßig stark die abwertende und verurteilende Stimme in uns ist, merken wir, wie sehr wir den Zugang zum wertschätzenden, kraftspendenden Anteil unserer Persönlichkeit verloren haben.

An dieser Stelle schlagen wir Vera – und nun auch dir – vor, aus der Perspektive der wohlwollenden Beobachterin, die eigenen »Schuldsprüche« anzuschauen und in die Zukunft gerichtete »Freisprüche« daraus zu formulieren, wie etwa: »Ich bin okay so, wie ich bin. Ich verzeihe mir – auch meine Fehler. Ich darf meinen Platz im Leben einnehmen. Ich darf gut für mich sorgen.«

Vera jedenfalls spürt, wie diese Selbstwertschätzung sie entspannt und ihr guttut. Ein zaghaftes Gefühl von Versöhnung und Frieden mit sich selbst stellt sich ein. Sie fühlt sich nicht mehr schuldig und alleinig dafür verantwortlich, um jeden Preis eine Brücke zwischen sich und der Schwester herstellen zu müssen. Doch will sie weiterhin für ihr Recht eintreten, den Erbteil, der ihr zusteht, auch einzufordern.

Wenn Schwesternbeziehungen so sehr entzweit sind wie bei Vera, gelingt es nicht immer, wieder zueinanderzufinden. Dieser Zustand ist für die meisten Schwestern quälend. Umso wichtiger ist es, das eigene Selbstwertgefühl aufzubauen und sich mit sich selbst zu versöhnen. Diesen Aspekt der Versöhnung werden wir im Kapitel »Schwestern in der Krise und Lösungswege« vertiefen. Zunächst bieten wir dir folgende Übung an, die du ruhig häufiger wiederholen kannst.

### Übung: Stärkung des Selbstwertgefühls

- Lerne deine innere Kritikerin oder Richterin genauer kennen: Stellt sie dir konstruktive, selbstkritische und selbstreflektierende Fragen oder sind es eher abwertende Aussagen, Selbstvorwürfe oder gar Schuldsprüche?
- Mache dir diese Sätze bewusst und schreibe sie auf. Denke oder suche dir für diese Stimme ein Symbol oder ein Fantasiewesen. Das kann eine kleine Hexe, Rumpelstilzchen oder ein Hammer sein – irgendetwas, was du mit Selbstanklagen assoziierst.
- Verbinde dich dann mit dem wohlwollenden Anteil in dir.

Wenn es dir schwerfällt, den Zugang zu finden, hilft es, wenn du dich an Situationen erinnerst, in denen du dich über etwas, was dir gut gelungen ist, gefreut hast oder du stolz auf dich gewesen bist. Oder du denkst an etwas, was du gerne tust, wobei dein Herz aufgeht oder wofür du dankbar bist.

- Suche dir auch für diesen inneren Aspekt ein Symbol: Es kann beispielsweise eine innere beste Freundin oder eine gute Fee, eine alte weise Frau oder ein Krafttier sein. Folge deinem ersten Impuls.
- Nun schreibe bitte mit dieser dich bejahenden, wohlwollenden, groß- und warmherzigen Haltung Aussagen über dich auf. Benutze dabei nur positive Begriffe (keine Verneinungen)! Wenn es dir schwerfällt, kannst du dir hierbei von einem dich wertschätzenden Menschen helfen lassen.
- Lass diese Sätze auf dich wirken. Um diesen wohlwollenden, energiegebenden Anteil in deinem Alltag zu stärken und dauerhaft präsent werden zu lassen, kannst du sie sichtbar aufhängen, sodass du mehrmals täglich über sie »stolperst«. Oder sprich sie dir auf dein Handy und lausche der wertschätzenden Botschaft, sooft du möchtest.
- Spüre, wie du mithilfe deiner wohlwollenden inneren Begleitung freier, versöhnlicher und letztendlich friedvoller auf dich und deine Lebenssituationen – und damit auch auf andere Menschen – blicken kannst.

Denn: »Selbsterfahrung zieht Versöhnlichkeit nach sich« und »Der Schlüssel zur Versöhnlichkeit mit anderen liegt in der Versöhnung mit sich selbst«.[51]

## Fallbeispiel: Die Unentschlossene

Sybille ist 39 Jahre alt und vier Jahre jünger als ihre Schwester Marina. Seit sie sich erinnern kann, herrschte große Konkurrenz zwischen den beiden. Sie verglich sich mit Marina und wollte so sein wie sie. Der Großen wurde viel erlaubt, doch wenn auch Sybille mal etwas wollte, hieß es: »Das kannst du noch gar nicht beurteilen oder entscheiden!« Ihr ist bewusst, dass sie sich dadurch immer schwerer tut, Entscheidungen zu treffen. Sie leidet darunter, sich in so vielen Situationen und bei allen möglichen Fragen, die in ihrem Leben auftauchen, zwischen zwei oder mehreren Optionen hin- und hergerissen zu fühlen.

Die Beziehung zu Marina empfindet Sybille als distanziert und hegt einen starken Groll gegen sie. Doch gleichzeitig wünscht sie sich, mit ihr näher in Kontakt zu stehen. Allerdings kann sie sich nicht dazu durchringen, den ersten Schritt zu tun. Sie denkt darüber schon so lange nach und ist von der eigenen Unentschlossenheit sehr genervt.

Als Symbol für diese Unentschlossenheit wählt Sybille einen eckigen Flummiball, denn der springt in alle möglichen Richtungen. Das kennt Sybille von sich, denn auch sie weiß nicht, in welche Richtung sie gehen möchte.

Ihr Wunsch ist es, herauszufinden, ob und was sie eventuell noch tun kann, um den Kontakt zu ihrer Schwester zu verbessern, oder ob sie alles lassen sollte, wie es ist. Dann müsste sie lernen, damit umzugehen und Frieden zu finden. Ihr Plan war es eigentlich, ihrer Schwester noch einmal einen Brief zu schreiben, doch der Zweifel ist groß, ob das tatsächlich etwas bringen würde. Ist es noch mal einen Versuch wert … oder nicht? Vielleicht wäre es besser, die Schwester in Ruhe zu lassen und zu versuchen, sich mit der Situation abzufinden? Sybille fühlt sich völlig blockiert und unfähig, eine Entscheidung zu treffen.

Ist dir dies vertraut, dich nicht oder nur sehr schwer entscheiden zu können? Oder bist du – so wie Sybille – vielleicht unsicher, ob und wie du an deiner Beziehung zu deiner Schwester noch etwas ändern kannst oder möchtest? Dann ist es sicher spannend für dich zu erfahren, wie Sybille mit sich und ihrem Problem weiter umgegangen ist.

## Methode: Tetralemma-Aufstellung

Um Klärung in dieses Dilemma, in dem sich Sybille mit diesen Optionen befindet, zu bringen, schlagen wir ihr die Aufstellungsmethode »Tetralemma« vor und erklären das Prinzip: Der Begriff und die damit verbundene Betrachtungsweise stammen ursprünglich aus der indischen Logik und wurden dort als Argumentationsform in der Rechtsprechung verwendet. Von Matthias Varga von Kibéd und Insa Sparrer wurde Tetralemma als Aufstellungsmethode und Entscheidungstool weiterentwickelt.[52]

In unserer westlichen Kultur haben wir gelernt, Entscheidungen eher mit dem Kopf, also rational, zu fällen. Wenn wir zwischen Alternativen wählen müssen oder wollen, wägen wir Vor- und Nachteile ab, fertigen vielleicht Pro-und-Kontra-Listen an, wälzen die Gedanken hin und her und besprechen das Für und Wider mit Menschen in unserem Umfeld. Manchmal können wir uns trotzdem nicht entscheiden und fühlen uns in einem Dilemma.

Ziel der Tetralemma-Aufstellung ist es, durch einen Perspektivenwechsel von der festgefahrenen Verstandesebene in die »Bauch-« oder »Fühl-Ebene« zu kommen, also die eigene Intuition hinzuzunehmen. Als Hilfsmittel in dieser Methode verwenden wir Tücher, die verschiedene Entscheidungsoptionen symbolisieren.

### 1. Position: das EINE, das »entweder«

Bleiben wir beim Beispiel Sybille: Wir laden sie ein, sich zunächst auf das Tuch zu stellen, das ihre Option »Brief schreiben« symbolisiert, und sich hier genau vorzustellen, wie sie den Brief an ihre Schwester tatsächlich, im Hier und Jetzt, schreibt. Darauf angesprochen, wie sie sich dabei fühlt, wird ihr bewusst, dass sich ihre Gefühle und Körperreaktionen ändern. Das konkrete Hineinspüren in diese Option bewirkt in ihr ein Gefühl von bleierner Schwere: Sie fühlt sich wie gelähmt und unwohl. Am liebsten würde sie sofort von diesem Tuch flüchten.

## 2. Position: das ANDERE, das »oder«

Nach dem Verlassen des Tuches und einem kräftigen Schütteln sowie einigen Umdrehungen um sich selbst ist Sybille wieder »neutralisiert«. Nun stellt sie sich auf ein neues Tuch, das für sie die Option darstellt, »sich mit der Situation, dass kein Kontakt besteht, abzufinden und damit Frieden zu schließen«. Trauer überfällt sie, als sie erkennt, dass sie hier den Kontakt nicht wieder wird herstellen können, und sie beginnt zu weinen. Es ist immer in Ordnung, jeden – mit einer möglichen Trennung verbundenen – Schmerz zu spüren. Nach einer Weile wird Sybille etwas ruhiger. Sie verlässt nun dieses »Entscheidungsfeld«, und wir bieten ihr an, noch eine weitere Option auszuprobieren.

## 3. Position: BEIDES, das »sowohl als auch«

Wir bitten sie, sich erneut ein Tuch auszusuchen und sich darauf zu stellen. Es stellt die Möglichkeit dar, dass beides möglich ist: sowohl der Schwester einen Brief zu schreiben als auch mit der Situation Frieden schließen zu können. Sybille ist überrascht. An diese Möglichkeit hat sie noch nie gedacht. Und es braucht etwas Zeit, sich an den Gedanken zu gewöhnen: Welche Gefühle tauchen auf und welche Körperreaktionen nimmt sie wahr? Wir beobachten, wie sich ihre Gesichtszüge entspannen und sie langsam eine lockere Körperhaltung einnimmt. Auf einmal fühlt sie sich wie befreit, und auch ihr Nacken ist nicht mehr so verspannt.

Nach einer Weile des Nachdenkens sagt Sybille, dass ihr gerade die Idee gekommen sei, Marina in einem Brief zu schreiben, dass ihr ein Workshop geholfen habe, etwas für sich zu erkennen: nämlich, dass sie von ihrem Wunsch nach einem nahen Kontakt zu ihr Abschied nehmen müsse und wolle und sie, Marina, nun loslassen werde. Obwohl sie deshalb sehr traurig ist, fühlt sie sich nicht mehr so abgeschnitten wie bei der 2. Position. Sie ist auch nicht so angestrengt und gelähmt wie bei der 1. Position: Trotz des Trennungsschmerzes empfindet sie dies als einen gangbaren Weg. Da wir den Eindruck haben, dass Sybille die für sie in der gegenwärtigen Situation passende Entscheidung gefunden hat und real ausprobieren möchte, beschließen wir, die beiden weiteren Positionen der Tetralemma-Aufstellung (4. Position: KEINS VON BEIDEN und 5.: ALL DIES NICHT UND DAFÜR ETWAS GANZ ANDERES) jetzt nicht mehr anzubieten. Dir jedoch werden wir diese Optionen in der Übung unten noch gerne vorstellen.

### Wie die Tetralemma-Methode wirkt

Für Sybille – und für dich vielleicht auch? – war es verblüffend, aber auch überzeugend, wie sich beim Hineinspüren in die jeweilige Entscheidungsoption, als habe sie diesen Entschluss bereits getroffen, deutlich spürbar etwas geändert hat. Diese Erfahrung kannst auch du ausprobieren. Allein durch die Aufmerksamkeit auf deine Körpersignale und dadurch, dass du deinen inneren Impulsen folgst, eröffnen sich dir neue Wege und Möglichkeiten. So gelingt es leichter, aus festgefahrenen Denk- und Entscheidungsmustern herauszufinden.

Das Tetralemma kann bei jeder Form der Entscheidungsfindung eingesetzt werden und ist vor allem dann sinnvoll, wenn die (vermeintlich meist nur zwei) Optionen schon in allen möglichen Varianten mehrfach durchdacht wurden, ohne dass eine Entscheidung getroffen werden konnte. Es hilft, die rein rationale Verstandesebene ein Stück weit loszulassen und sich auf das eigene Körpergefühl einzulassen. Die Gefühle und Körperimpulse geben wertvolle und klare Hinweise und erweitern den Entscheidungshorizont.

Da diese Methode auch für ein Selbstcoaching geeignet ist, haben wir die einzelnen Schritte noch einmal zusammengefasst.

## Übung: Deine Tetralemma-Aufstellung

Wähle eine aktuelle Frage/eine Situation, bei der du immer wieder hin- und herschwankst – wie bei einem Kippbild – und trotz großer Anstrengung zu keiner Entscheidung kommst.

1. Schreibe auf fünf verschiedenfarbige DIN-A4-Blätter die fünf Optionen des Tetralemma:

Das EINE (entweder)

Das ANDERE (oder)

BEIDES (sowohl als auch)

KEINS VON BEIDEN (weder noch)

DAS NICHT UND AUCH DAS NICHT – (etwas ganz anderes)

2. Lege die ersten vier Blätter (oder Tücher) in einem Kreuz auf den Fußboden, ein bis zwei Meter voneinander entfernt. Das fünfte legst du etwas abseits.

3. Mache dir bewusst, dass du bis hierher bemüht warst, mit deinem Kopf und deiner Ratio eine Entscheidung oder eine Lösung für dich zu finden. Du hast dir Gedanken gemacht, Pro und Kontra abgewogen, Fakten gecheckt und/oder mit anderen darüber gesprochen und bist dennoch nicht weitergekommen. Du steckst in einem Dilemma fest. Versuche jetzt – für diesen Moment – deine Gedanken loszulassen und lade deine Körperwahrnehmung ein, aufmerksam auf Veränderungen und Befindlichkeiten zu achten und deinem Bauchgefühl oder deiner Intuition zu folgen.

4. Stelle dich nun auf das erste Blatt/Tuch und benenne möglichst konkret die eine deiner beiden Optionen, als ob du diese Entscheidung so bereits schon getroffen hättest. »Ich habe jetzt entschieden, dass ...« – »Ich werde jetzt ...« Lass deinen Körper zu dir sprechen: Fühlst du eine Anspannung, Leichtigkeit, Schwere oder einen Bewegungsimpuls? Nimm wahr, was du fühlst!

5. Verlasse nun den Platz, drehe dich ein paarmal um dich

selbst und stelle dich auf das nächste Blatt/Tuch »Das ANDE-RE«, benenne auch diese Entscheidung genau und lass – wie im Schritt zuvor – deine Körperimpulse zu dir sprechen.

6. Verlasse auch diese Option, drehe dich um dich selbst oder schüttle alles ab und betritt die dritte Möglichkeit: »BEIDES«. Halte dir ein imaginäres Stoppschild vor deinen Kopf, denn es muss hier nicht zwangsläufig eine logische Mischung der ersten beiden Optionen sein. Bleib bei deiner Körperwahrnehmung und folge deinem Bauchgefühl und deiner Intuition.

7. Wechsle bitte nun nach dem bekannten Prozedere auf die vierte Variante, das Weder-noch. Hier verabschiedest du dich von deinen beiden ersten Alternativen und verlässt die Zwickmühle. Wie fühlt sich das an? Was passiert in deinem Körper?

8. Lass deiner Fantasie freien Lauf, denn auf der fünften Option »DAS NICHT UND AUCH DAS NICHT – (etwas ganz anderes)« ist ALLES möglich: Hier darfst du deine innere Zweiflerin genauso ausschalten wie die Kritikerin oder Richterin und träumen: Was wäre, wenn alles möglich wäre? Hier ist es ausdrücklich erlaubt, alles zu denken und zu träumen.

9. Tritt auch von diesem Tuch, wenn du so weit bist, drehe dich ein letztes Mal um dich selbst oder schüttle alles ab. Dann fasse für dich deine Erkenntnisse zusammen und schreibe dir, wenn du magst, Notizen dazu in dein Schwestern-Lesetagebuch. Ist es dir gelungen, deine Körperimpulse und Intuition sprechen zu lassen? Hast du in deinem Entscheidungsdilemma mehr Klarheit finden können? Wenn nicht, ist es nicht schlimm – es braucht auch etwas Übung. Hab bitte Geduld mit dir.

## Fallbeispiel: Die kleine Dümmere

Dagmar, 43 Jahre alt, ist mit dreieinhalb Jahren Altersabstand zu ihrer nächstälteren Schwester die jüngste von insgesamt drei Schwestern. Ihre beiden älteren Schwestern mit nur knapp eineinhalb Jahren Altersunterschied waren sich sehr nah. Sie spielten meistens miteinander – mit ihr hingegen sei eigentlich »gar nichts gemacht worden«, zumindest nicht auf gleicher Ebene. Sie wurde immer als »die Kleine und Dümmere, die noch keine Ahnung von allem hat«, behandelt.

Damit war für sie stets das Gefühl verbunden, nicht wirklich gesehen zu werden.

Dagmar hat zu ihren beiden großen Schwestern immer aufgeschaut und sie dafür bewundert, was sie alles schon konnten und ausprobiert hatten – dagegen hatte sie keine Chance und fühlte sich in ihrer Gegenwart dumm und minderwertig. Allerdings genoss sie als Jüngste manchmal auch die Möglichkeit, abzuwarten und erst einmal die anderen machen zu lassen. Noch heute als Erwachsene gibt sie gern Verantwortung ab und fühlt sich in einem Umfeld wohl, in dem noch ein Chef/eine Chefin quasi »über mir ist und mir sagt, was ich tun soll, und Entscheidungen für mich trifft«. Gleichwohl begleitet sie das Gefühl, sie genüge eigentlich nicht. Obwohl im Beruf erfolgreich und anerkannt, überfallen sie oft Zweifel, ob es gut genug ist, was sie macht. Ihre Glaubenssatzvariante, die sie infolge der Rollenzuschreibung als Kleinste gelernt hat, lautet: »Ich kann das (noch) nicht (gut genug).«

Heute ist Dagmar auf der Suche nach einer gesunden Nähe und Distanz zu den Schwestern und hat den Wunsch nach gegenseitiger Anerkennung und einem Austausch auf Augenhöhe. Obwohl die drei eigentlich ein recht gutes Verhältnis haben, ist sie bei gemeinsamen Treffen angespannt und fühlt sich unterlegen. Alle haben ein großes Mitteilungsbedürfnis und reden durcheinander, was sie unter Druck setzt und das Gefühl erzeugt, auch hier den »Leistungen« und Erwartungen ihrer Schwestern nicht zu genügen.

Dagmars Beispiel verdeutlicht, in welcher Ambivalenz sich die Jüngsten häufig befinden: Sie empfinden sich einerseits schnell als »klein, dümmer und ungenügend« und leiden dabei unter ständigem Leistungsdruck. Andererseits wissen sie um den Vorteil, sich »zurücklehnen zu können und die anderen machen zu lassen«.

Wie war dies bei dir und euch – erkennst du ähnliche Aspekte in eurer Schwestern-Dynamik? Wie ging/geht es dir, wenn du die jüngste Schwester bist? Wenn nicht, wie hast du deine jüngste Schwester erlebt und dich ihr gegenüber verhalten? Wenn du die Jüngste bist, suche dir bitte ein Symbol für dein Erleben.

Als Symbol für ihre Schwesternproblematik wählt Dagmar eine kleine Pippi – ein überaus beliebtes Symbol –, denn Pippi Langstrumpf ist es egal, was andere von ihr denken. Da Dagmar die beiden älteren Schwestern wie eine Einheit erlebt, geht es hier nicht um die Beziehungsdynamik zu lediglich einer, sondern zu diesen beiden Schwestern gleichzeitig. Dafür bietet sich eine Methode an, die diese Konstellation berücksichtigt.

## Methode: Aufstellung

In einem Workshop oder in einer Gruppe fällt es leicht, Stellvertreterinnen zu finden, die hier die beiden älteren Schwestern und deren Rollen repräsentieren. Aber auch aus der Beschreibung wirst du von der entstehenden Rollendynamik Nutzen ziehen: Sonst bietet es sich an, dass du eventuell Freundinnen fragst, ob sie mitmachen, wenn du eine Aufstellung für dich ausprobieren möchtest. Sie lernen diese Methode dann auch gleich kennen und profitieren bestimmt davon.[53]

Dagmar sucht sich aus der Gruppe zwei Stellvertreterinnen

für ihre beiden Schwestern. Anfangs stellt sie ihre Geschwisterdynamik aus ihrer jetzigen Sicht nach und positioniert ihre »Schwestern« und sich auf jeweils verschieden hohe Blöcke und Stühle (die Älteste steht am höchsten), aber sie alle bleiben dicht beieinander. Alle merken sofort, dass sie auf diese Weise gar nicht auf Augenhöhe sein können. Außerdem können sie sich so weder richtig sehen noch erkennen, wer sie jeweils wirklich sind. Dagmar kommt zu dem Schluss, dass nicht nur sie selbst, sondern womöglich auch ihre Schwestern sich nicht als individuelle Wesen gesehen und anerkannt fühl(t)en.

Nun ist es Teil der Übung, die Stellvertreterinnen im Raum so anzuordnen, dass sich der Abstand zu ihnen für Dagmar stimmig und richtig anfühlt. Zuerst nimmt sie die Blöcke weg, sodass sie alle sich erstmals auf Augenhöhe befinden. Beim Ausprobieren der Entfernung zueinander wird ihr deutlich, wie stark sie damit beschäftigt ist, es ihren »Schwestern« möglichst recht und bloß nichts falsch zu machen.

Doch allmählich gelingt es Dagmar, die Schwestern in einer neuen Distanz so zu positionieren, dass auch sie selbst sich damit wohlfühlt. Verblüfft und irgendwie erleichtert ist sie über die Rückmeldung der Schwesternstellvertreterinnen, dass auch sie sich mit diesen Abständen nun besser fühlen. Sie alle hatten zuvor den Erwartungsdruck an Schwestern, eng und harmonisch beieinanderstehen zu müssen – wie »Schneeweißchen und Rosenrot« –, wohl ebenso verinnerlicht. Wie sie erkennt auch Dagmar nun, dass sie und ihre zwei Schwestern nicht mehr so eng beieinanderstehen müssen, um Harmonie zu signalisieren – das geht auch mit größerer Distanz, die den Vorteil hat, dass sie sich gegenseitig besser wahrnehmen können.

Hast du bei diesem Prozess von Dagmar etwas wiedererkannt? Wir möchten dich ermutigen, dieses Experiment auch einmal auszuprobieren – mit oder ohne Stellvertreterschwester, die du durchaus auch von Figuren, Kissen oder anderen Gegenständen vertreten lassen kannst.

Bei dieser Aufstellung wird deutlich, dass die Spannungen zwischen den Schwestern auf die gegenseitigen Erwartungen und Rollenzuschreibungen zurückzuführen waren. Sie konnten, gefangen in ihren Rollen, nicht auf Augenhöhe kommunizieren. Erst dadurch, dass Dagmar die jeweilige Position sichtbar gemacht hat, konnte diese erkannt, benannt, experimentell verändert und schließlich aufgelöst werden. Nun kann Dagmar die Schwestern aus den Positionen und Rollen, in denen sie die beiden bisher gesehen und die sie ihnen bis heute (unbewusst) fest zugeschrieben hatte, befreien. Die Sockel und damit das Hierarchiegefälle sind fort, und nun können sich auch die beiden älteren Schwestern entspannen. Gleichzeitig kann Dagmar sich jetzt als erwachsen und ebenbürtig sehen und fühlen. »Ins Reine kommen bedeutet, … als erwachsene Person, die ihren Platz im Leben ausfüllt, endlich neben – nicht hinter oder unter – dem Geschwister zu stehen.«[54]

Ein weiteres, ermutigendes Aha-Erlebnis war für Dagmar – und vielleicht auch für dich – die Erkenntnis, dass Abstand zwischen Schwestern, also eine gewisse Distanz, per se nicht falsch und nichts Schlechtes sein muss, sondern – im Gegenteil – stimmig und richtig sein kann. Sie ist dabei der Tatsache auf die Schliche gekommen, dass sie die gesellschaftliche Erwartungshaltung übernommen hat. Dagmar weiß nun, dass auch Schwestern untereinander ein Recht auf eine gewisse Privatsphäre haben.

## Impulsfragen

- Welches Maß an Nähe und Distanz wünschst und erlaubst du dir innerhalb deiner Schwesternbeziehung?
- Gab und gibt es zwischen euch eine gewisse Hierarchie?
- Welche Position und Rollenzuschreibung hattest oder hast du innerhalb deiner Familie und welche deine Schwester(n)?
- Habt ihr euch schon einmal darüber ausgetauscht?

Im letzten Beispiel einer jüngsten Schwester erfährst du, welche Hierarchieerfahrungen, Gefühle und Strategien ich, Cordula, aus meiner frühen Kindheit mit meiner großen Schwester Barbara in lebhafter Erinnerung habe.

## Fallbeispiel: Klotz am Bein

Ich, Cordula, fühlte mich sehr häufig wie ein Klotz am Bein von Barbara. Wenn ich mir einen symbolhaften Gegenstand aussuchen dürfte, würde ich mir einen großen Holzklotz nehmen und ihn mit einem Seil an mein rechtes Bein knoten. Wobei sich ja Barbara eigentlich so fühlen müsste – sie lebte mit diesem Klotz am Bein, und dieser Klotz war ich. Doch dadurch, dass ich mich wie ein Klotz fühlte, aber keiner sein wollte, strengte ich mich immer enorm an. Dieses Gefühl samt der damit verbundenen Anstrengung war mein Klotz.

Bis ins Erwachsenenalter begleitete mich diese Anstrengung, möglichst niemandem zur Last fallen zu wollen. So war ich immer sehr bemüht, gut zu sein und alles richtig zu machen. Ich durfte keine Fehler machen, keine Schwäche zeigen. Das gelingt natürlich nicht, und so fühlte ich mich oft klein, dumm und unzulänglich.

Ein Erlebnis muss für mich sehr einschneidend gewesen sein: Wir spielten häufig draußen zusammen mit den Nachbarskindern, und neben unserem Hof gab es ein freies Grundstück mit einer Baustelle. Es hatte geregnet, und wir gruben gerne mit unseren Schaufeln im Matsch, denn es gab dort viel zu entdecken. Doch es war verboten, dort zu spielen. Plötzlich sahen wir einige Männer auf uns zukommen, und wir alle ergriffen panisch die Flucht. Ich war mal wieder die Kleinste und lief hinter den anderen her – und blieb mit meinem Gummistiefel im Matsch stecken. Verzweifelt rief ich nach Barbara, doch sie war schon mit den anderen Kindern hinter der nächsten Ecke verschwunden. In dem Moment fühlte ich mich klein und hilflos, aber ich war auch wütend, dass die anderen, und vor allem Barbara, mich im Stich gelassen hatten. Ich weiß nicht mehr, wie es mit den Männern weiterging – ich weiß nur noch, dass ich meinen Stiefel einfach im Matsch stecken gelassen hatte und mit nur einem weitergerannt bin.

Das war eine schlimme Erfahrung für mich, und ich hatte in der Zeit oft Albträume, in denen Barbara und ich verfolgt wurden, meistens von Monstern oder Einbrechern. Ich lief im Traum dann panisch hinter ihr her, doch ich erreichte die Rettung im Gegensatz zu ihr nicht.

Insgesamt fühlte ich mich – und war es ja auch – abhängig von ihr, wie ein Klotz eben. Sie als große Schwester mit dem Auftrag, auf mich aufzupassen, hat natürlich bestimmt, was und mit wem wir spielten. So war ich immer die Kleinste und musste mit den Großen mithalten und mich auch mit ihnen messen, wenn ich vor ihnen nicht als Depp dastehen wollte. Ich musste meine »Nische« in diesem System finden, und so entwickelte ich körperliche, praktische und kreative Fähigkeiten, denn Barbara besetzte ja bereits den Platz der Vernünftigen, Schlauen und Argumentativen.

Ich trainierte also stundenlang mit dem Roller und später mit dem Fahrrad, den Rollschuhen und auch Schlittschuh laufen. Ich übte »waghalsige« Kunststücke, denn ich war mutig – oder musste ich mutig sein? Ich entdeckte meine körperliche Stärke und meine Freude am Experimentieren. Ich liebte Jungenspiele – mit Autos und der Eisenbahn spielen, auf Bäume klettern, Mutproben, bloß nicht zimperlich sein. Ich gehörte zu den besten Schülerinnen im Sport und bekam bei den Bundesjugendspielen Ehrenurkunden.

In dieser Nische fühlte ich mich nicht wie ein Klotz am Bein, klein und unzulänglich. Im Gegenteil: Hier erhielt ich Anerkennung und Achtung. Ich spürte mein Selbstvertrauen und fühlte mich auf Augenhöhe mit meiner großen Schwester. Mit meiner Überzeugung, dass ich kräftig war und mich notfalls auch wehren konnte, entwickelte ich eine Stärke, mit der ich mich Barbara manchmal sogar überlegen fühlte, denn sie war körperlich eher verzagter und ängstlich. Einmal konnte ich sie sogar vor einem Angriff eines älteren Jungen mit vollem Körpereinsatz erfolgreich verteidigen. »Artig«, wie unsere Eltern das nannten, sollten wir eigentlich sein, das war die katholische Erziehung – und »artig« war diese Aktion nun wirklich nicht, aber ich fühlte mich »groß-artig«. Ich war mächtig stolz auf mich und bekam viel Bestätigung von Barbara und unseren Eltern.

## Die Jüngste sein

Konntest du nachvollziehen, wie einige jüngste Schwestern ihre Rolle innerhalb der Geschwisterkonstellation erlebt haben? Beispielsweise Vera, die sich häufig schuldig fühlt und sich mit der älteren Schwester vergleicht, genau wie schon die Mutter das getan hat? Ähnlich wie bei Sybille, die sich häufig benachteiligt gefühlt hatte und bis heute unentschieden ist, wie sie sich zu ihrer Schwester positionieren kann. Dagmar, die sich immer als die »Dümmere« empfunden hat und bemüht war, eine gleichwertige, distanziertere Ebene zu ihren Schwestern zu finden. Und ich, Cordula, die ich mich immer so sehr angestrengt habe, den Altersvorsprung aufzuholen.

Kam dir, als Jüngste (oder auch als Mittlere oder Älteste) etwas davon bekannt vor?

Die Jüngsten in der Geschwisterfolge sind in der Kindheit zunächst die körperlich Kleinsten und Schwächsten – je nach Altersunterschied ist dies manchmal lange Zeit so. Sie blicken zu den Erwachsenen und älteren Geschwistern auf. Viele haben erlebt, dass sie nicht so viel können und dürfen wie die Älteren, nicht so ernst genommen werden und ihnen auch weniger zugetraut wird. Diese Erfahrung kann die Entwicklung von Minderwertigkeitsgefühlen begünstigen. Oft wird nicht wahrgenommen, welche Fähigkeiten sie entwickeln und wie sie aus der Rolle der »Kleinen« herauswachsen. Spätestens in der Pubertät und als (junge) Erwachsene sind die Zuschreibungen meist nicht mehr stimmig. Dennoch behalten sie unter den erwachsenen Geschwistern unbewusst ihre Gültigkeit. Das kennst du bestimmt.

Überbehütet worden zu sein, immer Hilfe bekommen zu haben kann sich als erdrückend und entwicklungshemmend auswirken. Mangelndes Selbstvertrauen und fehlende Selbstständigkeit sind oft die Folgen dieser (früh)kindlichen Erfahrungen.[55]

Jedoch liegt auch in dieser Position in der Geschwisterfolge eine Vielfalt an Vorteilen und erworbenen Strategien verborgen. Es gilt, sie zu entdecken:

Du konntest vielleicht davon profitieren und es genießen, von den anderen umsorgt worden zu sein und viel Unterstützung bekommen zu haben.

Du konntest dich aber auch mal zurückziehen und die Großen machen lassen.

Du hattest die Möglichkeit, davon zu profitieren, was die Älteren gegenüber den Eltern schon an Rechten und Freiheiten durchgesetzt haben.

Und du konntest dir nicht nur von den Eltern, sondern auch von den älteren Geschwistern etwas abgucken.

Erkenne an, dass du bei der Suche nach noch unbesetzten Nischen in der Familie womöglich Kreativität, Risikofreude und ganz eigene Kräfte und Fähigkeiten entwickeln konntest.

Und du bist vielleicht durch das Streben und die Anstrengung, den Vorsprung zu den älteren Geschwistern aufzuholen, leistungsstark und widerstandsfähig geworden. Du lässt dich nicht so leicht entmutigen und »unterkriegen« und bist sogar bereit und fähig, »das Unmögliche möglich zu machen«.

Doch um diese Vorteile sehen und wertschätzen zu können, gilt es, zunächst auch die erlittenen Benachteiligungen und Kränkungen anzuerkennen, sie zu reflektieren und sich mit ihnen zu versöhnen. Erinnere dich an die Waage oder blättere ruhig zurück zur Tabelle. Welche von dir als benachteiligend oder gar verletzend empfundenen Erfahrungen benötigen noch Reflexion und Versöhnung? In den folgenden Fragen und im weiteren Verlauf dieses Buches wirst du hierfür hilfreiche Anregungen finden.

### Impulsfragen

- Fühltest du dich behütet und konntest es genießen, von deiner älteren Schwester unterstützt und begleitet zu werden?
- Konntest du vielleicht davon profitieren, dass sie schon einiges vor dir »erkämpft« und gleich für dich mit einen Weg »durchgeboxt« hatte?
- Oder hast du dich eher als ungenügend und die Schwester als »stärker, schneller, schlauer ...« empfunden?
- Wie war deine Strategie, mit deiner Position als die kleinste, jüngste Schwester umzugehen?
- Was davon weißt du zu schätzen? Was möchtest du für dich als Ressource behalten?
- Und wie geht es dir heute als Jüngster? Was möchtest du gern für dich verändern?

# Geschwisterpositionen und ihre Bedeutung

In diesem Abschnitt haben wir den Fokus auf die Position der ältesten, mittleren und jüngsten Schwestern in der Geburtenrangfolge und ihre möglichen Rollenzuschreibungen, Aufträge und Glaubenssätze gelegt.

Die empirische Entwicklungspsychologie[56] hat erforscht und dargelegt, dass nicht unbedingt ein Zusammenhang zwischen Geburtenrangfolge und Persönlichkeitstyp besteht. Es gibt demnach keine Geschwisterposition, die sich per se nachteiliger oder günstiger auswirkt. Vielmehr gilt:

»Jedes Kind trifft bei seiner Geburt auf eine andere Familienkonstellation, nimmt in der Familie eine ganz spezifische, einzigartige Stellung ein, bewegt sich in wechselnden Beziehungsfeldern und wächst so in einem unverwechselbaren eigenen psychischen Universum auf.«[57] Katharina Ley verdichtet diese Tatsache zu der Aussage: »Jedes Kind hat ein eigenes Familienbild.«[58]

Unter psychodynamischen Blickwinkeln betrachtet, kann die Position in der Geschwisterfolge allerdings durchaus einen prägenden Einfluss auf die individuelle Persönlichkeitsentwicklung, auf die Qualität der Verhältnisse der (erwachsenen) Geschwister untereinander und auch auf die Gestaltung von späteren Beziehungen (in der Partnerschaft, im Freundes- und Kolleg*innenkreis) haben. Zahlreiche Bücher und Veröffentlichungen zu Geschwisterkonstellationen sowie Elternratgeber betonen diesen Einfluss der Geburtenrangfolge,[59] und auch unsere Erfahrungen bestätigen dies. Dabei ist maßgeblich, mit welchen Rollenzuweisungen und Etikettierungen die Eltern und das Umfeld die Kinder belegen. Das haben dir die Fallbeispiele sicher auch gezeigt.

Diese Erklärungsmodelle allein bieten jedoch noch keine Lösungen, insbesondere dann nicht, wenn erwachsene Geschwister lediglich ihre Eltern dauerhaft für ihre Schwierigkeiten und Konflikte verantwortlich machen.[60]

Handlungs- und lösungsfähig werden wir vielmehr, wenn wir uns fragen:

- Wie gehen wir – als erwachsene Schwestern – mit diesen alten Rollenzuweisungen und Prägungen um?
- Wie tragen wir dazu bei, uns und unsere Schwestern noch im Erwachsenenalter als »die Älteste«, »die Mittlere« oder »die Jüngste« mit den alten Rollen und Mustern zu belegen?
- Profitieren wir (einseitig) davon?
- Polarisieren wir damit unsere Geschwisterbeziehung?
- Vergleichen wir uns immer noch miteinander, be- und verurteilen wir uns selbst und die anderen und teilen weiterhin in »schlechter und besser«, »falsch und richtig« ein?
- Oder versuchen wir, unsere bisherigen Denkweisen und Standpunkte sowie auch das Erleben und die Sichtweisen der Geschwister neugierig fragend zu erforschen, um diese nachvollziehen und dann damit besser umgehen zu können?

Wir können unsere Vergangenheit nicht ändern, doch wir können unseren Blick auf sie verändern!

Gelingt dies, tut sich meist die Chance auf, sich und die anderen aus alten Mustern zu entlassen und gegenseitige und gemeinsame Stärken und Ressourcen zu entdecken.

Bestimmt findest du durch die Fallbeispiele und Übungen Anregungen, wie auch du deine Schwesternbeziehung positiv verändern kannst.

In den folgenden Kapiteln beschreiben wir dir, wie es anderen jüngsten, mittleren oder älteren Schwestern mit großen Altersabständen zueinander und in Groß- oder in Patchworkfamilie ergangen ist – und wie auch dort Rollen und Verhaltensmuster unter den Schwestern erweitert, verändert und aufgelöst werden können.

# Großer Altersabstand zwischen Schwestern

Nachdem wir im letzten Abschnitt unser Augenmerk auf die verschiedenen Geschwisterpositionen und ihren möglichen Einfluss auf die Schwesternbeziehungen gerichtet haben, betrachten wir in den folgenden Beispielen Schwestern mit sehr großen Altersabständen. Denn der Abstand zwischen den Geschwistern hat auch Einfluss auf die Rollenzuschreibungen, die uns und den Schwestern mit auf den Weg gegeben werden.

Was warst du als Älteste mit großem Altersabstand für deine Schwester(n): Ersatzmutter, Pionierin, Vorbild? – Und wie ist es heute?

Welche Rolle hattest du als jüngste Nachzüglerin mit großem Altersabstand? Bist du von den anderen Nesthäkchen oder Püppchen genannt worden und die Immer-Kleine geblieben? Wie ist es heute bei dir?

Oder war es bei dir anders, weil du als Mittlere mit großer Altersdifferenz zu einer oder mehreren Schwestern geboren wurdest? Wie waren deine Erfahrungen in dieser Position? Diese Konstellation kommt recht häufig in Patchworkfamilien vor, denen wir ein eigenes Kapitel widmen.

Wir werden in diesem Kapitel von drei sehr typischen Dynamiken bei Schwestern mit großem Altersunterschied berichten, die die Erfahrungen von Frauen in unseren Workshops widerspiegeln.

Hier fangen wir mit einer älteren Schwester mit großem Altersabstand zu der Jüngeren an.

## Fallbeispiel: Die Kümmerin

Martha, 63 Jahre alt, ist eine große, selbstsicher wirkende Frau mit einer kräftigen Stimme. Als ihre heiß ersehnte Schwester Cornelia geboren wurde, war sie bereits elf Jahre alt. Sie hat sich damals sehr gefreut, denn sie fand es toll, eine kleine, süße Schwester zum Umsorgen zu haben, sie zu wickeln und zu füttern und für sie auch verantwortlich zu sein. Endlich war sie kein Einzelkind mehr.

In ihrer Familie war es wichtig, eine laute Stimme zu haben, um gehört zu werden und schlagfertig zu sein, da man sonst selbst kleingemacht wurde. So war es bei ihr zu Hause üblich, »derbe Sprüche« zu machen, ohne zu bemerken, wie verletzend sie waren, wenn sie unter die Gürtellinie gingen. Diese zum Teil tiefen Verletzungen der Schwestern wurden nie erkannt und benannt.

Zu ihrer Schwester habe sie eigentlich ein gutes Verhältnis, findet Martha, doch ihre Zusammenkünfte empfinde sie trotzdem oft als anstrengend. Sie wären sehr laut und ließen sich gegenseitig so gut wie nie ausreden. Hinzu kommt, dass sie es kaum erträgt, wenn die kleine Schwester mal Probleme hat oder es ihr nicht so gut geht. Dann fühlt sie sich sofort verantwortlich, angespannt und unter Druck, gleich etwas dagegen zu tun. Auch im Beruf erlebt sie sich an vorderster Front oft allein (gelassen). Es ist zwar ihre Stärke, schnell zu erkennen, was zu tun ist, und »nicht lange zu fackeln«, jedoch belastet es sie, dass sie immer für alles verantwortlich ist und die Kolleg*innen gern Aufgaben auf sie abwälzen. Dann fühlt sie sich ausgenutzt.

Bei ältesten Schwestern, insbesondere mit großem Altersabstand zur nächsten, erleben wir wie bei Martha sehr häufig diese Ambivalenz zwischen einerseits der Freude über die kleine Schwester sowie der Anerkennung, die mit der Rolle »der Großen« verbunden ist. Andererseits leiden sie – häufig auch noch im Erwachsenenalter – unter dem inneren Druck, Verantwortung übernehmen und helfen zu müssen. Vielen Schwestern mit großem Altersabstand fällt es besonders schwer, Rollenzuschreibungen aufzulösen und sich auf Augenhöhe zu begegnen.

Als Symbol für ihren Wunsch, nicht mehr unter dem Verantwortungsgefühl zu leiden und eine bessere und gleichberechtigtere Verbindung zur Schwester zu haben, wählt Martha ein Heftpflaster. Dieses Heftpflaster löst bei ihr über ihr Helferin-Syndrom hinaus noch viele andere Assoziationen aus: Da sind die Wunden, entstanden durch verbalen Schlagabtausch. In den Wörtern Schlagfertigkeit und Schlagabtausch steckt ja auch das Wort Schlag. Vieles hat wehgetan, und immer wurde sofort darüber hinweggegangen – die Verletzungen wurden »verklebt, zugeklebt« und unsichtbar, wie eine Wunde unter einem Heftpflaster. In dem Moment, als ihr bewusst wird, wie passend das Symbol für ihre Gefühle ist, überwältigen sie Schmerz und Traurigkeit: Ja, es tut weh – doch es tut auch gut, dass sie dies jetzt fühlen darf.

In Marthas Familie gab es offenbar – so, wie sie es erlebt hat – keinen Raum, um Gefühle auszudrücken. In vielen Familien liegt eine der Ursachen darin, dass die Eltern der Kriegskindergeneration angehören. In der Nachkriegszeit ging es um Wiederaufbau und Wohlstand – über Verletzungen oder gar Traumata wurde damals nicht gesprochen. Darüber hinaus ist zu bedenken, dass zwischen den Geburten von Martha und Cornelia über ein Jahrzehnt liegt. Cornelia ist in den 1960er-Jahren in eine ganz andere Welt hineingeboren worden als Martha in den 1950ern. Obwohl in derselben Familie aufgewachsen, haben sie folglich unterschiedliche Kindheitserfahrungen gemacht, doch Gefühle auszudrücken, haben beide nicht gelernt. Um ihre Erfahrungen, Gefühle und Verletzungen benennen und sich darüber verständigen zu können, benötigen die beiden eine achtsame und wertschätzende Kommunikation – also etwas ganz anderes als den gewohnten »Schlagabtausch«.

Deshalb bieten wir Martha ein Zwiegespräch an, eine Methode, die du bei der »Bestimmerin« bereits kennengelernt hast und die sich in diesen Fällen besonders bewährt.

In dem »Zwiegespräch«, für das Martha eine Gesprächspartnerin wählt, die selbst eine erheblich jüngere Schwester ist, erlebt sie gleich mehrere Schlüsselerlebnisse. Als Mitteilende war es für sie eine neue Erfahrung, ganz in Ruhe zu Ende sprechen zu können, ohne laut werden zu müssen, ohne vorpreschen, ohne flapsige Sprüche machen zu müssen. Während sie so sprach, wurde sie auch innerlich immer ruhiger. Und sie konnte sogar das Schweigen in den Sprechpausen gut aushalten. Das fühlte sich neu und sehr angenehm an, weil sie spürte, dass sie dabei Zugang zum eigenen Inneren herstellen konnte. Sie konnte ihre Gedanken zu Ende formulieren ohne die Befürchtung, dass von anderer Seite gleich etwas entgegengesetzt würde. Sich nicht rechtfertigen, schlagfertig sein oder die andere von etwas überzeugen zu müssen, nicht sofort bewertet zu werden, sondern stattdessen wertschätzende Akzeptanz zu erfahren – all dies wirkte auf Martha entschleunigend, entlastend und heilsam.

Genauso bereichernd, hob sie hinterher hervor, hatte sie es empfunden, auch als Hinhörende und Lauschende aufzunehmen, wie eine jüngere Schwester ihre Erfahrungen mit der älteren Schwester beschrieb. Diese zugewandte und ehrlich interessierte Haltung von »Ach, so erlebst und empfindest du es«, führte bei ihr zu mehr Wertschätzung und einem tieferen Verständnis und damit zu Mitgefühl – der Schwester, aber auch sich selbst gegenüber. Insbesondere die Selbstsicherheit und Kompetenz dieser »kleinen Schwester« beeindruckten Martha: ihre Fähigkeit, sehr gut zu wissen, was sie braucht, und gut für sich selbst sorgen zu können. Das hatte sie einer Jüngeren nicht zugetraut. Also sind die kleinen Schwestern gar nicht so hilfsbedürftig, wie sie immer gedacht hatte, war ihre Erkenntnis. Martha überlegt, so ein Zwiegespräch mit der eigenen Schwester auch zu versuchen: ruhig, aufmerksam und zugewandt.

Bei der gemeinsamen Analyse der Gesprächssituation konnte sie zudem die Erkenntnis an sich heranlassen, dass auch ihr eigenes Verhalten – das laute Vorpreschen und ihre von anderen als forsch empfundene Energie – womöglich einen Austausch auf Augenhöhe behindert hatte – wahrscheinlich auch außerhalb der Familie. Sie beschließt, in Zukunft sowohl im Freundeskreis als auch unter Kolleg*innen mit mehr Ruhe und Bedacht aufzutreten und abzuwarten, welche Lösungsansätze von den anderen kommen. Sie selbst war es schließlich, die sofort Lösungen parat hatte und die den anderen immer wieder die »große Schwester« angeboten hatte.

Erstaunt erkennt sie nun auch, dass das Heftpflaster ebenso ein Hinweis ist, sich um sich selbst zu kümmern. Es geht um Selbstfürsorge, darum, auch die eigenen Bedürfnisse abzufragen, statt gleich für andere aktiv zu werden. Das Heftpflaster wird ihr zukünftig als Hinweis und Erinnerung dienen, sich selbst eine aufmerksame und liebevolle Kümmerin zu sein.

Einige Monate nach dem Workshop erhalten wir eine Mail von Martha, in der sie von der neuen Kommunikationsform berichtet, die sie mit ihrer Schwester gefunden hat. Wir dürfen aus der Mail zitieren: »… haben wir die Regeln des Zwiegesprächs eingeführt. Jede hat fünf Minuten Zeit, das Wichtigste ohne Unterbrechung zu erzählen. Dann wird geplaudert, aber jede ist dankbar, das Wichtige losgeworden zu sein. Wir können besser ›sein lassen‹ …«

Ein Austausch auf Augenhöhe bewirkt viel. Vielleicht möchtest du es ausprobieren? Wir empfehlen dir, so ein Zwiegespräch erst einmal Menschen vorzuschlagen, mit denen du keine starken Konflikte hast, und es mit ihnen zu erproben. Wie mit allem Neuen, das wir lernen wollen, gilt: Segeln lernen wir nicht auf hoher stürmischer See, sondern zunächst im ruhigen Binnengewässer …

## Impulsfragen

- Ist dir früher schon einmal deutlich geworden, wie stark die Kindheits-Erlebniswelten von dir und deiner erheblich jüngeren bzw. älteren Schwester wahrscheinlich auseinanderliegen?
- Wie sind deine Gesprächsgewohnheiten? Beobachte dich einmal dabei, wie genau du wirklich hinhörst. Achtest du auf das, was die andere sagt, oder bist du schon mit eigenen Themen und Gedanken beschäftigt? Wie schnell ist dein Impuls, etwas zu erwidern, dazwischenzufragen oder Bemerkungen zu machen? Wie gehst du mit Schweigesekunden um?
- Wie erlebst du Menschen, die immer vorpreschen, die Initiative ergreifen und ständig »helfen« wollen? Wie gehst du mit diesem Verhalten um?
- Und wenn du dich darin wiedererkennst oder merkst, dass du zu einem solchen Verhalten neigst – oder vielleicht deine Schwester: Was sind dazu deine Gedanken und Ideen?

### Fallbeispiel: Die Ersatzmutter

Sabine, 58 Jahre, ist neun Jahre älter als ihre kleine Schwester Margot. Während der Schwangerschaft der Mutter freute sie sich sehr auf ihr Geschwisterchen. Als Margot geboren war, sagte ihre Mutter zu ihr: »Nun bist du eine kleine Mutti!« Sabine meint, dass ihre Mutter wahrscheinlich bemüht war, sie dadurch in die neue Familienkonstellation mit einzubeziehen und ihr darüber Anerkennung zu schenken. Sie nahm diesen Auftrag jedoch wörtlich und übernahm nach eigenem Verständnis schnell und gewissenhaft die Verantwortung für ihre kleine Schwester. Sie gewöhnte sich daran, sich für die Bedürfnisse ihrer kleinen Schwester zuständig zu fühlen. Margot hing sehr an ihrer großen Schwester – für sie war Sabine ein Vorbild, zu dem sie aufschaute, die sie bewunderte und auf die sie hörte.

Als Sabine mit zwanzig auszog und in eine andere Stadt ging, war Margot elf Jahre alt und der Auszug »ein mittelschweres Drama« für sie. Sabine hatte ein richtig schlechtes Gewissen, ihre Schwester »allein zu lassen«, und fühlte sich sehr belastet. Doch sie konzentrierte sich zunehmend auf ihr eigenes Leben, und die sehr enge Verbindung zwischen den beiden Schwestern löste sich allmählich.

Später, im Erwachsenenalter, als die Mutter schwer erkrankte, rückten die beiden wieder näher zusammen. Doch im Nachhinein betrachtet, war ihre alte Rolle auch in dieser Situation bereits festgeschrieben, und sie nahm sie wieder wie automatisch ein: Sabine war diejenige, die Entscheidungen bezüglich der Mutter traf und notwendige Maßnahmen in Angriff nahm. Sie fühlte sich verantwortlich und wollte ihre kleine Schwester vor den Belastungen schützen. Sie hat ihr wohl auch nicht so viel zugetraut, denn sie hat Margot als eher unselbstständig empfunden. Prompt hat sie der kleinen Schwester oft Ratschläge gegeben – auch ungefragt. Ihrerseits kann sie sich des Gefühls nicht erwehren, dass Margot sie auf ein Podest stellt und ist deswegen genervt.

Die Beziehung zwischen ihnen hat sich in den letzten Jahren verschlechtert; fast jeder Kontakt ist konfliktbeladen. Ihre Schwester wirft ihr vor, sich ständig in ihre Angelegenheiten einzumischen – dabei will Sabine sie doch nur unterstützen. Sie ist unglücklich und findet ihre Schwester kompliziert. Ihr Wunsch ist es, den Grund für den Konflikt zu verstehen und eine Möglichkeit zu finden, eine Verbindung auf Augenhöhe herzustellen.

Als Symbol wählt Sabine ein Navi: Es symbolisiert für sie das Verantwortungsgefühl, das sie ihrer Schwester gegenüber empfindet. Auch weil sie zu wissen meint, was für die Jüngere richtig sei, und sie ihr in dieser Weise Orientierung gebe.

Hier sehen wir eine ähnliche Dynamik zwischen zwei Schwestern mit erheblichem Altersabstand wie bei Martha: Die ältere lernt die Rolle der »Kümmerin« oder »Ersatzmutter« und findet sich bis ins Erwachsenenalter in dieser Funktion wieder, in einer Rolle, die sie schon ihr Leben lang ungefragt und meistens unbewusst eingenommen hat. Doch einige beginnen zu spüren, dass etwas nicht stimmt. Oft suchen sie die Gründe bei den Schwestern. Ebenso empfinden es die jüngeren: Sie fühlen sich häufig nicht ernst genommen, sehen sich bevormundet und kreiden dies der Schwester an. Gehen sie den Ursachen eines solchen Unbehagens nicht auf den Grund, bleiben die Schwestern in ihren »Kindheits-Schwestern-Ichs« mit ihren gegenseitigen unerfüllten Erwartungen stecken.

Falls es dir auch so geht: Mithilfe verschiedener Methoden können diese unbewussten Rollen an die Oberfläche gebracht werden. Wir beschreiben dir hier, wie Sabine die Arbeit mit einer Stellvertreterin und Symbolen geholfen hat. Und wir laden dich ein – ähnlich wie Sabine – Abschied von alten Rollenzuschreibungen zu nehmen.

## Methode: Abschied von alten Rollenzuschreibungen

Sabine wählt eine Frau aus der Gruppe als Stellvertreterin für ihre Schwester aus und stellt diese in eine für sie passende Position. Um zu veranschaulichen, dass ihre jüngere Schwester sie überhöht wahrnimmt – wie auf einem Podest –, stellt Sabine sich auf einen Stuhl. Von dort kann sie nicht anders, als auf ihre Schwester hinab- oder über sie hinwegzuschauen. Sie empfindet Traurigkeit, weil hier nichts von der Augenhöhe zu spüren ist, die sie sich ja eigentlich wünscht. Ihr wird deutlich, dass nicht nur ihre Schwester sie »erhöht« hat, sondern sie sich selbst auch. Sabine steigt vom Stuhl, verlässt dabei »ihr Podest« und ist erleichtert, denn sie hat herausgefunden, was das Verhältnis zur Schwester schon so lang belastet hat. Sabine beschreibt das so: »Ich war in einer falschen Rolle, ich habe mich weniger wie eine Schwester gefühlt und verhalten, sondern war eher in der Mutterrolle. Das war mir gar nicht bewusst.« Indem sie den Schlüssel zur Lösung des Konflikts mit ihrer Schwester gefunden hat, kann sie sich nun von ihrer alten Rollenzuschreibung verabschieden und sich auf Augenhöhe begeben. Sie gibt das »Mutter-Navi« als Symbol für ihr Verantwortungsgefühl der Stellvertreterschwester zurück und sagt: »Ich weiß, dass du dein Leben sehr gut selbst navigieren kannst!«

Auch von Sabine bekommen wir nach einiger Zeit in einer Mail eine Rückmeldung, dass sie mehr in sich selbst ruhe und die Beziehung zu Margot insgesamt entspannter sei. Ihr selbst gelingt es eher, abzuwarten, sie fühlt sich leichter und gelassener und »muss nicht mehr überall die Mutter sein«. Ihre veränderte Haltung habe automatisch auf die Schwester gewirkt, denn diese sei bei Begegnungen nun auch viel entspannter.[61]

Was können wir daraus lernen? Wenn wir uns bewegen und verändern, bewirkt dies auch Veränderung bei anderen. Solange problematische Rollenzuschreibungen unter Geschwistern unbewusst bleiben, führen sie unweigerlich zu gegenseitigen Erwartungen, Enttäuschungen und Verletzungen. Und wie wir am Beispiel von Sabine sehen konnten, engen diese Festschreibungen wie ein zu klein gewordenes Korsett ein. Die anderen und auch wir selbst reduzieren uns auf bestimmte Muster und Verhaltensweisen, wobei viele Facetten und Qualitäten, die uns außerdem ausmachen, nicht gesehen werden.

Eine große Chance für die Verbesserung deiner Schwesternbeziehung ist es demnach, Rollenzuschreibungen mit ihren Glaubenssätzen und Überzeugungen zu erkennen, sie zu hinterfragen und bestenfalls aufzulösen. Vielleicht unterstützen dich die folgenden Fragen auf deinem Weg.

## Impulsfragen

- Welche Rolle(n) wurde dir innerhalb deiner Schwesternbeziehung zugeschrieben? Oder welche Rolle(n) meintest du übernehmen zu müssen, um in deiner Familie anerkannt und geliebt zu werden?
- Welche Vorteile oder welchen Gewinn konntest du aus dieser/diesen Rolle(n) für dich ziehen? Vielleicht möchtest du diese gern behalten?
- Was kostet dich diese (Selbst-)Zuschreibung? Welche Anteile deines Wesens kannst du dadurch nicht leben?
- Was könntest du gewinnen, wenn du aus dieser Rolle und Festschreibung aussteigst?
- In welcher Rolle siehst du deine Schwester? Was wäre für dich anders, wenn du deine Schwester aus ihrer (alten) Rolle entlässt? Und was wäre dann im Idealfall für deine Schwester und für euch gemeinsam anders?
- Wie könntet ihr stattdessen eure individuellen Fähigkeiten und Ressourcen gemeinsam nutzen und ganz neue Synergien herstellen? In welchen (neuen) Rollen würdest du dich und deine Schwester gerne sehen?

Schreibe, wenn du magst, deine Antworten in dein Schwestern-Lesetagebuch. Vielleicht kannst du dich mit deiner Schwester zu gegebener Zeit darüber austauschen, in welcher Rolle sie sich sieht und in welcher Rolle sie dich sieht?

Im nächsten Kapitel schauen wir nun auf die andere Seite: Es geht jetzt um die Erfahrungen einer jüngsten Schwester mit großem Altersunterschied zur älteren.

## Fallbeispiel: Das Nesthäkchen

Marion, 29 Jahre, ist elf Jahre jünger als ihre Schwester Marianne. Im Kreis der Familie galt sie als »Nesthäkchen« und wurde von den Eltern und der großen Schwester mit Fürsorge überschüttet. Marianne war für sie »die Große, die schon alles wusste und konnte, und ein Vorbild«. Gefühle von Konkurrenz oder Rivalität hat sie nicht gehabt, eher Bewunderung. Nur selten verspürte sie ein wenig Neid, weil ihr Marianne vieles vorlebte, was sie gern selbst gemacht hätte, jedoch noch nicht konnte. Das Neidgefühl wurde in der Pubertät stärker. Ihre Schwester zog mit 22 Jahren in eine Wohngemeinschaft und konzentrierte sich auf das Studium. Marion fühlte sich im Stich gelassen, klein und minderwertig. Sie hatte es bis dahin genossen und viele Vorteile darin gesehen, dass sich alle um sie gekümmert und sich fast alles immer um sie gedreht hatte. Doch nun war dies vorbei, und sie kam sich wie ein »Überbleibsel« vor, wie abgehängt. Sie war kein »Nesthäkchen« mehr und wollte es eigentlich auch nicht mehr sein.

Wenn du eine jüngere Schwester bist, findest du dich bestimmt in Teilen wieder und kennst dies auch, dich manchmal immer noch als Nesthäkchen zu fühlen – und vielleicht sogar auch so zu verhalten? Marion jedenfalls rutscht bei Begegnungen mit ihrer Schwester automatisch in ihre Rolle zurück. Sie fühlt sich unsicher, minderwertig und klein und ist deshalb im Kontakt innerlich sehr verunsichert.

Marion wählt für ihre Schwesternthematik einen Würfel, auf dessen Seiten die Worte Ja, Nein und Jein stehen. Dies symbolisiert für sie die Entscheidungsschwierigkeiten, mit denen sie zu kämpfen hat, weil sie unsicher ist, was von ihr erwartet wird. Um nur ja nichts falsch zu machen, hält sie sich zurück und verschweigt, was sie selbst denkt oder gern fragen würde. Das wiederum verstärkt ihr Gefühl, klein und unfähig zu sein und nicht ernst genommen zu werden.

Marion möchte die zugeschriebenen Rollen, die sie beide immer noch irgendwie einnehmen, untersuchen und hinterfragen. Ihr Wunsch ist es, sich aus ihrer Unsicherheit zu lösen, lockerer zu werden, mehr Klarheit für sich zu finden und sich zeigen zu können.

In solchen Fällen hat es sich bewährt, an die subjektive Gefühls- und Bedürfnislage anzuknüpfen und bewusst den Körper einzusetzen, da er uns klare Signale und Orientierungshilfen gibt. Das kennst du bereits aus der Tetralemma-Übung bei der »Unentschlossenen«. Wir schlagen Marion eine »Embodiment«-Übung vor, die auf der Wechselwirkung zwischen dem Körper, der Körperhaltung und den Gefühlen und Gedanken beruht.

### Methode: Embodiment

Bitte versetze dich einmal in Marions Lage und in ihre Gefühle als Nesthäkchen, unabhängig davon, ob du selbst in dieser Reihenfolge als Schwester zur Welt gekommen bist. Du wirst sehen, diese Methode funktioniert auch dann. Wir laden Marion ein, ihr Gefühl, ein Nesthäkchen zu sein, in einer Körperhaltung auszudrücken: Welche passt zu diesem Gefühl? Was verbindet sie mit dem Wort Nesthäkchen? »Ein Nest«, antwortet Marion und fängt an, mit vielen Decken und Kissen in einer Ecke des Raumes tatsächlich so etwas wie ein Nest zu bauen. Marion legt sich auf die Seite und kauert sich darin fast wie in Embryonalhaltung zusammen. Wir laden sie ein, in dieser Körperhaltung einmal intensiv in sich hineinzuhorchen und zu beobachten, welche Gefühle auftauchen. Und sie beschreibt, dass sie sich zwar in ihrem Nest geschützt fühle, doch auch irgendwie klein, hilflos, unbeweglich – und hinzu kommt, dass sie eigentlich keinen Blick über den Nestrand werfen kann. Sie fühlt sich dort einsam, traurig und zunehmend unwillig. Daher entscheidet sie, dass sie genau dies nicht mehr will, denn es passt nicht zu der Frau, die sie inzwischen ist: 29 Jahre alt, erwachsen und mitten im Leben stehend. Mit Schwung setzt sie sich aufrecht hin. Sofort geht es ihr viel besser – nicht mehr so klein und hilflos.

Im weiteren Gespräch kristallisiert sich heraus, was sie für die Umsetzung ihres Wunsches nach mehr Selbstsicherheit braucht: Klarheit über die eigenen Wünsche, Mut, diese nach außen zu zeigen – und Selbstakzeptanz und Selbstliebe. Diese Erkenntnisse fasst sie nun in Sätze zusammen, mit denen sie sich stärkt. Für mehr Klarheit lautet ihr Satz: »Ich weiß, was ich will und was ich nicht will, und darf mich entscheiden!« Um mehr Mut im Alltag zu entwickeln, sagt sie: »Ich stehe für mich ein!« Durch ihren letzten Satz, den sie zu Selbstakzeptanz und Selbstliebe formuliert, wird sich die Wirkung der ersten beiden noch mächtiger entfalten können: »Ich akzeptiere und liebe mich so, wie ich bin!« Marion hat stärkende Kraftsätze für sich gefunden, die sie für sich aufschreiben, wiederholen und sichtbar aufhängen wird.

Kannst du dir eine für dich herausfordernde Situation mit deiner Schwester vergegenwärtigen? Welche unterstützenden Qualitäten und ermutigende Sätze bräuchtest du, um diese gut bewältigen zu können? Bitte schreibe sie auf und verfolge die Übung weiter.


### Embodiment-Übung

Embodiment (deutsch: Körperlichkeit, Inkarnation) beschreibt die Tatsache, dass es eine Wechselwirkung zwischen Psyche und Körper gibt – und zwar in beide Richtungen.

Inzwischen existieren zahlreiche Untersuchungen aus der Hirnforschung und Kognitionspsychologie, die das Zusammenspiel von Denken, Fühlen und Körpergeschehen bestätigen. Unser Körper – unsere Mimik, Gestik und die gesamte Körperhaltung – reagiert automatisch auf unsere Psyche und unsere Stimmungslage und umgekehrt. Aus diesen Erkenntnissen wurden verschiedene, einfach durchführbare, aber wirksame Embodiment-Übungen entwickelt.[62]

Bei der folgenden Übung nehmen wir gezielt Körperhaltungen ein, die für uns zu den Qualitäten passen, die wir verstärken möchten. Deshalb laden wir Marion und dich ein, zu den gefundenen Begriffen und Kraftsätzen folgende Körperhaltungen auszuprobieren.

**Für mehr Klarheit:** Beim lauten Sprechen des Satzes »Ich weiß, was ich will und was ich nicht will, und darf mich entscheiden!« stellst du dich hin, reckst und streckst dich und machst dich so groß wie möglich. Dieses zu voller Größe aufrichten kennen wir aus dem Tierreich, wo wir es abwertend »Imponiergehabe« nennen. Doch es ist bei Tier und Mensch äußerst wirkungsvoll, denn es bewirkt im Emotionszentrum ein Gefühl von Präsenz, Selbstbewusstsein, Energie und Kraft. Diese wiederum unterstützen uns darin, klarer sehen und entscheiden zu können.

**Um Mut aufzubauen** und zu stärken, wird Marions Satz »Ich stehe für mich ein!« durch folgende Körperhaltung untermauert: Stelle dich breitbeinig hin und spüre den Boden unter den Füßen bewusst, als wolltest du dich »erden«. Beginne nun, breitbeinig zu stampfen, fest und rhythmisch, und tanze so deinen eigenen Haka. Dieser Tanz beruht auf einem Ritual, mit dem neuseeländische Ureinwohner (Maori) früher ihren Mut verstärkt und den Gegner eingeschüchtert haben. Die Körperhaltung und Bewegung signalisiert uns und unserem Innern: Wir sind wirkungsmächtig, wir können mutig unseren Weg gehen.

**Für mehr Selbstliebe:** Der Satz »Ich akzeptiere und liebe mich so, wie ich bin!« lässt sich körperlich gut darstellen und verstärken: Bitte stelle dich wie zuvor aufrecht hin, die Beine fest auf dem Boden, die Wirbelsäule aufgerichtet. Hebe nun den Kopf und trage ihn auf den Schultern erhobenen Hauptes wie eine Königin, die sich ihrer Krone bewusst ist. Halte nun den Daumen hoch in einer Okay-Geste und lege die Arme um den Oberkörper, um dich selbst liebevoll zu umarmen.

Da wir dir hier die Embodiment-Übung erstmals vorstellen, haben wir die Körperhaltungen vorgegeben. Genauso oder sogar noch wirkungsvoller ist es, wenn du eigene, für dich stimmige Körperhaltungen und Gesten entwickelst, passend für deine Sätze – folge dabei deinen Körperimpulsen und deinem Bauchgefühl.

Wie geht es dir – spürst du nach diesem Experiment auch mehr Energie und Power, so wie Marion? Der Zusammenhang von Körperhaltung und Gefühl ist belegt, und doch ist es immer wieder beeindruckend, welche Wirkung solche einfachen Übungen auf uns und unsere Stimmung haben. Versuche einmal zu singen, zu hüpfen oder zu tanzen und dabei gleichzeitig traurig, depressiv oder ärgerlich zu sein! Du kannst also mithilfe deines Körpers bewusst Einfluss auf die eigene Psyche und Stimmungslage nehmen.[63]

Auch Marion kann sich so aus dem Zustand der Unsicherheit lösen, denn Selbstermächtigung durch selbstbewusste Bewegungen bewirken eine andere Energie. Sie fühlt sich nicht mehr hilflos ausgeliefert, sondern sie hat jetzt ein Werkzeug an die Hand bekommen, wie sie sich aus dem unliebsamen Gefühlszustand lösen kann. Sie nimmt sich vor, zukünftig verstärkt auf die eigene Körperhaltung zu achten und regelmäßig Embodiment-Übungen zu machen, zum Beispiel auch vor dem Spiegel, und sie in ihren Alltag einzubauen.

## Der Einfluss großer Altersabstände

Bestehen sehr große Altersabstände zwischen den einzelnen Schwestern, gibt es kaum Gründe für Vergleiche oder direkte Konkurrenz, sodass sie auch nicht zu rivalisieren brauchen. Wir haben beobachtet, dass es eher um andere Themen und Konflikte geht: Bei den sehr viel älteren Schwestern ist es häufig die Übernahme von Zuständigkeiten und Aufgaben. So entwickeln sie eher dominante Rollen, wie etwa die der Anleiterin oder Lehrerin. Wenn es gar Aufgaben und Funktionen einer Ersatzmutter sind, übernehmen sie die Rolle der Eltern und sind damit in einer »vertikalen, hierarchischen« Beziehung. Solche falsch zugewiesenen oder falsch verstandenen Rollen sind nicht gesund. Sie stehen ihnen als Schwester nicht zu, denn Schwestern sollten Schwestern sein und bleiben können.

Gleichzeitig werden viele Älteste aufgrund ihres uneinholbaren Erfahrungsvorsprungs von den Jüngsten glorifiziert und auf ein wie auch immer geartetes Podest gestellt, was zu ganz unterschiedlichen Emotionen führen kann: von Anerkennung und empfundener Stärkung des Selbstwertgefühls bis hin zu Verantwortungslast oder Genervtsein, da sie selbst sich so nicht richtig wahrgenommen fühlen. Bei den Jüngsten entwickelt sich der Eindruck, klein gehalten zu werden, wodurch sie sich selbst immer weniger zutrauen. Oft haben sie mit Gefühlen der Unsicherheit, Unselbstständigkeit und Entscheidungsschwierigkeiten zu kämpfen, insbesondere wenn sie bis ins Erwachsenenalter hinein in der Ältesten ein Vorbild sehen und versuchen, ihr »nachzueifern«.[64]

Dies birgt die Gefahr, dass sie sich – wie Marion – zu sehr an den Prämissen der Älteren orientieren und dabei versäumen, ein Gefühl für die eigene Bedürfnislage oder individuelle Standpunkte und Lebensentwürfe zu entwickeln. Unsere Erfahrung zeigt: Mit einer offenen, transparenten Haltung und Kommunikation gelingt es Schwestern eher, die jeweiligen Rollen und daraus resultierende Erwartungen zu entschlüsseln, sie abzugeben und sich gegenseitig aus neuer Perspektive zu betrachten. Dazu aber ist ein genaues Hinsehen nötig und der Mut, die gegenseitigen Schwächen und Stärken, Ressourcen und Talente anzuerkennen. Es lohnt sich, denn dann können Schwestern voneinander lernen, vom großen Altersunterschied profitieren und sogar »gemeinsam unschlagbar sein«.

Erkennst du dich in einer der beschriebenen Rollen und Dynamiken wieder? Wie gehst du damit um?

## Impulsfragen

- Was kannst du von deiner sehr viel jüngeren oder sehr viel älteren Schwester lernen?
- Was schätzt du an ihr? Und was sind ihre Stärken? Wie kannst du davon profitieren? Wie lässt sie dich an ihrem Wissen teilhaben?
- Und andersherum gefragt: Was sind deine Stärken? Woran möchtest du deine ältere oder jüngere Schwester gern teilhaben lassen?

# Schwestern in Großfamilien

Als Großfamilie bezeichnet man Familien mit drei oder mehr Kindern. Eine Studie aus dem Jahr 2019 belegt, dass Großfamilien mit mehr als drei Kindern in Deutschland sehr selten geworden sind: »Anfang der 1970er-Jahre haben etwa 30 Prozent der Frauen in Deutschland drei oder mehr Kinder zur Welt gebracht. Seitdem ist dieser Anteil nochmals deutlich auf derzeit etwa 16 bis 17 Prozent gesunken. Die Mehrheit dieser Frauen hat drei Kinder, nur 4 Prozent haben vier oder mehr Kinder.«[65]

In einer Familie mit vielen Geschwistern aufzuwachsen, bringt Vor- und Nachteile mit sich, natürlich auch für Schwestern.

### Vorteile von Geschwisterreichtum

In Großfamilien haben die Geschwister immer jemanden zum Spielen, so lernen sie früh, sich zu behaupten, mit anderen auszukommen, zu teilen und Verantwortung füreinander zu übernehmen. Kindern aus Großfamilien sagt man nach, sie seien gute Teamplayer. Sie hätten – im Gegensatz zu Kindern aus Ein- oder Zwei-Kind-Familien – mehr Freiräume, da der Erwartungsdruck und die Aufsicht durch die Eltern auf viele Kinder »verteilt« werden.

Die Qualität der Geschwisterbeziehungen verbessere sich häufig »mit steigender Geschwisterzahl«,[66] und es lässt sich feststellen, dass »jede Schwester die Geschwistergruppe kompromissfähiger« macht. »In reinen Mädchengruppen wird die größte Intimität beobachtet.«[67]

Bleibt diese enge Verbundenheit erhalten, kann sie Schwestern ein Leben lang unterstützen. Denn Geschwister aus Großfamilien werden miteinander alt und können, wenn sie guten

Kontakt zueinander haben, die Herausforderungen des Älterwerdens zusammen meistern. Schwestern mit intakter Beziehung erleben emotional wie praktisch belastende Situationen gemeinsam – und geteiltes Leid ist oft halbes Leid. Mit dem Tod der Eltern wird die Familie kleiner, das »Dach« der Generation über ihnen geht verloren, und Schwestern rücken wieder enger zusammen – oder sehnen sich danach, wenn dies nicht möglich ist. »Im Alter gewinnen emotionaler Beistand und Gemeinschaft wieder an Bedeutung.[68] Diese »Generationen-Solidarität« beinhaltet »eine erhöhte Fähigkeit für Empathie und ein Bewusstsein für die Wichtigkeit geteilter Erfahrungen«.[69] Dies gilt natürlich auch in Familien mit nur zwei oder drei Schwestern, doch je mehr Geschwister, umso wahrscheinlicher ist es, im eigenen Alter nicht allein dazustehen.

### Nachteile von Geschwisterreichtum

Von Nachteil sind oft beengte Wohnverhältnisse und Geldknappheit. Große Wohnungen sind kaum bezahlbar, und die laufenden Kosten sind im Mehrpersonenhaushalt hoch. Hinzu kommt die Frage: Wie können die Eltern allen Kindern gerecht werden? Womöglich kommen individuelle Zuwendung und Förderung zu kurz. Jedes Kind hat seine eigene Persönlichkeit. Nischen und Rollen innerhalb der Familie werden mit jeder Geburt eines Geschwisters knapper. Meistens werden die Großen – in der Regel eher die Schwestern – schon früh beauftragt, sich um die vielen Kleinen zu kümmern. Die Jüngsten müssen häufig die Kleidung der Älteren auftragen und erleben sich hintenangestellt.

Unsere Erfahrungen zeigen, dass es insbesondere für die mittleren Geschwister häufig schwierig ist, eine gute Position innerhalb der Geschwisterreihe zu finden. Die Chancen, sich in Großfamilien ungerecht behandelt, nicht richtig wahrgenommen oder untergebuttert zu fühlen, sind groß, und es kann zu mehr Neid, Konkurrenz und Stress untereinander kommen. All diese Faktoren können sich noch bis ins Alter negativ auswirken.

## Impulsfragen

- Wenn du in einer kinderreichen Familie aufgewachsen bist:
- Welche festgeschriebene(n) Rolle(n) kristallisierte(n) sich innerhalb deiner Familie für dich heraus? Wie hast du dich in deinen Rollen gefühlt?
- Siehst du für dich eher Vor- oder Nachteile, in einer Großfamilie aufgewachsen zu sein? Oder beides?
- Wovon konntest du profitieren? Worunter hast du eher gelitten?
- Und wie ist es heute?
- Wenn du in einer Kleinfamilie groß geworden bist:
- Hättest du gern mehr oder viele Geschwister gehabt? Wenn ja, warum?
- Wenn nein, welche Vorteile siehst du in deiner Familienkonstellation?

### Fallbeispiel: Die Verträumte

Petra, 43 Jahre alt, hat zwei ältere und zwei jüngere Schwestern und wirkt etwas still und zurückhaltend. Sie beschreibt sich selbst als einen eher ruhigen Typ und als Zuhörerin. Sie hat nur wenige Kindheitserinnerungen, da sie sehr viel »verträumt in ihrer eigenen Welt« gelebt habe. Sie liebe alle Schwestern sehr, und doch geht sie, wenn sie Rat und Hilfe benötigt, meistens zu ihrer nächstälteren Schwester.

Petra leidet darunter, sich innerhalb ihrer Schwesternreihe irgendwie ausgeschlossen zu fühlen. Kontakte und Gespräche fänden nur statt, wenn die anderen sich bei ihr meldeten – sie traue sich das nicht, erzählt sie uns. Und deshalb kommuniziert sie immer seltener mit den Schwestern. So geht es ihr auch mit Freund*innen und Bekannten. Als Symbol für ihr »Päckchen« wählt Petra ein Seil. Es steht für eine Grenze und dafür, dass sie »sich von den anderen Schwestern getrennt und nicht richtig dazugehörig fühlt«. Im Grunde wünscht sie sich mehr Kontakt und Verbundenheit, doch sie weiß nicht recht, wie sie das »anstellen« soll und was sie denn »Interessantes« zu erzählen hätte. »Ich kann keinen Small Talk führen«, sagt sie und denkt von sich, sowieso zu vielem nicht fähig zu sein.

Während sie an ihrem Schwestern-Stand arbeitet und sich weitere Symbole überlegt, die für ihre Beziehung zu den Schwestern stehen könnten, schält sich ein – ihr gesamtes Leben prägender – Glaubenssatz über sich heraus: »Ich trau mich nicht.« Sie ist überzeugt, dass dieser Satz für sie gilt und dass sie deshalb gar nicht richtig »aus sich herauskommt«. Tatsächlich tanzt sie sehr gerne, sie ist sehr sportlich und lacht auch viel. Doch das wissen nur wenige über sie, denn: »Ich traue mir nur wenig zu, habe Angst, mich zu blamieren, und höre und schau lieber den anderen zu.«

Als mittlere von fünf Schwestern scheint Petra aus einem offensiven Ringen um einen Platz innerhalb der Familienstruktur ausgestiegen zu sein. Stattdessen hat sie sich in eine eigene innere Welt zurückgezogen und sich aus einem Messen mit den Schwestern herausgehalten. Das war für sie in ihrer kinderreichen und turbulenten Familie – unbewusst – die bestmögliche Strategie, um gut durch ihre Kindheit zu kommen. Allerdings fehlte ihr dadurch die Resonanz der Schwestern, niemand hat sie gelobt oder ihr Handeln kommentiert. Einige Fragen in ihr sind unbeantwortet geblieben: Was kann ich gut? Wo liegen meine Stärken und wo meine Grenzen? Was macht mich aus? Da sie sich nicht ausgetestet hat, fehlen ihr die Bestätigung von außen und Erfahrungen ihrer Selbstwirksamkeit, sodass sie nur ein geringes Selbstwertgefühl entwickeln konnte. Nicht nur in Großfamilien, sondern auch in anderen Familien- und Schwesternkonstellationen können Kinder Bedingungen vorfinden, die hinderlich sind, ein gesundes Selbstbewusstsein aufzubauen.

Lebst du im Frieden mit dir und deinem Selbstwert? Wenn nicht, stecken in den meisten Fällen Glaubenssätze dahinter, die du über dich entwickelt hast.

Welche Erfahrungen, Überzeugungen oder Glaubenssätze begleiten dich schon dein Leben lang?

### Methode: Aufdeckung von Ressourcen

Wir laden Petra ein, ein Symbol für diesen Glaubenssatz »Ich trau mich nicht« auszusuchen, und sie wählt ganz spontan eine Matroschka, weil die russische Holzpuppe auf sie steif, plump und unbeweglich wirkt. Auf Nachfrage kann sie nicht genau erklären, warum sie diese Puppe ausgesucht hat, und ergänzt: »Da ist ja noch ganz viel drinnen.«

Wir erwidern, dass ihr Unbewusstes offenbar einen Gegenstand mit vielen Inhalten gewählt habe. Wir wecken ihre Neugier auf das, was sich denn wirklich darin verbirgt, und verbinden dies mit der Frage, was sie persönlich vielleicht doch gut kann, sich nur nicht zutraut und es deshalb in ihrem Inneren verborgen ist.

Bei jedem Auspacken der nächst kleineren Puppe beschreibt Petra nun, was sie kann. »Ich bin eigentlich recht sportlich und tanze gern und kann eigentlich gut Witze erzählen«, sagt sie. »Ich kann sehr leckeren Kuchen backen« und »Ich kann gut zuhören und Ruhe ausstrahlen«.

Nun stehen auf ihrem Schwestern-Stand die vielen Holzpuppen als Symbole ihrer vielfältigen Fähigkeiten aufgereiht da, und Petras Unsicherheit, Zurückhaltung und mangelndes Selbstbewusstsein verringern sich merklich. Sie nimmt jetzt Gefühle der Freude und Stärke wahr, berichtet sie. Um die selbst stärkenden, aufbauenden und energetisierenden Sätze nicht wieder zu vergessen, notiert sich Petra jede Aussage jeweils auf einer Karteikarte. Zudem schreibt jede Teilnehmerin ihr auf, welche Qualität sie in Petra sieht, auf die sie in Zukunft als Ressource zurückgreifen kann.

Petra erlebt in dem beschriebenen Prozess, in welcher Weise ihr verinnerlichter Glaubenssatz »Ich trau mich nicht« ihr selbst im Wege stand, sie schwächte und sie – durch das Seil symbolisiert – von sich selbst, von ihren Schwestern und auch von anderen Menschen trennte. Durch das »Entpuppen« der eigenen Stärken, versinnbildlicht durch die Matroschka, gelingt es ihr nun, Kontakt zu den eigenen Fähigkeiten und ihrer inneren Fülle herzustellen. Zur Freude aller wirkte sich dies tatsächlich schon während des Wochenendworkshops schrittweise aus: Petra zeigt sich zunehmend beteiligt, lebendig, fröhlich und fühlt sich den anderen Frauen in der Gruppe verbunden. So gibt sie am Ende des Workshops dem Seil – ursprünglich für sie ein Symbol von Trennung – eine völlig entgegengesetzte Bedeutung: Von nun an ist das Seil für sie ein Symbol für »Kontakte knüpfen«.

Welche positiven, dich stärkenden Sätze möchtest du für dich entwickeln und kultivieren? Solche Sätze zu finden ist eine gute Übung, die wir hier beschreiben.

### Übung: Stärkung des Selbstbewusstseins

Schreibe dir drei bis fünf stärkende Sätze in dein Schwestern-Lesetagebuch oder auf große Blätter. Wenn dir eher deine Glaubenssätze in den Sinn kommen, die dich einschränken und belasten, dann könntest du zunächst auch die Übung »Wie du Glaubenssätze entlarven kannst« im Fallbeispiel »Die Entthronte« durchführen, soweit du sie nicht bereits gemacht hast.

Ziel ist es, stärkende Sätze für dich wie beispielsweise diese zu finden:

»Ich mache alles so gut, wie ich kann.«

»Ich bin okay, so wie ich bin.«

»Ich darf experimentieren, mich ausprobieren und dabei Fehler machen.«

Vielleicht kommen mit der Zeit neue Sätze hinzu? Oder lass dir von lieben Freund*innen erzählen, was sie an dir mögen und schätzen!

Bitte hänge die für dich wichtigsten Sätze sichtbar an einem Ort auf, an dem du täglich mehrmals vorbeikommst, oder lege dir dein Schwestern-Lesetagebuch auf den Nachttisch! Eine andere Idee: Du kannst diese Sätze auch ins Handy sprechen und aufnehmen, damit du sie dir jederzeit anhören kannst.

### Fallbeispiel: Die stille Zurückgezogene

Feli, 39 Jahre alt, ist die drittgeborene von insgesamt vier Geschwistern: Ihre große Schwester Lisa ist sechs Jahre und ihr Bruder drei Jahre älter, ihre kleine Schwester ist vier Jahre jünger als sie.

Bis ihre kleine Schwester auf die Welt kam, hatte Feli die Nische des kleinen Mäuschens, um das sich die Großen kümmerten. »Das war dann schlagartig vorbei«, schildert sie uns. Sie kann sich noch gut daran erinnern, dass sie Angst hatte, in der Familie nun keine Rolle mehr zu spielen, und oft hatte sie Albträume, in denen sie irgendwo in der Fremde vergessen wurde. Ihre große Schwester Lisa war bereits zehn Jahre alt, als die Jüngste geboren wurde, und die Rolle der Dominanten wurde von ihr besetzt. Der Bruder hatte eine Sonderstellung als Junge, mit ihm konnte sie eh nicht konkurrieren. Daher zog sie sich ihrem Temperament entsprechend »still in eine Ecke zurück«.

Als junge Erwachsene fehlte ihr das Verbundenheitsgefühl

zu den Geschwistern. Insbesondere der Kontakt zu ihrer sechs Jahre älteren Schwester Lisa war zunehmend von Spannungen belastet. Sie hat den Eindruck, von der ältesten Schwester in Gänze abgelehnt zu werden. Im Kontakt mit ihr fühlt sie sich verunsichert und stellt sich oft selbst infrage.

Als Symbol für ihr »Päckchen« wählt Feli eine Schildkröte: Sie findet, dass diese traurig aussieht und einen dicken Panzer mit sich herumschleppt – so fühle sie sich auch. Traurig ist sie, weil sie sich abgelehnt fühlt und anscheinend nicht so sein darf, wie sie ist. Um sich vor »Lisas harscher Abgrenzung und manchmal sogar Feindseligkeit« zu schützen, habe sie sich einen Panzer zugelegt.

Nach zehn Jahren der Entfremdung und Trennung erwartet sie eigentlich nichts mehr von ihrer Schwester, andererseits kann sie nicht wirklich Frieden mit diesem Zustand machen und möchte herausfinden, ob und wie die Beziehung zu Lisa noch zu retten wäre. Muss sie am Ende lernen, mit dieser empfundenen Ablehnung und ihrer Traurigkeit darüber umzugehen?

In Felis Prozess an ihrem Schwestern-Stand lassen die gewählten Symbole erkennen, dass sie sehr an ihren Selbstzweifeln leidet. Ihre große Schwester ist ebenso leistungsorientiert wie schon die Eltern. Feli hat die Stimme der älteren Schwester im Ohr, die ständig vergleicht, wer von ihnen beiden es schwerer hatte und hat: Aus ihrer Sicht hat Feli sich einfach »ins gemachte Nest gesetzt«, während sie als die Älteste alles hatte durchboxen müssen. Aktuell betont sie auch noch, sie trage die ganze Last für die inzwischen pflegebedürftige Mutter. Feli grübelt viel darüber nach, was sie vielleicht falsch gemacht oder versäumt hat. Sie grämt sich und zieht sich traurig unter ihren Panzer zurück.

Wenn wir uns bedroht oder infrage gestellt fühlen – so wie Feli von ihrer Schwester – stehen uns instinktiv drei Möglichkeiten zur Verfügung: angreifen (Kampf), fliehen (Kontaktabbruch) oder »sich tot stellen«, in eine Art Schockstarre fallen und sich dadurch unsichtbar machen. Felis bestmögliche Re-Aktion auf die Anschuldigungen und Vorwürfe, mit denen die Schwester sie konfrontiert, entspricht der dritten Möglichkeit: Sie legte sich einen Schutzpanzer zu.

Wie sieht dein übliches Verhaltensmuster aus? Wie reagierst du, wenn du dich – in welcher Weise auch immer – bedroht fühlst und (unbewusst) »auf Autopilot schaltest«? Grundsätzlich war und ist es gut, dass uns diese Reaktionsmuster zur Verfügung stehen, schließlich waren sie für uns Menschen im Laufe der Evolution überlebenswichtig. Doch heute stehen wir in der Regel nicht vor einer wirklich lebensbedrohlichen Situation – und unsere Schwestern sind keine Säbelzahntiger. Und je bewusster wir uns das machen, desto eher spüren wir, dass diese Reaktionen nur selten befriedigend sind. Das kennst du sicherlich auch, oder? Auch Feli möchte unbedingt etwas an ihrer reflexhaften Verhaltensweise ihrer Schwester gegenüber ändern.

Zum Glück können wir unsere Reaktionen beeinflussen, denn »zwischen Reiz und Reaktion liegt ein Raum. In diesem Raum liegt unsere Macht zur Wahl unserer Reaktion. In unserer Reaktion liegen unsere Entwicklung und unsere Freiheit.«[70] Eine Möglichkeit, diesen Raum zwischen Reiz und Reaktion zu nutzen und zu schulen, stellt achtsames Innehalten dar und einen Perspektivenwechsel vorzunehmen.


### Methode: In die Schuhe der Schwester schlüpfen

Wir schlagen Feli ein Experiment vor, das wir »In die Schuhe der Schwester schlüpfen« nennen. Die Idee stammt von einer Weisheit aus der Tradition der Ureinwohner Nordamerikas: »Urteile nie über einen anderen, bevor du nicht einen Mond lang in seinen Mokassins gegangen bist.«[71] Zudem ist das »in die Person/Identifikation einer anderen wechseln« eine Interventionsmethode in der Gestalttherapie, an die wir hier anknüpfen.

Als ersten Schritt sucht sich Feli anstelle der Schuhe der Schwester ein Kissen und legt es in einem für sie passenden Abstand vor sich hin. Nun beschreibt sie »ihrer Schwester Lisa«, wie sie sich ihr gegenüber fühlt: wie klein und verunsichert. Dass sie sich von ihr angefeindet fühlt und dass ihre eigenen Leistungen nicht anerkannt werden. Aber auch wie traurig sie ist, weil der Kontakt gestört ist.

Im zweiten Schritt wechselt Feli den Blickwinkel. Sie setzt sich auf das Kissen, das hier die Position der Schwester symbolisiert, und nimmt so deren Haltung ein. Sie fühlt sich ein in die Rolle der Ältesten und sagt das auch einmal laut, um es sich bewusst zu machen: »Ich bin jetzt Lisa, 45 Jahre alt, und mit Feli geht es mir so (...)«

Auch hier kommt Feli in einen emotionalen Redefluss und erzählt aus der Perspektive ihrer Schwester deren Sicht und Gefühlslage, sie steht nun imaginär in den Schuhen ihrer Schwester.

Anschließend schüttelt und klopft sich Feli ab, um wieder aus dieser Identifikationshaltung herauszukommen.

Im dritten Schritt nimmt sie die Perspektive einer neutralen, erwachsenen Beobachterin ein und betrachtet beide Positionen oder Wahrnehmungen von außen – rational und analytisch. Hierbei wird ihr deutlich, dass beide – sie und Lisa – ein Recht auf ihre jeweilige Wahrnehmung haben und dass es nicht um richtig oder falsch geht. Sie müssen nicht um die eine richtige Sichtweise kämpfen.

Nachdem Feli alle drei Schritte vollzogen hat, schildert sie uns, dass sich ihr Panzer etwas löst und sie sich versöhnlicher fühlt mit Lisa, aber auch sich selbst gegenüber. Sie kann deutlicher und urteilsfreier wahrnehmen, wie verschieden sie beide sind, und diese Unterschiedlichkeiten nun viel besser akzeptieren. Sie sieht und erkennt jetzt auch an, was Lisa für ihre Mutter alles tut. Über diese Wandlung der eigenen Sichtweise ist sie selbst überrascht und beschließt mutig, sich aus ihrer Zurückgezogenheit zu lösen und die Schwester anzurufen. In dem Gespräch möchte sie ihr erklären, was sie erkannt hat und dass ihr die Beziehung zu ihr sehr wichtig ist.

Einige Wochen später erhalten wir diese Mail von ihr: »Mit dem neu gewonnenen Mut habe ich meine Schwester angerufen und ihr gesagt, dass ich über gemachte Fehler noch mal nachgedacht habe und mich nun besser in sie reinversetzen konnte. Ich konnte ihr sagen, wie leid mir das tut, durch was sie da durchmusste. Und dass es mir doch sehr wichtig ist, wie sie zu mir steht. Dann konnte ich sie sogar noch fragen, wie es ihr damit geht. Und sie sagte, sie säße auf ihrem Sofa und wäre ganz froh! Ist das nicht schön? Sie fragte dann, auf was für einem tollen Seminar ich gewesen wäre und ob wir das nicht mal zusammen machen könnten. Das hat mich riesig gefreut!«

Für den Fall, dass du dich von deiner Schwester oft kritisiert oder angegriffen fühlst, möchten wir dir hier eine weitere Möglichkeit vorstellen, wie du damit besser umgehen kannst.

### Übung: Umgang mit Kritik

Weil wir alle ein Grundbedürfnis nach Akzeptanz und Anerkennung haben, fällt es vielen von uns schwer, Kritik anzunehmen. Uns gelingt es dann nicht, kritische Äußerungen zu unserem Verhalten von genereller Kritik an unserer Persönlichkeit zu unterscheiden. Dann erleben wir die Kritik als Angriff auf unsere ganze Person und starten womöglich aus einer Rechtfertigungshaltung heraus zum Gegenangriff oder ziehen uns wie Feli zurück.

Wenn es uns gelingt, gar nicht erst in die Defensive zu gehen, sondern wie Feli von außen auf das Schwesterverhältnis zu schauen, sind wir entspannter, und es eröffnen sich uns neue

Handlungsmöglichkeiten. Wie wäre es für dich, Kritik einmal als Geschenk oder zumindest als freundlichen Hinweis zu betrachten: Die andere sieht in diesem Moment etwas in mir, dessen ich mir selbst (noch) nicht bewusst bin!

Oder umgekehrt: Versuche die Kritik, die du selbst an deiner Schwester übst, daraufhin zu hinterfragen, ob du eventuell etwas bei dir selbst gerade nicht siehst. »Wer auf andere mit ausgestrecktem Zeigefinger zeigt, der deutet mit drei Fingern seiner Hand auf sich selbst«, sagte schon Gustav Heinemann.

Wir zeigen dir hier drei Möglichkeiten, mit Feedback oder Kritik konstruktiv umzugehen, wobei du zunächst prüfen solltest, ob du den Inhalt der Kritik, also die Botschaft, die dir übermittelt wurde, richtig verstanden hast:

- »Ja, danke für deinen Hinweis – ich nehme ihn an.« Dieser Satz passt, wenn du die Kritik akzeptieren kannst. Vielleicht bist du durch das Feedback sogar hellhörig geworden und möchtest etwas daraus lernen? Dann ist es gut nachzufragen. Daraus kann sich ein für beide Seiten hilfreiches, konstruktives Gespräch entwickeln wie beim Zwiegespräch. Ist das nicht ein Geschenk?
- »Danke. Nein, so kann ich deine Kritik (jetzt) nicht annehmen.« Wir müssen nicht jede Art von Kritikäußerung an uns heranlassen, zum Beispiel wenn sie laut oder in unangemessener Weise geäußert wird oder Verallgemeinerungen wie »immer, ständig oder nie« dabei benutzt werden. Oder ebenso nicht, wenn wir gerade aus zeitlichen oder emotionalen Gründen nicht bereit oder in der Lage dazu sind.
- »Vielleicht.« Bei dieser kurzen Antwort haben wir in diesem Moment noch kein Ja oder Nein zu dem geäußerten Kritikpunkt. Wir könnten hier auch sagen: »Danke, ich habe deine Kritik gehört und denke darüber nach.«, denn wir können nicht sofort etwas dazu sagen und brauchen Bedenkzeit.

## Impulsfragen

- Was wäre, wenn du einmal in die Schuhe deiner Schwester schlüpfen würdest? Probiere es einmal aus. Was glaubst du, wie nimmt sie eure Beziehung wahr? Darf sie etwas anderes wahrnehmen und erleben als du?
- In einer kinderreichen Familie gibt es ganz viele Schuhpaare – da könnte auch schon einmal das eine oder andere übersehen worden sein. Wie wäre es für dich, nacheinander in alle hineinzuschlüpfen? Ist dir bewusst, wie viele unterschiedliche Ansichten es von eurer Familiendynamik und damit auch von euren verschiedenen Schwestern-Dynamiken gibt?
- Habt ihr (alle) euch schon einmal über eure individuellen Erinnerungen, Familienbilder und Dynamiken ausgetauscht?


### Fallbeispiel: Die Verantwortliche

Hilde, 68 Jahre alt, wuchs als Älteste mit ihren vier Schwestern und zwei Brüdern, die alle im Abstand von zwei bis drei Jahren zur Welt kamen, in einem ländlichen Gebiet in Süddeutschland auf. Die Familie musste auf jeden Pfennig achten, und Hilde erinnert sich, dass sie sich häufig und für sie viel zu früh von Spielzeugen trennen und diese an die jüngeren Geschwister weitergeben musste. Hilde bekam bald Verantwortung für ihre Geschwister übertragen und hatte sich besonders um die Kleinste zu kümmern. Zum Teil hat sie es genossen, so etwas wie eine Mutter für die kleinen Geschwister zu sein, denn sie bekam dadurch viel Anerkennung und Bestätigung. Und doch fühlte sie sich nicht mehr so frei wie vorher. Zu schnell war es für alle eine Selbstverständlichkeit, dass sie zuständig und die Verantwortliche war und vieles zu regeln hatte. Der Druck auf sie wuchs, insbesondere, als ihr kleinster Bruder auf die Welt kam, als sie 16 Jahre alt war. Während ihre Freundinnen sich oft trafen und anfingen auszugehen und von ihren ersten Jungenbekanntschaften zu erzählen, musste sie zu Hause bleiben, auf die Geschwister aufpassen und viele Aufgaben im Haushalt übernehmen.

Heute noch fühlt sich Hilde unter ständigem Druck und schnell für alles verantwortlich – nicht nur dann, wenn es um ihre Geschwister geht.

Als Symbol für ihr »Päckchen« wählt sie einen kleinen Liegestuhl. Mit ihm verbindet sie Ruhe: Am liebsten würde sie ihre Verantwortungslast und ihre Sorgen, die sie sich ständig um alle(s) macht, loswerden. Sie möchte endlich zur Ruhe kommen und erfahren, wie es ist, die eigenen Bedürfnisse und Grenzen wahrzunehmen und für diese einzustehen, statt automatisch die Wünsche und Erwartungen der anderen zu erfüllen. Auch mal Nein sagen zu können, erscheint ihr hierfür wichtig, aber auch sehr schwierig. Sie befürchtet, sie könne dann womöglich überflüssig werden oder als egoistisch gelten. Bei ihren Geschwistern könne es auf Ablehnung stoßen, wenn sie deren Wünsche nicht mehr so selbstverständlich erfüllt, beschreibt sie ihre Ängste.

In den Workshop-Pausen zeigt sich, dass Hilde sich um die Verpflegung der Gruppe kümmert, als sei sie zuständig. Sie springt auf, um etwas zu holen, wenn sie meint, es fehle, oder ergreift gerne als Erste das Wort. Als wir sie darauf aufmerksam machen, bestätigt sie, dass sie hierbei in ihr altes Muster zurückfällt und dann »wie auf Knopfdruck« funktioniert. Ihre Geschwister – und offenbar auch andere Menschen in ihrem Umfeld – haben sich an diese Rollen- und Aufgabenverteilung gewöhnt, und es ist für sie so ja durchaus bequem: »Hilde macht das schon.« Nachdenklich stellt sie fest, dass sie auf diese Art den anderen gar keine Chance lässt, selbst die Dinge in die Hand zu nehmen.

## Impulsfragen

- Wie war es bei dir – welche Rolle hast du – als älteste von mehreren Geschwistern – übernommen?
- Kannst du dich an Aufgaben und Aufträge von deinen Eltern erinnern, wie zum Beispiel: »Du bist schon groß und kannst jetzt helfen, auf die Kleinen aufzupassen!«
- Oder waren es eher subtile Botschaften, aus denen dann Glaubenssätze entstanden, wie etwa: »Wenn ich Mama nicht helfe, hat sie mich nicht mehr lieb.«
- Übernimmst du dieses Rollenmuster bis heute häufig und auch in anderen Beziehungen?
- Und wenn du die Jüngere bist und erlebt hast, dass deine ältere Schwester viele Aufgaben und Verantwortung übernehmen musste, wie war und ist dies für dich? War es angenehm für dich, hast du es vielleicht für dich genutzt oder wolltest du ihr lieber helfen?

Wie wäre es, einmal etwas ganz Neues auszuprobieren – so wie Hilde? Eine Frage, die sich an alle Schwestern richtet, egal, in welcher Familienkonstellation.

### Methode: Szenisch-dialogisches Experiment

Wir schlagen Hilde als Experiment vor, einmal auszuprobieren, sich symbolisch in einen Liegestuhl – das war ja ihr Symbol – zu legen und nichts tun zu müssen. Sie bräuchte sich dort nicht um andere zu kümmern oder sich Sorgen um sie zu machen, sondern könnte einfach nur daliegen, einfach so. Und sie könnte schauen, was dann wohl geschieht – oder auch nicht geschieht. Im Workshop übernehmen fünf andere Frauen aus der Gruppe die Rollen der Geschwister. Wenn du es einmal selbst nachstellen möchtest für dich, dann lade dazu Freundinnen ein, eine bis zwei reichen für dieses Experiment bereits. Oder traut ihr Schwestern es euch schon gemeinsam zu?

Aus Kissen und Decken, die die Teilnehmerinnen in ihrer Rolle als Geschwister für sie zusammensammeln, baut sich Hilde in einer Ecke des Raumes einen gemütlichen Platz – ihren Liegestuhl. Erst als wir sie darauf hinweisen, wird ihr klar, dass sie gar nicht wahrgenommen hat, mit welchem Eifer ihre »Schwestern« hier gerade dafür sorgen, dass sie es sich bequem machen kann. Jetzt gelingt es ihr, dieses Umsorgtwerden anzunehmen und sogar zu genießen.

Wir gönnen ihr diesen ruhigen Moment. Dann bitten wir die Teilnehmerinnen, sie provokativ um verschiedene Gefälligkeiten zu bitten, als wären sie Hildes Geschwister. Hildes Aufgabe – und das ist durchaus eine Herausforderung für sie – ist es, »Nein!« zu sagen und die Wünsche abzuschlagen. Eine der stellvertretenden Schwestern fragt sie, ob sie ihr ein aktuelles Problem erzählen und sie um Rat bitten könne. Hilde atmet tief durch, schluckt und sagt dann: »Nein, jetzt nicht.« Eine andere jammert, sie habe so starke Bauchschmerzen und Hilde wisse doch immer, was hilft. »Ja«, sagt Hilde, »am besten du ...«, doch bevor sie zu Ende sprechen kann, flüstern alle »Achtung!« und schütteln den Kopf. Hilde grinst, sagt »Nein!« und lehnt sich zurück. Es folgen noch einige Herausforderungen, doch Hilde wird immer sicherer in ihrem Liegestuhl und lacht sich zwischendurch regelrecht kaputt. Eine andere bietet ihr nun an, ihr einen Kaffee zu bringen. »O ja, danke!«, antwortet sie – allerdings sieht man ihr die gemischten Gefühle an, so schwer fällt es ihr, etwas ohne Gegenleistung anzunehmen. Das ist sie nicht gewohnt.

Alle Beteiligten haben etwas aus dieser Übung gelernt. So gaben die Geschwister-Stellvertreterinnen Hilde die Rückmeldung, dass sie sich sehr gut vorstellen können, wie sehr Hildes Rollenzuschreibung als »Verantwortliche« bisher als selbstverständlich angesehen wurde und wie angenehm und bequem es für die Geschwister gewesen sein müsse, Hilde »machen zu lassen«. Anderseits aber haben sie in ihren Identifikationen als jüngere Geschwister etwas gespürt, was Hilde aufhorchen lässt: Einmal die große Schwester ausgiebig verwöhnen zu können und sich dabei als nützlich und wichtig empfunden zu haben, hat ihnen riesige Freude gemacht. Alle bestätigen diese neue gemeinsame Erfahrung von Ebenbürtigkeit – insbesondere für Hilde eine sehr wichtige Rückmeldung.

Hildes Befürchtung hat sich nicht bewahrheitet: Sie fühlte sich keineswegs überflüssig oder nutzlos. Allerdings wird sie aufpassen müssen: Gerade im Alltag ist die Gefahr groß, in das alte Muster zurückzufallen. Sie wünscht sich sehr, dass sie in der Lage sein wird, das Gelernte in ihr Leben zu übernehmen – auf lange Sicht. Sie hat in diesem szenisch-dialogischen Experiment ihren lang gehegten Wunsch »einfach nur im Liegestuhl zu liegen, nichts zu tun und zur Ruhe zu kommen« erstmals in die Tat umgesetzt. Dadurch hat Hilde erlebt, was passieren kann und wie es ihr damit geht, sie hat es also auch körperlich und emotional abgespeichert. Ein solches Probehandeln in Verbindung mit einem körperlichen Erleben bewirkt ein tiefes Verankern im eigenen Erinnerungssystem. Damit Hilde sich diese Erfahrung immer wieder vergegenwärtigen kann, bekommt sie ein Foto mit auf den Weg, auf dem sie selbst zu sehen ist, wie sie in ihrem »Liegestuhl« liegt und von den »Schwestern« umsorgt wird.


### Übung: Verhaltensmuster ändern

Bei dieser Übung geht es darum, deine alten Rollen- und Verhaltensweisen zu überdenken. Hierzu versuche bitte zunächst deine bisher gelebten Muster in vertrauensvollen Beziehungen aufzulockern; damit sind Beziehungen gemeint, in denen du nicht so verletzbar und dünnhäutig bist wie in denen zu deinen Geschwistern. Wenn wir festgefahrene Verhaltens- bzw. Reaktionsmuster ändern, bringt dies meist viel Bewegung in ein System. Deshalb ist es besser, ein neues Verhalten zunächst in sicheren Beziehungen zu üben.

Nehmen wir als Beispiel an, du bist meistens diejenige, die innerhalb deines Freundeskreises die Organisation für eure Treffen übernimmt. Berichte deinen Freundinnen, dass du erkannt hast, dich immer für alles verantwortlich zu fühlen. Du möchtest deshalb ab jetzt üben, dich zurückzunehmen, und darauf vertrauen, dass die anderen das genauso gut können. Bitte um ihre Unterstützung und darum, dass sie dich daran erinnern sollen, wenn du doch wieder vorpreschst und Organisatorisches und andere Aufgaben an dich reißt. Schau mal, was passiert: Wie häufig fällst du vielleicht doch noch in die Falle deiner alten Rollenmuster? Welche Erfahrungen machst du, wenn du ein anderes Verhalten zeigst? Und wie reagieren die anderen darauf?

### Schwestern-Dynamiken in Großfamilien

Die Fallbeispiele machen deutlich, dass es den Ältesten in Großfamilien häufig ähnlich geht wie den ältesten Schwestern mit großen Altersabständen zu den Jüngeren: Ihnen wird früh Verantwortung aufgebürdet, häufig verbunden mit der Bitte, sich um die Jüngeren zu kümmern – oder sie übernehmen diese Verpflichtung unbewusst. Und sie haben nicht nur eine Schwester, sondern vielleicht mehrere sowie noch Brüder zum Aufpassen und Umsorgen. Es liegt nahe, dass es für die Ältesten in kinderreichen Familien in der Tat schwieriger sein kann, von dieser Position zu profitieren. Bei Hilde haben wir beispielsweise gesehen, dass es im Erwachsenenalter für sie – und alle Geschwister – heilsam war, die in der Kindheit übernommenen Rollen, Aufgaben und Erwartungen zu überdenken und bestenfalls aufzulösen.

Bei den mittleren Kindern in Großfamilien sind das Gefühl,

nicht gesehen und (zu) wenig beachtet zu werden und die daraus resultierenden Selbstwertprobleme ein häufiges Thema. Doch ein angeschlagenes Selbstbewusstsein kann später durch das Offenlegen eigener, bisher verdeckter Qualitäten und Ressourcen sowie durch die Umwandlung von energieraubenden in energiegebende Glaubenssätze gestärkt werden.

Zahlreiche jüngste Schwestern in kinderreichen Familien berichten, ihre Kindheit überwiegend genossen zu haben, da sie von den älteren Geschwistern viel Aufmerksamkeit erhalten haben und immer jemand für sie da war. Erlebten einige, dass sie hintanstanden und beispielsweise meist das Spielzeug oder die Kleidung der Großen vererbt bekamen, fühlten sie sich allerdings auch benachteiligt. Das Gefühl, zwar umsorgt, aber nicht richtig in ihrer gesamten Persönlichkeit gesehen, gehört und ernst genommen worden zu sein, zählt ebenso zu einer verbreiteten Erfahrung von Jüngsten in Großfamilien. Es ist ein Thema, das sich bis weit ins Erwachsenenalter fortsetzen kann: dieses Erleben, von den älteren Geschwistern weiterhin als die Kleinste betrachtet und behandelt zu werden.

Wenn du das kennst und für dich etwas daran ändern möchtest, gilt es, dich zunächst mit den eigenen Kompetenzen und inneren Reichtümern selbst anzuerkennen, ernst zu nehmen und dich damit sichtbar zu machen. Warte nicht darauf, dass die anderen etwas an ihrem Verhalten ändern, du selbst kannst durch dein gestärktes Selbstwertgefühl und daraufhin sichereres Auftreten hier große Änderungen bewirken.

Im nächsten Kapitel widmen wir uns nach den eben untersuchten seltener gewordenen Großfamilien nun einem immer häufiger vorkommenden Familienmodell, den Patchworkfamilien. Sehr oft sind diese gleichzeitig Familien mit vielen Schwestern und Brüdern – allerdings handelt es sich hier auch um Halb- und Stiefgeschwister.

# Schwestern in Patchworkfamilien

Der Begriff der Patchworkfamilie (patch = Flicken) leitet sich von der uns allen bekannten Patchworkdecke bzw. dem Flickenteppich ab und bezeichnet anschaulich die vielfältige Neuordnung von Menschen aus bisherigen Ursprungsfamilien in einer neu zusammengesetzten. Dieses Familienmodell ist nicht neu: Früher hieß es Stieffamilie, allerdings war der Grund damals meistens die Verwitwung eines Elternteils. Mit zunehmender Anzahl an Trennungen und Scheidungen nahm und nimmt die Zahl der Patchworkfamilien zu, und es entstehen familiäre Konstellationen in unterschiedlichsten Varianten.[72]

Eltern wie Kinder von Patchworkfamilien stehen vor großen Herausforderungen, denn sie müssen gemeinsam Regeln definieren, neue Gewohnheiten etablieren und passende Umgangsformen finden. Beide neuen Elternteile haben sich bewusst für ein Zusammenleben entschieden. Die Kinder hingegen haben es sich so meistens nicht ausgesucht und müssen sich damit zurechtfinden und arrangieren.[73] Für sie sind der neue Elternteil und deren mitgebrachte, leibliche Kinder – soziale Geschwister oder auch Stiefgeschwister genannt – zunächst völlig fremd. Wird oder werden in die Patchworkfamilie ein oder mehrere gemeinsame Kinder geboren, sprechen wir von Halbgeschwistern, sie teilen die Mutter oder den Vater.

Je jünger die Kinder bei der Entstehung des neuen Familiensystems sind und je länger sie zusammen aufwachsen, desto intensiver ist das Erleben der Stief- bzw. Halbgeschwister miteinander und die Chance eines Zusammenwachsens. Gleichzeitig wächst der Einfluss der Geschwister auf die Entwicklung der eigenen Persönlichkeit.

Im Laufe der letzten zehn Jahre fiel uns in unseren Work-

shops auf, dass immer häufiger Schwestern aus Patchworkfamilien teilnahmen. Bei vielen von ihnen beobachten wir eine
Irritation und Ambivalenz gegenüber den nicht leiblichen
Schwestern und ihrer Gefühle ihnen gegenüber. Oft waren dies
Schuldgefühle gegenüber ihren Patchworkschwestern, da sie
eine andere Verbindung zu ihnen empfanden als zu ihren leiblichen Schwestern. Für andere Teilnehmerinnen wiederum spielte es keine Rolle, ob ihre Schwestern leiblich waren oder nicht.
Auffällig erscheint uns jedenfalls, dass Frauen aus Patchworkfamilien eher ihre Beziehung zu ihren leiblichen Schwestern
klären wollten als die zu ihren Halb- oder Stiefschwestern und
dass ihre neuen Familien überwiegend kinderreich waren.

Wir möchten dir hier eine Frau vorstellen, die zwei ältere
Halbschwestern und zwei jüngere leibliche Geschwister (Bruder und Schwester) hat. Ihre Geschichte macht deutlich, wie
Patchworkschwestern bereits im Kindesalter versuchen, unter
den nun zusammenlebenden Geschwistern zu vermitteln, und
wie sich dieses Rollenmuster bis ins Erwachsenenalter ausprä-
gen kann.

### Fallbeispiel: Die Beziehungsministerin

Isabel, 40 Jahre, ist in eine Patchworkfamilie hineingeboren
worden und dort aufgewachsen. Ihr Vater hat aus erster Ehe
zwei Töchter mitgebracht, die bei Isabels Geburt neun und
sechs Jahre alt waren. Beide lebten mit Einverständnis aller Beteiligten in Isabels Familie. Im Alter von dreieinhalb Jahren bekam Isabel eine kleine Schwester, und zwei Jahre später wurde
ihr Bruder geboren.

Isabel fühlte sich von ihren Eltern willkommen geheißen und
geliebt – als erstes Kind in dieser neuen Familie. Auch nachdem
ihre beiden jüngeren Geschwister geboren waren und sie nun
die Mittlere war, hielt dieses Gefühl an. Ihre beiden älteren

Halbschwestern waren für sie einfach nur ihre Schwestern. Besonders war allerdings, dass diese zwei Mütter hatten. Isabel beschreibt, dass sie alle in der Kindheit eine friedliche Koexistenz geführt hätten, was sich jedoch mit zunehmendem Alter leider geändert habe. Als ihre beiden Halbschwestern in die Pubertät kamen, entstanden zwischen ihnen und Isabels Mutter immer stärkere Spannungen. Isabel erinnert sich, dass sie darunter – sie war fünf Jahre alt und ihr Bruder gerade geboren – sehr gelitten und damals schon versucht habe, »irgendwie zu vermitteln und dafür zu sorgen, dass sich alle vertragen«.

Dies zieht sich letztendlich wie ein roter Faden bis heute durch Isabels Leben – nicht nur in ihrer Familie, sondern auch innerhalb ihres Teams bei der Arbeit, im Freundeskreis oder als Elternvertreterin in der Schule ihrer Kinder. Isabel bezeichnet sich selbst als »Beziehungsministerin«:[74] Sie fühlt sich immer sofort innerlich aufgerufen, zu vermitteln und für gegenseitige Verständigung und Harmonie zu sorgen. Wenn es dennoch nicht gut läuft, macht sie sich Vorwürfe, dass es ihr nicht besser gelungen sei.

Isabel war also das erste gemeinsame Kind in der neuen Familie. Für ihre beiden Halbschwestern war ihre Geburt sicherlich ein einschneidendes Erlebnis – positiv wie vielleicht negativ, was vom Verhalten aller beteiligten Erwachsenen abhing. Du kennst das sicher: Im Vordergrund steht zunächst das Neugeborene – vor allem für das Elternpaar, für das ein gemeinsames Kind ja eine neue Erfahrung darstellt. Kinder nehmen schon sehr früh Stimmungen und Schwingungen ihrer Umwelt unterbewusst wahr. Bei Isabel war dies vermutlich zunächst ein diffuses Gefühl, das später zu einem Glaubenssatz wurde wie: »Ich bin verantwortlich dafür, ob es den anderen gut oder schlecht geht.« Dieser Satz war mit Schuldgefühlen verbunden und ist es noch heute. Unbewusst versucht sie, durch ihre ständigen Vermittlungsbemühungen ihre vermeintliche Schuld wiedergutzumachen.

Isabel wählt als Symbol für ihre Schuldgefühle und Verantwortungslast als ausgleichende »Beziehungsministerin« einen Holzklotz. Sie hat ihr Leben lang gut funktioniert und viel Verantwortung getragen und würde die Rolle der »Beziehungsministerin« nun doch gern loslassen. Inzwischen merkt sie, dass sie sich zu dem gesamten Familienclan väterlicherseits mehr Abstand wünscht. Dabei liebt sie ihre Halbschwestern, doch sie fühlt sich, wenn sie ehrlich ist, ihren leiblichen Geschwistern tiefer verbunden. Ihr Wunsch ist es, herauszufinden, wie sie eine gesunde Distanz herstellen kann, ohne Schuldgefühle zu entwickeln. Denn sie erlaubt sich nicht wirklich, unterschiedliche Gefühle für ihre Halbschwestern und ihre leibliche Schwester zu haben.

### Methode: »Das Innere Team«

Wir bestätigen Isabel, dass wir ihr belastendes Gefühl gut nachvollziehen können, zumal uns aufgefallen ist, dass sie womöglich die gesamte Beziehungsarbeit bisher allein bewerkstelligt. Doch ihr Begriff »Beziehungsministerin« beinhaltet weitere Facetten, auf die wir sie aufmerksam machen. Minister*innen haben immer einen großen Stab an Mitarbeiter*innen, wie zum Beispiel parlamentarische Staatssekretär*innen, Referatsleiter*innen, Koordinator*innen, Pressesprecher*innen und so weiter. Sie tragen also so einen »Verantwortungsklotz« nie alleine. Vielleicht hat Isabel als »Beziehungsministerin« auch ein Team, das sie unterstützen kann?

Das Modell des »Inneren Teams« wurde von Friedemann Schulz von Thun[75] entwickelt und ist eine Abwandlung der »Parts Party« von Virginia Satir[76], einer Methode aus der Systemischen Familientherapie. Wir greifen diese Methode gern auf, denn das »Innere Team« ist eine Metapher, mit der es gut gelingt, die eigenen verschiedenen Persönlichkeitsanteile zu entdecken und zu nutzen. Die »Inneren Teammitglieder« symbolisieren Aspekte unserer gesamten Persönlichkeit und zeigen sich unterschiedlich stark (laut oder leise) als Gedanke (zum Beispiel als Glaubenssatz oder Urteil), Gefühl (etwa Wut, Scham), Impuls (zum Beispiel Trotz) oder als Körpersignal (beispielsweise innere Anspannung). Damit ist nicht gemeint, dass in uns eine multiple Persönlichkeit steckt, sondern jede von uns kennt die inneren Dialoge im Kopf, wenn es beispielsweise darum geht, Entscheidungen zu fällen. Auch die »Ängstliche« und die »Mutige«, die »Innere Kritikerin«, »Innere Richterin« und »Wohlwollende Beobachterin« sind Metaphern und Bilder unserer inneren Persönlichkeitsaspekte.

Jedes Team funktioniert in der Regel besser, wenn es eine sogenannte Teamleiterin oder zumindest eine Koordinatorin hat – so gibt es auch im Modell von Schulz von Thun diese Teamleiterin, das »übergeordnete ICH«. Sie ist die Instanz, die alle im Auge behält, aktiv eingreifen kann und »das letzte Wort hat«.

In meiner psychotherapeutischen Praxis mache ich, Cordula, seit vielen Jahren sehr positive Erfahrungen mit dieser Methode, besonders kombiniert mit Symbolarbeit, in der die Persönlichkeitsanteile mithilfe von Gegenständen oder Figuren sichtbar werden. Durch diese Visualisierung gelingt es, verschiedene Persönlichkeitsfacetten, innere Dialoge und Gedankenkarusselle gleichsam aus dem Kopf zu bekommen und aus einer wohlwollenden Distanz von außen zu betrachten.[77] Wir beschreiben Isabel die Methode, und sie ist gespannt, ihr Inneres Team nun kennenzulernen und genauer zu betrachten.

Wenn auch dich häufig Gefühle wie zum Beispiel Schuld, Scham, Wut oder ähnliche begleiten oder immer wieder dieselben Gedanken quälen, wie »Ich muss mich kümmern«, laden wir dich ein, gemeinsam mit Isabels Prozess dich auch mit deinem Inneren Team vertraut zu machen.

## Übung: »Dein Inneres Team«

Die »Beziehungsministerin« ist nur ein Teilaspekt von Isabels gesamter Persönlichkeit: Isabel ist nicht »die Beziehungsministerin«, sondern sie hat sich mit diesem Anteil so stark identifiziert, dass er bei ihr meist die Hauptrolle übernommen hat.

Isabel wählte einen Holzklotz als Symbol. Er steht für die Verantwortungslast und die Schuldgefühle, die sie als Ministerin bisher allein mit sich herumträgt. Doch wer oder was könnte so eine Beziehungsministerin symbolisieren? Isabel greift instinktiv sofort zu einem Erdmännchen-Stofftier. Diese Tierart ist als ausgesprochen sozial bekannt, passt stets auf alle gut auf und ist darauf bedacht, den Familienclan gut zu beschützen. Nachdem Isabel das Stofftier vor sich auf den Boden gestellt hat, bitten wir sie, eine typische Aussage des Erdmännchens als Beziehungsministerin auf eine Karte zu schreiben. »Ich sorge dafür, dass sich alle gut miteinander verständigen, und versuche, den Laden zusammenzuhalten.«

Isabel sieht nun mit Distanz auf dieses innere Teammitglied und fühlt sich gleich ein wenig erleichtert. Sie ist »froh, dass es jemanden gibt, der sich darum kümmert«.

Die nächste Frage ist, wer oder was Isabel zur Erfüllung ihres Wunsches, die Verantwortungslast loslassen zu können und auch mehr Abstand zum Familienclan zu finden, noch fehlt? Sie sagt: »Das Vertrauen, dass die anderen es schon selbst regeln«, und sie fügt hinzu: »Die Erlaubnis, fünfe gerade sein zu lassen.«

Wir bitten sie, ein Symbol für Vertrauen und eines für die Erlaubnis auszusuchen. Für das Vertrauen wählt sie spontan einen Halbedelstein und schreibt als Aussage dazu: »Ich vertraue darauf, dass die anderen es auch alleine, ohne mich schaffen.« Für die Erlaubnis greift sie zu einer Feder und schreibt: »Ich darf mich ohne Schuldgefühle zurückziehen und entspannen.« Dann legt sie beide Teammitglieder (Symbole) zunächst links

und rechts neben das Erdmännchen, die »Beziehungsministerin«.

Wie geht es Isabel nun mit ihren drei Teammitgliedern »Beziehungsministerin«, »Vertrauen« und »Erlaubnis«? Sie schildert, sich sortierter und entspannter zu fühlen und dass sie
auch überrascht sei: Ihr ist deutlich geworden, wie sehr sie sich
vorher, als die anderen beiden Teammitglieder für sie noch
nicht sichtbar waren, anstrengen musste, alles unter Kontrolle
zu halten. »Kontrolle ist auch echt mein Thema gewesen«, sagt
Isabel. Sie könne jetzt – da das Vertrauen und die Erlaubnis als
weitere Teammitglieder ihr stützend zur Seite stehen – ihr Kon-
trollbedürfnis und ihre Anspannung endlich besser loslassen.

Das innere Team in dieser Weise visualisieren zu können,
hilft, eine Metaebene – also Distanz – zu erlangen und verschiedene Aspekte der eigenen Persönlichkeit und eine eventuell zu starke Identifikation insbesondere mit einem Persönlichkeitsanteil sicht- und fühlbar zu machen. Allein dadurch entstehen ein klareres Erkennen, die Möglichkeit, die eigenen
inneren Prozesse zu ordnen, und ein Gefühl von Selbstermächtigung. Wir sehen dies an vielen Schwestern, wie ihnen hiermit
die eigenen Muster bewusster werden: Sie fühlen sich nach dieser Übung wie Isabel – entlastet.

Um die Übung gut abzuschließen und das Selbstwertgefühl
zu unterstützen, empfehlen wir, die eigenen Fähigkeiten als Geschenk zu würdigen. Bei Isabel sind dies beispielsweise eine
aufmerksame Wahrnehmung von Spannungen zwischen Menschen sowie die Fähigkeit, Beziehungen gut gestalten zu können. Sie nimmt diese Wertschätzung dankbar an.

Ihr letzter Schritt ist besonders bedeutungsvoll und wirksam: Sie gibt ihre schwere Verantwortungslast, den Holzklotz,
symbolisch an die Eltern zurück. Es ist die Aufgabe der Eltern
gewesen, die Familie zusammenzuhalten und untereinander zu
vermitteln.

Hast du diese Übung mit nachvollzogen und wenn ja, wie ging es dir damit? Die Arbeit mit dem Inneren Team ist ein fortwährender Prozess: Mit jeder Erfahrung und auch je nach Situation und Tagesform verändert und entwickelt sich unser Inneres Team. Es ist niemals starr und kann, ja es sollte immer wieder neu aufgestellt werden. Mittlerweile gibt es viele Arbeitsbücher dazu, die dieses Modell gut nachvollziehbar erklären.[78] Du kannst die Methode des Inneren Teams also auch sehr gut zur Selbsterkundung nutzen!

## *Impulsfragen*

- Hast du Halb- und/oder Stiefschwestern? Wenn ja, wie groß ist der Anteil der Zeit, den ihr in eurer Kindheit gemeinsam verbracht habt?
- Wie hast du diese Familiensituation erlebt? Wie war es für dich, zum Beispiel als Stiefkind noch eine oder mehrere Halbschwestern bekommen zu haben?
- Inwiefern haben sich dadurch deine Rolle(n) im Familiensystem verändert? Und welche Strategien hast du entwickelt, um einen guten Platz innerhalb der neuen Geschwisterreihe zu finden?
- Empfindest du deine Patchworkfamilie eher als einen Gewinn oder als eine Belastung? Konntet ihr Patchworkschwestern euch gegenseitig unterstützen und eure Ressourcen zusammenführen? Oder habt ihr vielmehr miteinander konkurriert oder euch bekämpft? Und wie ist es heute?
- Wenn du auch leibliche Schwestern hast: War deine Verbundenheit oder dein Nähegefühl zu ihnen stärker als zu deinen Stief-/Halbschwestern? Oder war es bei dir umgekehrt? Wie war dies für dich und wie ist es heute? Welche Rolle spielte oder spielt dies für dich? Hast du damit deinen Frieden schließen können?
- Wie wäre es, eine Patchworkschwesternkonferenz[79] zu verabreden und sich über diese Fragen offen auszutauschen? Sinn-

voll ist es, dabei die Form des Zwiegespräches anzuwenden:
»Ach, sooo erlebst du es!«

## Schwestern-Dynamiken in Patchworkfamilien

Das Besondere an Patchworkgeschwistern ist, dass sie oft kurz-
fristig, quasi über Nacht, mit einer neuen Familienkonstellation
konfrontiert werden, in der ihr Platz, wie er in der Ursprungsfamilie war, so nicht mehr existiert: Oftmals muss zusätzlich zu
der Trennung von einem Elternteil auch eine Aufteilung der
leiblichen Geschwister verkraftet werden. Und durch die hin-
zukommenden Geschwister können von heute auf morgen
dann beispielsweise bisher älteste Schwestern zu mittleren oder
zur kleinsten werden oder umgekehrt. Das bedeutet eine große
Anpassungsleistung in eine andere Familienordnung sowie an
die neuen Geschwister, und dann ist da auch noch die Gewöh-
nung an die noch nicht so vertraute erwachsene Bezugsperson.

Unsere Beispielperson Isabel war als erstes gemeinsames
Kind des neuen Elternpaares wie ein Bindeglied zwischen der
alten und der neuen Familie. Ihre unbewusste Strategie war der
Versuch, zwischen allen Familienmitgliedern zu vermitteln
und sie miteinander zu verbinden. Andere Patchworkschwestern hingegen können eine starke Konkurrenz empfinden und
suchen dann die Abgrenzung voneinander.

Jede Patchworkfamilie ist anders, und jede Schwester hat
ganz individuelle Herausforderungen zu meistern und entwickelt ureigene Strategien, damit umzugehen. Umso wichtiger
ist es spätestens im Erwachsenenalter, »die Patchworkfamilie
als ein multikulturelles Gebilde auch anzuerkennen, was heißt,
den Subkulturen ihren Platz zu lassen«.[80]

Wenn du in einer Patchworkfamilie aufgewachsen bist, ist es
nie zu spät, dich mit deinen leiblichen und deinen Stief- und/
oder Halbschwestern zusammenzusetzen. Versucht einmal,

euch vorwurfsfrei gegenseitig zu schildern, wie jede Einzelne (jeder Flicken) die eigene Kindheit innerhalb der Familie (dem Flickenteppich) erlebt hat, auch hier mit der inneren Haltung von »Ach sooo hast du das erlebt«. Wie in jeder anderen Schwestern-Dynamik darf (insbesondere) auch unter Patchworkschwestern jede die eigene Sichtweise äußern und damit zur Geltung kommen. Die anderen erkennen die jeweilige Wahrnehmung an, ohne zu kommentieren oder diese gar zu hinterfragen.

Hier noch einige Ideen für euch: Schaut euch zum Beispiel gemeinsam Fotoalben von früher an. Oder jede von euch stellt mithilfe von (Spiel-)Figuren die eigene Sicht auf die Familie auf: Welche Schwester war – wann – näher und welche entfernter und wie war die Nähe zu den Elternteilen? Dabei ist es grundsätzlich erlaubt, dass wir unterschiedlichen Menschen gegenüber unterschiedliche Gefühle empfinden und dass diese sich im Laufe der Zeit verändern können und dürfen. Du kannst dir mit deinen Schwestern eure Lebensphasen auch einzeln anschauen: frühe Kindheit, Pubertät, Erwachsenenalter. Gab es unterschiedliche Zusammensetzungen von Bündnissen? Fühlt(e) sich jemand nicht zugehörig?

Und wie ist es heute? Könnt ihr euch neugierig, vorwurfsfrei und offen auf Augenhöhe begegnen, auch wenn ihr unterschiedliche Wahrnehmungen habt?

Unterschiedliche Realitätswahrnehmungen spielen ebenso wie der jeweilige Blickwinkel auf die Schwester(n) für uns alle im Leben eine große Rolle. Leider führen diese Wege zuweilen in Krisen, aber diese müssen keine Sackgassen sein.

# Schwestern in der Krise und Lösungswege

In diesem Kapitel werden wir weitere Perspektiven eröffnen und folgenden Fragen nachgehen: Wie kommt es, dass

- Schwestern, obwohl sie in derselben Familie aufgewachsen sind, sich häufig so verschiedenartig erleben, als trennten sie Welten, und sie unterschiedliche Sprachen zu sprechen scheinen?
- Schwestern sich gegenseitig auf- oder abwerten und sich untereinander beispielsweise minderwertig, nicht gesehen oder benachteiligt fühlen?
- Und wie können sie es (trotzdem) schaffen, warmherziger und versöhnlicher mit sich selbst und ihrer/ihren Schwester/-n umzugehen – oder zumindest mit der bestehenden Situation, die sie vielleicht wirklich nicht ändern können, ihren Frieden zu schließen?

Ein Weg aus Krisen zwischen Schwestern ist es, sich mit dem eigenen Selbstbild auseinanderzusetzen und das eigene Selbstwertgefühl zu klären.

## Selbstbild und Selbstwertgefühl

Wenn wir in diese Welt hineingeboren werden, bringen wir alle bereits einen inneren, ureigenen Wesenskern mit, jedoch haben wir noch kein Ich-Bewusstsein, kein »Ego« (lat. = ich). Dies entwickelt sich erst nach und nach: Wir erfahren, wie wir genannt werden, wie alt wir sind, welches Geschlecht wir haben und was das bedeutet, wer unsere Eltern und unsere Geschwister sind und vieles mehr. Am Anfang glauben wir, dass dies alles genau so richtig, normal und für alle gleich sei. All unsere Erfahrungen, die wir in der Kindheit machen, sowie unsere Erinnerungen führen zu unserer Ich-Identität. Außerdem tragen die Epoche, also der Zeitgeist, das Land und die Kultur, in die wir hineingeboren sind, (Familien-)Traditionen (bedingt durch unsere Ahn*innenreihe) zur Entwicklung des Ich-Bewusstseins bei. Ebenso dazu zählen Werte, Regeln, Glaubenssätze und Rollenzuschreibungen, die uns in der Kindheit (und bis ins Erwachsenenalter) vermittelt werden. Wir fangen an, uns mit all dem zu identifizieren und uns darüber zu definieren. Es entwickelt sich ein Bild von uns selbst, das wir in uns tragen: was wir denken, wer wir sind, wie wir uns verhalten und was wir fühlen (sollen). Sätze wie etwa: »Ich bin die Benachteiligte, die Dümmere, die Schuldige …« kennst du schon aus den Fallbeispielen. Diese Rollenzuschreibungen und Glaubenssätze sind mit Bewertungen und Urteilen über uns verbunden, die unseren Selbstwert bestenfalls stärken, ihn jedoch leider sehr oft schwächen.

Hier ein Beispiel einer Teilnehmerin, deren Selbstwertgefühl nur schwach ausgeprägt war. Ihre ersten Schritte auf dem Weg, den eigenen Wert zu stärken, kannst du miterleben.

### Fallbeispiel: Die Ängstlich-Unsichere

Annegret, 62 Jahre, hat eine drei Jahre ältere Schwester und einen vier Jahre älteren Bruder. Die beiden Älteren haben schon immer wie »Hänsel und Gretel« zusammengehalten, »zwischen die kein Blatt passte«, so beschreibt Annegret ihr Erleben. Sie habe nicht mitspielen dürfen und sich entweder überflüssig oder sogar »als Störenfried« gefühlt. So sei sie immer unsicherer und ängstlicher geworden und habe in der Pubertät unter starken Minderwertigkeitsgefühlen gelitten. Dies zieht sich bis heute durch ihr Leben. Annegret empfindet weder zur Schwester noch zum Bruder »warme Gefühle« und Verbundenheit. Trotzdem – oder gerade deshalb? – spürt sie eine starke Sehnsucht danach, als Schwester wichtig zu sein. Sie stellt sich vor, dass sie alle drei füreinander da sein könnten – vor allem auch in Notsituationen: Von den Eltern lebt nur noch die Mutter, die sehr krank ist.

Annegret geht es nun in erster Linie um ihre Beziehung zur Schwester: Zu ihr gab es in den letzten Jahren vereinzelt Annäherungen. Doch es entwickelte sich keine Nähe, immer lag Anspannung in der Luft, ein »Auf der Hut Sein«. Momentan herrscht »Funkstille«. Annegret fühlt sich von ihrer Schwester nicht gesehen, spürt kein wirkliches Interesse an der eigenen Person oder ihrem Leben. Im Gegenteil: In Anwesenheit ihrer Schwester bleibt sie stets angespannt, weil sie befürchtet, dass sie jeden Moment »unvermittelt einen Schuss vor den Bug« bekommen könnte, weshalb sie als Symbol eine Spielzeugpistole gewählt hat. Diese Schüsse der Schwester können in einer Kritik, einem Vorwurf oder verletzendem Verhalten bestehen und müssen nicht einmal Annegret selbst betreffen. Auch wenn bei Familienfeiern ihre Schwester mit der Mutter lautstark streitet, belastet sie dies sehr. Beim Erzählen beginnt Annegret zu weinen und sagt, dass sie sich wünscht, sich nicht mehr so ängstlich und verunsichert zu fühlen. Sie möchte gern selbstbewusster sein, um mit diesen »Attacken« anders und besser umgehen zu können, statt mit Ängstlichkeit und Rückzug zu reagieren.

Annegret taucht tief in den Prozess ein, ihre Schwestern-Dynamik am Schwestern-Stand abzubilden. Im weiteren Workshopverlauf, nach dem Zwiegespräch und in den Pausen nimmt sie mehrmals Symbole weg, ordnet neue dazu und positioniert andere um. So stellt sie auch eine Kerze auf ihren Stand und zündet sie an. In ihrem gesamten Körperausdruck zeigt sich dabei schrittweise eine Veränderung: Nach ihrer gedrückten und verspannten Haltung und Stimmung wird sie gelöster und richtet sich immer weiter auf.

Später beschreibt sie uns, wie sie während der Arbeit an ihrem Schwestern-Stand aus ihrer Ängstlichkeit und Verunsicherung herauskam und ihrer Schwester gegenüber immer weicher wurde. Sie spürte Wertschätzung und fand sich einen Hauch versöhnlicher gestimmt, weil sie durch den Prozess auch die Nöte ihrer Schwester wahrnehmen konnte. So entstand in ihr das Bedürfnis, für die Schwester eine Kerze anzuzünden. Daraufhin regen wir sie an, nun auch sich selbst einmal in einem anderen Licht zu betrachten.

### Methode: Wertschätzende Botschaften

Auf unsere Frage, was sie an sich selbst wertschätze – welche Eigenschaften oder Fähigkeiten –, wird sie traurig, weil ihr spontan nichts einfällt. Wir laden Annegret und die anderen Teilnehmerinnen zu einer gemeinsamen Aktion ein, bei der es darum geht, Komplimente und wertschätzende Botschaften geben und annehmen zu lernen.

Hierfür stehen alle auf und gehen frei im Raum herum. Sobald sich zwei der Frauen begegnen, gibt die eine der anderen ein Kompliment oder eine wertschätzende Botschaft mit, zum Beispiel: »Ich mag dein Lächeln.« – »Danke, dass du mir sehr aufmerksam zugehört hast.« – »Du hast eine ruhige Ausstrahlung, die mir guttut« oder Ähnliches. Die andere nimmt die Worte auf, bedankt sich dafür und geht weiter, ohne sofort ein Kompliment zu erwidern. Ziel ist es, dass jede Frau von allen eine wertschätzende Botschaft erhält – ohne direkte Gegenleistung.

Anschließend fragen wir Annegret, ob sie uns verraten möchte, was sie über sich gehört hat, und schlagen ihr vor, für jede gehörte wertschätzende Botschaft ein Naturprodukt aus unserer Naturmaterialienkiste auszusuchen. Wir bitten sie, die Sätze mit »Ich« zu beginnen, um das Gehörte besser zu verinnerlichen.

»Ich kann gut zuhören«, sagt Annegret und wählt als Symbol eine Muschel. Eine Feder sucht sie sich aus für: »Ich strahle Ruhe aus.« Und einen Tannenzapfen für: »Ich mag meinen Humor.«

Nun hat sie eine ganze Reihe wertvoller Schätze vor sich liegen, und auf unsere Frage, wie es ihr mit den Komplimenten gehe, antwortet sie, sie habe vieles davon als selbstverständlich betrachtet und gar nicht weiter wertgeschätzt. Doch nun spüre sie, wie gut es tut, wenn auch diese – in ihren Augen – Selbstverständlichkeiten beachtet und anerkannt werden. »Ja – und genau dies darfst du – so wie wir alle auch – selbst für dich tun!«, betonen wir. Denn genau in dieser Weise kann Versöhnung mit sich selbst beginnen: Indem sich jede Schwester mit sich selbst befreundet und sich mit allem, was sie mit sich und in sich trägt, wertschätzt, achtet und lieben lernt.

Dadurch, dass sich Annegret innerhalb ihrer Geschwisterkonstellation missachtet, abgelehnt und von ihrer Schwester zum Teil sogar attackiert gefühlt hatte, erlebte sie sich immer als mangelhaft und konnte sich selbst keine Wertschätzung entgegenbringen. Ihr Bild von sich und ihrem Selbstwert waren stark angegriffen und geschwächt. Doch in diesem wunderbaren Moment der Heilung, hervorgerufen durch die beschriebene Übung, bei der sich ihre »innere Schatzkiste« füllt, findet sie für ihren augenblicklichen Zustand die Worte: »Ich fühle mich nun mit mir im Reinen, so, wie ich eben bin.«

Wie könne sie dieses Gefühl an ihrem Stand sichtbar machen? Annegret holt, ohne zu zögern, eine weitere Kerze als Symbol für sich selbst, stellt sie auf ihren Stand, ordnet ihre Schätze – die Komplimente in Form der Naturprodukte – darum herum an und zündet diese Kerze an. Sie merkt, wie gut ihr dies tut, und nimmt sich fest vor, sich ab jetzt häufiger einmal für sich selbst eine Kerze anzuzünden. Als zusätzliches Ritual empfehlen wir ihr – sowie allen anderen und auch dir –, ein Freudetagebuch zu führen.

## Übung: Freudetagebuch

1. Sorge, wenn es dir möglich ist, jeden Abend dafür, dich für ein paar Minuten zurückzuziehen und die folgenden Fragen (ein bis zwei der Fragen genügen) für dich zu beantworten:

- Was hat mir heute gutgetan?
- Worüber habe ich mich gefreut?
- Was ist mir gelungen?
- Wofür bin ich dankbar?

Beachte, dass kleine Details reichen, wie zum Beispiel: »Das Lächeln der Kassiererin.« – »Habe mir heute endlich einen Zahnarzttermin geholt.« – »Ich habe Essen im Kühlschrank und ein warmes Bett.«[81]

2. Schreibe dazu ein, zwei Sätze in ein kleines Heftchen, in deinen Kalender, in dein Tagebuch oder jeden Satz auf einen kleinen Zettel und fülle damit ein Glas oder eine »Schatzkiste«. Stelle dir die Fülle am Ende des Jahres vor, wenn du alle Einträge überblicken kannst! Mit einem so einfachen Ritual können wir uns einen Weg aus unserem Mangelbewusstsein heraus ebnen und in ein Gefühl von Wertschätzung, Dankbarkeit und Fülle finden.

In Momenten tiefer (Selbst-)Zweifel und Verzagtheit kannst du einen Zettel aus deinem Glas ziehen, ein bis zwei Einträge im Freudetagebuch lesen oder auch Gegenstände in deiner Schatzkiste betrachten. Schau, was dann mit dir passiert.[82]

- Welches Bild hast du von dir selbst? Was denkst du über dich?
- Wie geht es dir mit Komplimenten und wertschätzenden Aussagen, die du von anderen erhältst? Wie gehst du damit um?
- Mit welchen Reichtümern könntest du deine innere Schatzkiste füllen? Besorge dir ein kleines Heftchen als Freudetagebuch und/oder ein Glas und fange an!

### Versöhnung mit sich selbst

Anhand der Schwesterngeschichte wird der Einfluss unserer Kindheitserfahrungen auf die Entstehung des Selbstbildes und die Entwicklung unseres Selbstwertgefühls deutlich. Hier war es eine jüngste Schwester, die mit einem Gefühl von Minderwertigkeit zu kämpfen hat. Wie wir allerdings wissen, können auch die Mittleren oder Ältesten ein negatives Bild von sich entwickeln, wie das Beispiel der »Entthronten« zeigt.

Ein Aspekt unseres Selbstbildes ist die innere Instanz, die sogenannte innere Kritikerin, die unsere verinnerlichten Glaubenssätze, Werte und Normen, Überzeugungen und Regeln vertritt. Eine solche innere Kritikerin ist per se nichts Negatives, wir alle tragen sie in uns, denn die Fähigkeit, uns und unser Handeln zu reflektieren, ist wichtig und wertvoll – solange es konstruktive Kritik ist! Doch wenn die innere Kritikerin hyperaktiv ist und wie eine »innere Richterin« über die Maßen streng und abwertend (ver)urteilt, dann führt dies zu großer Unsicherheit, Selbstzweifeln und einem geringen Selbstwertgefühl, wie wir es im Beispiel »Die Schuldige« gesehen haben. Denn dann beginnen wir, uns anzuklagen und uns Schuldsprüche zuzuweisen, die unser Selbstwertgefühl wiederum noch mehr schwächen – unser Selbstbild wird weiter beschädigt. Dann nehmen wir auf unserer »Realitätsinsel«, die wir im nächsten Kapitel genauer beschreiben, die Welt überwiegend aus dieser selbstabwertenden Perspektive wahr. Meist wird das verstärkt durch Wahrnehmungsfilter wie Verallgemeinerungen (»immer«, »nie«, »ständig«) oder Löschungen (Komplimente und Wertschätzungen werden überhört).

Wie du aus so einem Teufelskreis wieder herausfindest? Es hilft, einen Perspektivenwechsel vorzunehmen und eine bejahende und stärkende Instanz hervorzuholen, die in uns allen angelegt ist: die wohlwollende Beobachterin.

Als einen ersten Schritt in diese Richtung hilft es, dich zu fragen: »Würde ich so, wie ich mit mir umgehe, auch mit meiner besten Freundin umgehen?« Sicherlich nicht. Würden wir sie nicht in all ihren verschiedenen Facetten sehen, wertschätzen und ermutigen?

Wie kannst du dich – so wie in dem Beispiel von Annegret – mit dir selbst befreunden? Lade deine wohlwollende Beobachterin ein, auch wenn sie dir noch fremd, unbekannt oder ungewohnt erscheint, und betrachte deine unterschiedlichen Selbstwerte in deinen verschiedenen Lebensbereichen einmal genauer, sei es als Berufstätige, Partnerin, Mutter oder Tochter. Oder in deinen Hobbys und Leidenschaften: Hast du zum Beispiel einen »grünen Daumen«, magst du gerne tanzen, nähen, Sport treiben? Und schau bitte genau hin: Eine Teilnehmerin mit schwach ausgeprägtem Selbstwertgefühl lief Halbmarathons, was sie nur beiläufig erwähnte. Und bedenke, es gibt außerordentlich viele unterschiedliche Kompetenzen: Geduld, Empathie, die Fähigkeit, still sein zu können, Kreativität, Ausdauer, Organisationstalent, Kompromissfähigkeit und vieles mehr. Wird dir vielleicht nachgesagt, du seist zu sensibel? Viele bewerten Sensibilität als negativ, doch ist die Fähigkeit, feine Stimmungen zu spüren, etwas sehr Positives. Und in dem Begriff Selbstwertgefühl steckt das Wort »Wert«. Schau dir an, welche Werte du lebst: Zuverlässigkeit, Loyalität, Nachhaltigkeit, Ehrlichkeit … Du merkst sicherlich schnell, dass es bei dir viele Kompetenzen und Ressourcen anzuerkennen und *wert-*

zuschätzen gibt – erstelle bitte eine Liste davon, sie hat bestimmt einen guten Platz in deinem Tagebuch und kann dort immer weiter von dir ergänzt werden.

Und natürlich begehen wir immer auch mal Fehler und schaffen etwas nicht hundertprozentig. Die menschliche Evolution beruht auf Fehlern und Misserfolgen – ohne sie könnten und würden wir nicht lernen, uns nicht entwickeln und nicht wachsen. Erkenne daher bitte deine Fehler, Unzulänglichkeiten und Schwächen an, denn auch sie gehören zu dir. Selbstakzeptanz, Selbstwertschätzung, Selbstachtung und Selbstfürsorge – damit beginnt die Versöhnung mit dir selbst.[83] Diese Versöhnung mit dir selbst ist die Voraussetzung für eine Versöhnung mit anderen. Solange wir unversöhnlich mit uns selbst sind, neigen wir dazu, unsere Unzufriedenheit und Gefühle von Unzulänglichkeit nach außen und auf andere zu projizieren. Wir machen anderen Vorwürfe oder wir machen sie für unsere schlechten Gefühle verantwortlich (»Mir geht es schlecht, weil meine Schwester …«). Aus unserer Inselperspektive stellen wir Erwartungen an unsere Schwester, wie sie zu sein und sich zu verhalten habe. Daraus entstehen häufig Verständnis- und Kommunikationsprobleme bis hin zu Krisen unter Schwestern, die ein Leben lang fortdauern können.

## Selbstbild und Selbstwertgefühl verändern

Wenn dein Selbstbild angegriffen ist und du ein vermindertes Selbstwertgefühl hast, sind erste Schritte in Richtung einer besseren Beziehung zu dir selbst und damit auch zu deiner Schwester,

- deine Glaubenssätze über dich zu hinterfragen: Sind sie wirklich, wirklich wahr?
- deine Fähigkeiten, Ressourcen und Leidenschaften wertzuschätzen,

- andere dir nahestehende Menschen zu fragen, was sie an dir schätzen, und dadurch
- deinen wohlwollenden Persönlichkeitsanteil dir selbst gegenüber zu stärken,
- anzufangen, dich mit dir selbst zu befreunden, dich wertzuschätzen und zu achten und
- dich mit dir selbst zu versöhnen.

Wenn wir unsere Beziehung zu uns selbst verändern, indem wir uns sowohl mit unseren Stärken und Kompetenzen als auch mit unseren Schwächen und Unzulänglichkeiten anerkennen, wird unser Selbstwert und Selbstbild gestärkt. Es gelingt uns dann viel besser, auch andere Menschen mit ihren Stärken und Schwächen anzuerkennen und uns mit ihnen zu versöhnen. Was dies genau bedeuten und bewirken kann, darum wird es auch in den folgenden beiden Kapiteln gehen.

## Unterschiedliche Kontaktwünsche

### Schwestern auf Realitätsinseln

Wir alle entwickeln von klein auf unsere eigene individuelle Realitätsinsel, von der aus wir die Welt betrachten. In dieser unserer Welt leben die anderen – in unserem Fall unsere Schwestern – jeweils auf ihrer eigenen Realitätsinsel, was uns jedoch meist nicht bewusst ist. Jede von uns hat somit eigene Wahrheiten, denn jede konstruiert ihre eigene Wirklichkeit: »... der Glaube, dass die eigene Sicht der Wirklichkeit die Wirklichkeit schlechthin bedeute, (ist) eine gefährliche Wahnidee.«[84] Machen wir uns also bewusst, dass wir nicht davon ausgehen können und dürfen, dieselbe Realität zu erleben wie unsere Schwester. Wir sollten offen bleiben für die Wahrnehmungen und subjektiven Wahrheiten der anderen.

*Dazu gibt es eine schöne, anschauliche Geschichte von fünf blinden Weisen, die für ihren König erkunden sollten, was ein Elefant ist. Sie ertasteten ihn an unterschiedlichen Stellen und lieferten ihm dann ihre Ergebnisse: Ein Elefant ist »wie ein langer Arm«, »nein, wie ein großer Fächer«, »aber nein, wie eine dicke Säule«, »absolut nicht, wie eine kleine Strippe mit ein paar Haaren am Ende« und »wie eine riesige Masse, mit Rundungen und ein paar Borsten darauf«. Angesichts ihrer Uneinigkeit darüber, was ein Elefant wirklich ist, fürchteten die Gelehrten nun den Zorn des Königs. Doch der weise Mann antwortete lächelnd: »Ich danke euch, denn ich weiß nun, was ein Elefant ist.« Er fuhr fort: »Ein Elefant ist ein Tier mit einem Rüssel, der wie ein langer Arm ist, mit Ohren, die wie Fächer sind, mit Beinen, die wie starke Säulen sind, mit einem Schwanz, der einer kleinen Strippe mit ein paar Haaren daran gleicht, und mit einem Rumpf, der wie eine große Masse mit Rundungen und ein paar Borsten ist.« Und die Gelehrten senkten beschämt den Kopf, weil jeder von ihnen nur einen Teil des Elefanten ertastet hatte und sie sich zu schnell damit zufriedengegeben hatten.*[85]

So weit die Geschichte. Doch auch die Beschreibung des Königs umfasst einen Elefanten nicht in seiner Ganzheit, sondern lediglich Teile seiner äußerlichen Statur – sie ist richtig aber nicht vollständig.

Du siehst – wie wir alle – die Welt also durch deine eigene Brille, gefiltert durch Sinnesorgane und gespeist durch deinen Erfahrungsschatz und dein Selbstbild. Wir alle geben dem, was wir wahrnehmen, eine eigene Bedeutung: die unsrige. Es gibt keine allgemeingültige Realität![86]

Die meisten Konflikte in Beziehungen beruhen auf dem Irrglauben, wir könnten wissen, was richtig und falsch ist. Wir pochen auf unser Erleben und unser Recht und somit auf unsere Sicht der Dinge, die wir für die alleinig richtige halten. Insbesondere unter Schwestern entstehen häufig genau daraus Krisen, wenn eine oder beide meinen, die andere müsse doch die gleiche Meinung und Sichtweise haben wie sie selbst, da sie doch in derselben Familie aufgewachsen sind. Wir meinen, unsere Schwester genau zu kennen, doch wir kennen nur das Bild, das wir uns von ihr gemacht haben.[87]

Typische Krisenthemen, die sich daraus entwickeln und die Schwestern als ihr »Päckchen« mitbringen, sind beispielsweise:

- das Gefühl, nicht richtig gesehen oder wertgeschätzt und dadurch verletzt zu werden,
- Kommunikationsprobleme,
- ein unterschiedlicher Umgang mit Nähe, Distanz und Abgrenzung,
- daraus resultierende unterschiedliche Kontaktwünsche und
- (einseitige und zum Teil wiederholte) Kontaktabbrüche.

Ein erster Schritt aus solchen Krisen ist es, dass du versuchst zu verstehen, dass auch engste Familienmitglieder jeweils auf ihrer eigenen Realitätsinsel leben. Es ist hilfreich und notwendig, ihnen immer wieder von Neuem mit einer unvoreingenommenen, offenen Neugierde zu begegnen – und das gilt nicht nur für Familienmitglieder.

Ein weiterer Schritt ist es – wie du im folgenden Kapitel lesen wirst –, mit dieser Haltung eine achtsame Art von Kommunikation zu entwickeln und zu trainieren.

### Fallbeispiel: Die Kontaktsuchende

Birgit, 52 Jahre, ist die älteste von drei Schwestern. Mit der zweitgeborenen Schwester, die nur eineinhalb Jahre jünger ist, versteht sie sich ganz gut, doch ihrer zwölf Jahre jüngeren Schwester Sandra gegenüber ist sie unsicher. Sandra war für

Birgit immer die Kleine, die sie stets unter die eigenen »Fittiche genommen« habe und unterstützen wollte, wo sie nur konnte, um »das schlechte Elternhaus für Sandra irgendwie auszugleichen«. Sandra mit Rat und Tat zur Seite zu stehen hat sich bis heute fortgesetzt, denn sie war und ist für sie der wichtigste Mensch in ihrem Leben. Vor etwa einem Jahr hat Sandra nun Birgit eröffnet, sich mehr Abstand zu wünschen, da Birgit sich zu sehr in ihr Leben einmische und sie bevormunde. Seitdem haben die beiden zwar immer noch Kontakt zueinander, doch ist Birgit innerlich angespannt und verunsichert. Sie würde gern mehr Zeit mit ihrer Schwester verbringen, doch die würde dies häufig »abblocken«.

Deshalb wählt Birgit als Symbol ein Handy: Sie wünscht sich eine bessere Kommunikation mit ihrer Schwester und möchte herausfinden, wie sie besser damit umgehen kann, dass sie und Sandra unterschiedliche Kontaktwünsche haben. Sie würde sie gern fragen, warum diese sich bevormundet fühlt, hatte sie doch gedacht, sie wären sich immer auf Augenhöhe begegnet. Eigentlich will sie die kleine Schwester doch nur unterstützen. Und sie möchte ihr sagen, dass sie nicht mehr weiß, wie sie sich ihr gegenüber verhalten soll – was sie sich bisher nicht traut aus Angst vor einer verletzenden Antwort.

Birgit beschreibt hier eine Situation, wie wir sie bei vielen Frauen erleben: Sie kommen zu uns, weil sie nicht wissen, wie sie sich bei unterschiedlichen Bedürfnissen nach Kontakt und Verbundenheit, nach Nähe und Distanz verhalten sollen. Der Wunsch, sich auf Augenhöhe zu begegnen, ist für viele Schwestern eine große Herausforderung. Vieles wird aus Angst vor Verletzung lieber gar nicht oder nur unklar und verschwommen ausgesprochen.

Hier sehen wir, wie Birgit lediglich ihre Realitätsinsel wahrnimmt und erlebt – Sandras Realitätsinsel kennen wir nicht. Dabei glauben die meisten Menschen – und besonders Schwestern – die jeweils andere genau zu kennen, doch ist dies einzig unser Bild, das wir uns von ihr gemacht haben. Was aber können Schwestern, die in einer solchen Krise stecken, tun, ohne noch mehr Miss- und Unverständnis zu erzeugen?

Um dies herauszufinden, möchten wir dich mit einem Kommunikationsmodell vertraut machen. Kommunikation ist ein Vorgang, bei dem wir Kanäle nutzen, über die wir uns verständlich machen und verstehen – oder eben auch missverstehen können. Viele kommunizieren aus ihren gelernten Mustern heraus und produzieren damit immer wieder ähnlich frustrierende Ergebnisse. Eine gute, bewusste und wertschätzende Form der Kommunikation baut eine Brücke zwischen verschiedenen Realitätsinseln. Sie ermöglicht es, die Schwester (und uns selbst, denn wir kommunizieren auch mit uns selbst) besser und tiefer zu verstehen. Kommunikationsmodelle haben das Ziel, eine gemeinsame Verständigungsgrundlage herzustellen. Sie helfen, die komplexe Realitätsinsel der Schwester(n) genauer zu erkunden und bestenfalls zu begreifen und auch die eigene besser vermitteln zu können.

**Methode: Das »Vier-Ohren- und das Vier-Münder-Kommunikationsmodell«**

Das »Vier-Ohren- und Vier-Münder-Kommunikationsmodell« von Friedemann Schulz von Thun[88] besagt, dass wir auf vier verschiedenen Ebenen senden und die Botschaften unser Gegenüber auf vier verschiedenen Ebenen empfangen. Allein dies macht schon deutlich, wie schnell wir uns missverstehen können: Meine Schwester sagt zum Beispiel einen Satz, aber je nachdem, wo ich meinen Schwerpunkt im Hören habe, höre ich eine bestimmte Botschaft, die jedoch eine ganz andere sein kann, als mir meine Schwester vermitteln wollte. Die vier verschiedenen Ebenen bzw. Ohren, mit denen ich höre und empfange, sind:

- **das Sachohr:** Welche Fakten höre ich bzw. teilst du mir mit? Fakten sind objektiv, also äußerlich sicht- und messbar; auf sie können wir uns einigen.
- **das Selbstaussage-/Selbsterkundungsohr:** Wie geht es dir? Was bewegt dich?
- **das Beziehungsohr:** Wie siehst du mich? Was denkst du über mich und unsere Beziehung? Was sind deine Einschätzungen und Gefühle dazu?
- **das Appellohr:** Was soll ich tun? Was wünschst du dir von mir?

Aufgrund unserer Prägung, Entwicklung und Erfahrungen hat jede von uns meistens einen Schwerpunkt auf einem, höchstens zwei der genannten Ohren. Auch der aktuelle Kontext sowie besondere Situationen, wiederholte Erfahrungen aus der Vergangenheit und die Beziehung, die wir zu der sendenden Person haben, führen dazu, dass wir mit einem bestimmten Ohr hören. Insbesondere unter Schwestern können sich aufgrund ihrer familiären Prägungen und speziellen Rollenzuweisungen – sozusagen aus Gewohnheit – automatisch spezielle Sende- und Empfangskanäle verfestigt haben.

Jede der vier Hörvorlieben mit ihren Ebenen hat Vor- und Nachteile:

Auf der **Sachebene** bin ich objektiv, neutral und ergebnisorientiert, aber womöglich auch gefühllos und ohne Zwischentöne.

Auf der **Beziehungsebene** bin ich sensibel, feinfühlig und empathisch, aber auch verletzlich, leicht kränkbar oder verärgert, weil ich alles persönlich nehme.

Auf der **Selbstaussageebene** bin ich einfühlsam, verständnisvoll und seelisch stabiler als auf der Beziehungsebene, jedoch können hier Probleme auf die andere verlagert werden, ohne dass ich mich selbst hinterfrage (»Das ist dein Problem«).

Auf der **Appellebene** bin ich hilfsbereit, lösungsorientiert und zuvorkommend, lasse mich aber vielleicht auch ausnutzen und achte nicht auf meine eigenen Bedürfnisse und Grenzen. Womöglich bin ich hier übereifrig und gebe ungebetene, unerwünschte Ratschläge und Hilfen.

Du kannst das, was deine Schwester dir sagt, also auf sehr unterschiedlichen Ebenen empfangen und wahrnehmen, ohne zu wissen, was sie dir vielleicht eigentlich wirklich mitteilen wollte.

### Übung: Mit welchem Ohr hörst du?

Um dies an einem Beispiel zu verdeutlichen: Wie verstehst du es, wenn deine Schwester sagt: »Immer muss ich mich bei dir melden!«?

Wenn du überwiegend mit dem **Appellohr** hörst, könntest du empfangen »Du sollst dich gefälligst auch mal bei mir melden!« und fühlst dich damit womöglich unter Druck gesetzt oder entwickelst Schuldgefühle.

Hörst du eher mit dem **Beziehungsohr,** könntest du den Vorwurf »Ich bin sauer auf dich, weil ich mich immer mehr um unseren Kontakt kümmere als du und du mich vernachlässigst« heraushören, dich angegriffen fühlen und dich schon einmal innerlich auf die Hinterbeine stellen.

Mit dem Fokus auf die **Selbstaussage (Selbsterkundungsohr),** also du versuchst herauszuhören, was deine Schwester mit diesem Satz über sich selbst aussagt, wie sie sich fühlt, könntest du hören: »Ich bin enttäuscht und traurig.« Dann könntest du mit dem **Beziehungsohr** statt eines Vorwurfes dahinter vielleicht eine Wertschätzung heraushören wie zum Beispiel: »Du bist mir wichtig.« Hier wird deutlich, dass der weitere Gesprächsverlauf ein anderer wäre, als hättest du einen Vorwurf gehört.

Mit dem Schwerpunkt auf dem **Sachohr** könntest du ganz neutral empfangen: »Ja, meine Schwester meldet sich immer oder häufiger bei mir«, und du könntest sie fragen, was sie dir damit sagen möchte, bevor du meinst zu wissen, was sie dir damit sagen wollte.

Wie ist das bei dir? Hast du in den Beispielsätzen zu den vier Ohren ein »Lieblingsohr« von dir wiedererkannt und weißt schon, auf welchen ein oder zwei Ohren dein Fokus – insbesondere in der Kommunikation mit deiner Schwester – liegt?

Überlege einmal oder beobachte in nächster Zeit, welcher dein hauptsächlicher Empfangskanal ist: Mit welchem Ohr hörst du – speziell bei deiner Schwester – am meisten? Versuche zu ergründen, was deine Schwester wirklich sagen möchte, was ihre Botschaft ist und worum es ihr wirklich, wirklich gehen könnte.

Doch für uns als Sprechende und Sendende ist es ebenso wichtig, uns bewusst zu machen, was wir der Schwester mitteilen möchten und auf welcher Ebene wir senden.

Dafür gehen wir zurück zu Birgit: Wir fragen sie, was genau ihre Absicht ist – was sie sich wünscht, dass Sandra hört. Birgits Antwort: Sie möchte von Sandra wissen, was der Grund dafür ist, dass sie sich bevormundet fühlt und auf Distanz gegangen ist. Und sie hat den Wunsch, herauszufinden, wie sie mit dem unterschiedlich ausgeprägten Kontaktwunsch umgehen kann. Zunächst ist es empfehlenswert, sich erst einmal auf nur einen Aspekt zu konzentrieren, am besten auf den, der ihr im Moment am wichtigsten ist, da das Gespräch sonst womöglich überfrachtet wird.

Gleichzeitig möchten wir dich dazu einladen, den Prozess mit Birgit mitzumachen, gerade wenn es etwas gibt, was du deiner Schwester mitteilen möchtest. Du wirst bestimmt von Birgits Erfahrungen profitieren.

## Übung: Die Kommunikationsebenen am Fallbeispiel

An erster Stelle möchte Birgit verstehen, warum sich ihre Schwester bevormundet fühlt. Wir gehen jetzt im Rahmen dieser Übung eine Ebene nach der anderen mit ihr durch.

Zunächst nutzen wir die **Sachebene:** Welchen Fakt möchte Birgit mitteilen? Birgit beginnt mit einer Aussage, die spiegelt, was sie von Sandra gehört hat: »Sandra, du hast gesagt, dass du dich von mir bevormundet fühlst.«

Welche Botschaft möchte Birgit auf der Ebene der **Selbstaussage** mitteilen, also was fühlt sie, wie geht es ihr damit? Hier möchte sie sagen, dass sie verunsichert ist und nicht weiß, wie sie sich verhalten soll.

Auf der **Beziehungsebene** geht es darum, wie es Birgit in dieser Hinsicht mit Sandra geht, und sie formuliert: »Ich möchte verstehen, warum du dich in meiner Nähe so fühlst.«

Für die **Appellebene** ist die Frage, was Birgit sich von Sandra wünscht: Sie möchte, dass die Schwester ihr erklärt, warum sie sich bevormundet fühlt.

Wir bitten Birgit, nun die Sätze noch einmal hintereinander laut auszusprechen. Sie sagt: »Sandra, du hast gesagt, dass du dich von mir bevormundet fühlst. Ich bin verunsichert und weiß nicht, wie ich mich dir gegenüber verhalten soll. Ich möchte verstehen, warum du dich von mir bevormundet fühlst. Ich wünsche mir eine ehrliche Antwort von dir.«

Als Birgit diese Sätze ausgesprochen hat, sagt sie, wie perplex sie sei, da es sich jetzt gerade so einfach anfühle; sie habe jetzt auch einen viel klareren Kopf.

Die Hauptvoraussetzung für eine wertschätzende und gelingende Kommunikation ist es, mit dir selbst im Klaren darüber zu sein, was deine wirkliche Absicht ist. Dazu gehört auch die Bereitschaft, die eigene Realitätsinsel zugänglich zu machen, sozusagen die eigene Welt zu öffnen. Hinzu kommt die Offenheit, die Realitätsinsel der anderen zu betreten und zu versuchen, die dortige Realität wahrzunehmen – auch wenn dies vielleicht schmerzt. Dies gelingt nur, wenn wir – wie im Zwiegespräch – genau hinhören, was die andere mitteilt. Und um sicherzugehen, ob wir es richtig verstanden haben, hilft es, genauer nachzufragen: »Habe ich dich richtig verstanden, dass ...«

Birgit könnte im Anschluss ihr zweites Anliegen, ihren Kontaktwunsch, ebenfalls mithilfe der vier Ebenen ansprechen: Beginnend mit der Sachebene nennt sie einen Fakt, der für beide im Kalender nachzuschauen ist: »Wir treffen uns alle drei bis vier Monate.« Dann folgt eine Selbstaussage: »Das finde ich schade, und es macht mich traurig, denn du bist mir sehr wichtig.« Hier betritt sie mit der letzten Aussage bereits die gemeinsame Beziehungsebene. Darauf folgt ein konstruktiver Vorschlag, der Appell: »Ich würde mit dir gern zum Beispiel einmal im Monat einen gemeinsamen Abend verbringen und etwas Schönes unternehmen. Sage mir bitte, was du dir diesbezüglich wünschst oder vorstellen kannst.«

Wie geht es dir mit dieser Art der Kommunikation? Bist du mit Blick auf deine Schwester die vier Kommunikationsebenen einmal im Kopf durchgegangen und hast passende Formulierungen gefunden? Zunächst klingt diese Art der Kommunikation vielleicht etwas hölzern, da sie für die meisten recht ungewohnt ist. Doch sie dient dazu zu sortieren, welche Absicht du genau hast, und dich bei deinen Formulierungen auf das zu konzentrieren, was du mitteilen möchtest. Auf diese Weise lernst du, mit den eigenen Worten und Aussagen achtsamer umzugehen. Wir beschreiben dies hier deshalb so ausführlich, da es nicht nur eine Methode ist, sondern sich zu einer grundsätzlichen Kommunikationshaltung entwickeln kann und sollte.[89] Probiere es einmal aus, gerne zunächst mit Menschen, mit denen du keine schwerwiegenden Konflikte hast und in deren Nähe du dich sicher und wohlfühlst.

Du kannst diese Methode sehr gut auch als Vorbereitung für

andere Gespräche anwenden, die du vielleicht vor dir hast und die du als schwierig empfindest. Irgendwann wird dir diese Methode in Fleisch und Blut übergehen und für dich zu einer Haltung werden, mit der du respektvoll und wertschätzend mit dir, deiner Schwester und anderen umgehen kannst.

Im Kapitel »Wie lebendige Schwesternbeziehungen gelingen können« erfährst du noch mehr über Möglichkeiten wertschätzender Kommunikation. Doch zunächst möchten wir dir noch einen Wechsel der Blickrichtung anbieten.

Viele Frauen wünschen sich, einen besseren Umgang mit der Schwester oder zumindest mit der vorhandenen Situation zu finden. Sie sind jedoch dabei unsicher, da sie Angst haben, etwas falsch zu machen, die andere zu verletzen oder selbst verletzt zu werden und womöglich die Beziehung ganz zu zerstören. Hilfreich ist, dir immer wieder das Bild der unterschiedlichen Realitätsinseln bewusst zu machen und – mit einer inneren Haltung von Achtung und Respekt – einerseits zu versuchen, die Insel der anderen durch genaues Erlauschen und Ergründen kennenzulernen, und andererseits, deine eigene Wahrheit verständlicher und transparenter zu kommunizieren.

Wie wäre es, wenn du mit dieser Haltung und wohlwollenden Sichtweise deiner Schwester begegnetest?

Wohlwollen und Akzeptanz gegenüber der Schwester bedeutet nicht, alles gutzuheißen, was diese sagt oder tut. Doch für eine wertschätzende Kommunikation und eine gelingende Beziehung sollte jede von uns bereit sein, eine positive Offenheit herzustellen.

Wie wäre es, euer Kapitel mit den alten Verletzungen, Erwartungen, Rollen- und Schuldzuschreibungen abzuschließen und ein neues zu öffnen: der Schwester offen und neugierig zu begegnen, ihre Realitätsinsel zu erforschen und sie neu kennenzulernen? Ein Anfang könnten diese oder ähnliche Fragen sein: »Wie hast du dich eigentlich als Kind und Jugendliche erlebt?«, oder: »Was bewegt dich heute wirklich?« – eben genauso, wie du eine Freundin fragen würdest. Hilfreich kann dabei für dich sein, die vier verschiedenen Ebenen von Botschaften zu berücksichtigen.

Was wäre, wenn Schwestern ihre gegenseitigen Erwartungen und Überzeugungen – sie müssen sich von Natur aus verbunden fühlen und die Schwester hat so oder so zu sein – überprüften? Und sich mit echtem Interesse, Neugierde und einer inneren Haltung von »Ah, *so* siehst du es! – Ach, *so* erlebst du dies also! – Aha, *so* erinnerst du es!« begegneten? Wenn diese Art der Kommunikation gelingt, werden Schwestern sich immer seltener als Schwestern in der Krise wiederfinden oder in einer schmerzhaften Beziehung stecken bleiben.

Wie du es schaffen kannst, dich von deinen Erwartungen deiner Schwester gegenüber zu lösen? Konkrete Erwartungen an die Schwester zu haben, beinhaltet meist, dass die Schwester nicht richtig ist, wie sie ist, und dass wir ihr nicht vertrauen oder sie kontrollieren wollen. Letztendlich steckt dahinter möglicherweise auch das Bestreben, sie zu verändern, sodass sie eher den eigenen Erwartungen entspricht – doch damit betreten wir dann ja sozusagen eine fremde Baustelle. Stattdessen können wir uns bewusst dafür entscheiden, die Schwester aus eigenen Erwartungen und Vorstellungen zu entlassen.

## Übung: Die Schwester aus deinen Erwartungen entlassen

Eine Vorbemerkung möchten wir dir auf den Weg geben: Wenn du es dir nicht zutraust oder andere Gründe hast, diese Übung nicht direkt mit deiner Schwester zu machen, kannst du entweder eine Freundin fragen, stellvertretend in die Rolle deiner Schwester zu schlüpfen. Oder du schreibst dir deinen Teil des Dialogs, wie du ihn dir vorstellst, auf. Anstelle deiner Schwester kannst du einen Stuhl dir gegenüber aufstellen und liest ihr –

imaginär auf dem Stuhl – dann deine Äußerungen laut vor. Denn wie im Kapitel: »Symbole und ihre Wirkungskraft« beschrieben, sind rituelle Handlungen, die authentisch und mit einer ehrlichen emotionalen Beteiligung ausgeführt werden, genauso wirksam, als wenn du tatsächlich so handelst und mit deiner Schwester real sprichst. Sag laut oder schreibe auf, dass du deine Schwester aus deinen Erwartungen entlässt, was du ihr wünschst, und äußere ehrlich deine Ängste. Das könnte beispielsweise so aussehen:

»Liebe ... (hier nennst du bitte ihren Namen), es ist Zeit, dass ich dich aus meinem Erwartungsdruck entlasse.«

»Ich wünsche dir für dich aus vollem Herzen, dass du dich entwickelst, wie es für dich richtig ist.«

»Ich will dich entlassen und habe gleichzeitig Angst, dass ich dabei einen Fehler mache oder etwas übersehe.«

»Doch ich wünsche mir für mich und für dich, dass ich dich loslassen kann, dass ich dich einfach so respektieren und lieben kann, wie du bist.«[90]

Mit dieser Übung, nein, bereits mit der Entscheidung, diese Aussagen zu treffen, fängst du an, bei dir etwas zu verändern: Du lässt los, hörst auf zu kämpfen und vertraust stattdessen darauf, dass dies auch Veränderungen bei deiner Schwester bewirken wird. Denn sie wird sich nicht mehr unter Druck, kontrolliert, bevormundet oder ähnlich fühlen und dadurch mehr Raum haben, sich zu entfalten. Wenn du dich veränderst, werden sich die Menschen und die Beziehungen um dich herum verändern. Oft ergibt sich dadurch ein leichterer Umgang mit unterschiedlichen Nähe- und Distanzwünschen.

»Wenn du dich veränderst, wird jeder verändert sein, ohne dass du jemand anderen verändert hast.« (Tulku Lobsang Rinpoche)[91]

## Mit unterschiedlichen Kontaktwünschen leben

Mit niemandem sonst, nur mit unseren Schwestern, wachsen wir so nah miteinander auf. Sie sind diejenigen, mit denen wir im Elternhaus von der Geburt bis zum Auszug am engsten zusammenleben und auf gleicher, horizontaler Ebene Sozialverhalten und Selbstbehauptung lernen und üben. Sie sind unsere ersten Buddys oder Peers, die uns unmittelbares, schonungsloses Feedback geben, die unsere empfindlichsten Punkte kennen, die uns total schnell auf die Palme bringen können, mit denen wir aber auch Geheimnisse teilen und mit denen wir uns gegen die Eltern oder andere im Außen verbünden können – sie sind uns am vertrautesten. Schwestern sind das erste Team, das wir hautnah erleben.[92]

Viele Frauen beschreiben, dass sie auch schöne, unbeschwerte Kindheitserinnerungen mit ihren Schwestern haben. Umso schmerzvoller werden Erfahrungen von Krisen, Entfremdung oder Kontaktabbruch im Erwachsenenalter erlebt. Sie empfinden dies wie ein auswegloses Dilemma, verbunden mit großem Leidensdruck: Einerseits ist da die Sehnsucht nach Nähe, dem Austausch auf Augenhöhe und häufigem Kontakt, andererseits gibt es untereinander Konkurrenz, Neid, Missverständnisse und Kränkungen. Kränkungen können krank machen – beide Begriffe gehören zur selben Wortfamilie. Gelingende Schwesternbeziehungen oder Frieden mit dem Nichtgelingen zu finden, kann zur körperlichen und seelischen Gesundheit beitragen: »Eine im Erwachsenenalter geklärte Geschwisterbeziehung hängt mit psychischer Gesundheit zusammen. Insbesondere ein enger emotionaler Kontakt zur Schwester verringert Depressionssymptome.«[93]

Es gibt jedoch nicht zwangsläufig immer ein Happy End. Wenn wir auch noch so bemüht sind, die eigene Schwester mit ihrer Andersartigkeit anzuerkennen und wertschätzend mit ihr zu kommunizieren, können wir zu dem Ergebnis kommen, dass wir gleichsam in verschiedenen Welten leben und uns nicht miteinander verständigen, geschweige denn, harmonieren können. Distanz bedeutet dann, wahrzunehmen, dass wir uns auseinanderentwickelt haben, und zu akzeptieren, dass wir getrennte Wesen sind und nicht zusammenpassen. Was glaubst du: Könnte es dann nicht befreiend sein, wenn du dir und vielleicht auch deine Schwester sich dies ein- und zugestehen könntet und die Trennung oder Distanz sich aus dieser Erkenntnis ergibt? Dann ist sie bewusst entschieden, und ihr könnt dies offen aussprechen. Dies mag sich schmerzvoll und auch einsam anfühlen, vielleicht aber stellst du fest, dass du ein Stück weit erleichtert bist. Denn mit dieser Klarheit gelingt es euch beiden eher, Frieden mit der Situation zu schließen, als wenn ihr dauerhaft in einer Ambivalenz verharrt.

Manchmal ist es in der Tat gesünder und letztendlich heilsamer, den Kontakt zu beenden und dem ehrlich ins Auge zu schauen. Versuche dann, dich mit dieser Situation zu versöhnen. Wie das gelingen kann, darum geht es im nächsten Kapitel.

## Funkstille zwischen Schwestern

Viele kennen es aus eigener Erfahrung, und auch in der Geschwisterforschung wurde bestätigt, dass Geschwister sich nicht unbedingt automatisch lieben, nur weil sie Geschwister sind. Eine gute, harmonische Beziehung zur Schwester zu haben, ist entweder ein Geschenk oder etwas, was wir uns miteinander immer wieder neu erarbeiten und pflegen sollten. Einige Frauen erleben, dass die Schwester sie nicht so liebt, wie sie es sich wünschen. Oder sie haben sich so stark in unterschiedliche Richtungen entwickelt, dass es keine Berührungspunkte mehr gibt.

Oder es bestehen so schwere und unlösbare Konflikte, dass es sinnvoller ist, sich zu schützen und zurückzuziehen. In diesen Fällen haben viele Frauen Zweifel, ob sie es denn dürfen.

Ist es okay, sich von der eigenen Schwester zu distanzieren oder den Kontakt gar ganz abzubrechen? Diese Frage quält sie, dabei schmerzt allein der Kontaktabbruch schon sehr. Zusätzlich stoßen sie – neben dem eigenen schlechten Gewissen und den Selbstzweifeln – in der Familie und im Umfeld häufig auf Unverständnis.

Auf der anderen Seite gibt es viele Frauen, die ihrerseits darunter leiden, dass die Schwester den Kontakt abgebrochen hat. Sie suchen Wege, damit fertigzuwerden oder neue, zarte Bande zu knüpfen. All dies sind häufig komplizierte und bedrückende Situationen und schwierige Fragen.

Unsere Erfahrung zeigt, dass viele Frauen zunächst versuchen, den Konflikt mit der Schwester irgendwie zu lösen. Doch gelingt ihnen dies nicht, tragen sie diese Last, ihr »Päckchen«, dann meist allein mit sich herum, und viele leiden ein Leben lang darunter.

Die folgenden zwei Beispiele zeigen dir, wie zwei unserer Teilnehmerinnen mit dem schwierigen Thema Kontaktabbruch umgegangen sind und was sie im Workshop durchlebt und erfahren haben.

### Fallbeispiel: Die Zurückhaltende

Maria, 48 Jahre, ist die mittlere von drei Schwestern. Ihre ältere Schwester Susanne ist 50 Jahre alt, mit ihr versteht sie sich gut. Ihre sechs Jahre jüngere Schwester Kristin hat vor anderthalb Jahren den Kontakt zu den beiden großen Schwestern abgebrochen, worüber Maria überaus traurig und auch ratlos ist.

Sie und Susanne, die beiden Ältesten, haben sich immer gut verstanden und sehr nah gefühlt – wie »Pech und Schwefel«, beschreibt sie es uns. Als sie acht und sechs Jahre alt waren, wurde Kristin geboren, und sie beide haben sich sehr über den Familienzuwachs gefreut. Gemeinsam haben sie sich viel um die kleine Schwester gekümmert und gern mit ihr gespielt. Doch oft waren sie auch genervt von ihr, weil die Kleine ihr Spiel gestört hat und sie Rücksicht nehmen sollten. Manchmal waren sie wohl auch etwas gemein zu ihr, dann hatte Maria schnell ein schlechtes Gewissen, und Kristin tat ihr leid. So fühlte sie sich oftmals wie zwischen zwei Stühlen.

In ihrer Familie gab es feste Rollenzuschreibungen: Die Älteste war »die Wilde und Lebhafte«, sie selbst galt als »die Zurückhaltende, die sich eher still verhielt und schnell nachgab«. Kristin, »die kleine Prinzessin«, wurde von den Eltern »von vorn bis hinten« verwöhnt.

Im Erwachsenenalter wussten Susanne und sie oft gar nicht, »was mit Kristin eigentlich wieder los war«, beschreibt Maria, und warum »sie sich immer noch schnell benachteiligt und von uns ausgeschlossen gefühlt hat, beleidigt war und wochenlang nicht mit uns geredet hat«.

Als die Mutter unter der Trennung von ihrem Partner litt und Unterstützung brauchte, kam es zu einem heftigen Streit darüber, wer sich genug um die Mutter kümmerte und wer nicht. Seitdem hat Kristin den Kontakt zu den Schwestern gänzlich abgebrochen.

Als Symbol für das zerrüttete Verhältnis legt Maria einen Scherbenhaufen auf ihren Schwestern-Stand. Der steht auch für ihre Wut auf Kristin: Sie ist wütend, weil ihre Schwester den Kontakt abgebrochen hat, und findet sie »egoistisch, biestig und kein Stück kooperativ«. Ihr Wunsch ist es, den Abstand aushalten zu können, aber »ohne diese Wut«. Auf ihre Schwester zuzugehen, kommt für sie nicht mehr infrage, daher möchte sie gern lernen, mit dem Kontaktabbruch und der Ist-Situation friedvoller umzugehen.

Wenn wir in Lebensumständen leben, die wir nicht ändern

können oder wollen, leiden wir häufig unter vielen sehr unterschiedlichen Gefühlen. Bei Maria sind es Schuldgefühle und vor allem Wut. In diesem Zusammenhang halten wir das Gedicht von Dschalal ad-Din Muhammad Rumi für außerordentlich hilfreich und lesen es zunächst vor:[94]

### Das Gasthaus

*»Das menschliche Dasein ist ein Gasthaus.*
*Jeden Morgen ein neuer Gast.*
*Freude, Kummer und Niedertracht –*
*auch ein kurzer Moment der Achtsamkeit*
*kommt als unverhoffter Besucher.*
*Begrüße und bewirte sie alle!*
*Selbst wenn es eine Schar von Sorgen ist,*
*die gewaltsam alle Möbel*
*aus deinem Haus fegt,*
*erweise dennoch jedem Gast die Ehre.*
*Vielleicht bereitet er dich vor*
*auf ganz neue Freuden.*
*Dem dunklen Gedanken,*
*der Scham, der Bosheit –*
*begegne ihnen lachend an der Tür*
*und lade sie zu dir ein.*
*Sei dankbar für jeden, der kommt,*
*denn alle sind dir zur Führung geschickt worden*
*aus einer anderen Welt.«*

Dieser Text beschreibt wunderbar anschaulich, dass unsere Gefühle so wie Gäste kommen, für eine Weile bleiben, angeschaut, gehört und gefühlt werden wollen bzw. müssen, bevor sie wieder gehen können und dann ein anderes Gefühl »anklopft«.

## Methode: Gasthaus der Gefühle

Da wir herausgehört haben, dass Wut für Maria etwas Uner-
laubtes darstellt, bitten wir sie, einen Versuch zu machen: Sie
möge einmal ihrer Wut die Erlaubnis geben, in ihr »Gasthaus«
zu kommen, sie dort willkommen heißen und die Wut gleichsam sprechen lassen. Um dies zu versinnbildlichen, legt Maria
ein schwarzes Tuch als Symbol für ihre Wut mit etwas Abstand
vor sich hin. Maria fühlt und beschreibt uns ihre Wut und wird
immer lauter: auf ihre Schwester, den Partner, der die Mutter
hat »sitzen lassen«, auf die ganze Situation und auch auf sich
selbst und noch mehr. Entgegen ihren Befürchtungen fühlt sie
sich jedoch nicht von ihrer Wut überschwemmt und ihr hilflos
ausgeliefert, sondern sie kann sie betrachtend spüren und annehmen. Dann, nach einer Weile, wandelt sich ihre Wut in
Traurigkeit. Sie und alle nehmen diese an ihrer Körperhaltung
und der Mimik deutlich wahr. Im weiteren Prozess folgen Verzweiflung, dann ein Gefühl von Ohnmacht und schließlich
stellt sich – nach ein paar stillen Minuten – ein Gefühl der Leere und Ruhe ein, das sich »eigentlich angenehm« anfühle, so
beschreibt es Maria.

Je mehr wir gegen ungeliebte Gefühle ankämpfen, desto stärker umklammern und quälen sie uns. Doch Leben ist Wandel,
und Gefühle kommen und gehen – wenn wir sie willkommen
heißen. Bei diesem Willkommen hilft das Bild »des inneren
Gasthauses«. Maria lädt in diesem Prozess ihre Gefühle in ihr
Gasthaus ein, und dort gelingt es ihr, diese gut wahr- und
annehmen zu können – auch die unliebsamen. Sie wird weicher und empfindet sich in Bezug auf ihre Schwester und den
Kontaktabbruch zunehmend offener und sanfter. Sie beschreibt, dass sie sich nun freier fühle, nachdem sie ihre Wut
hat sprechen lassen, und sie festgestellt hat, dass diese sie gar
nicht überflutet, sondern sich letztendlich sogar in ein ange-
nehmes Gefühl von Stille gewandelt hat.

Im nächsten Schritt macht sie diese Erfahrung auf ihrem Schwestern-Stand sichtbar und verteilt die einzelnen Scherben aus dem Scherbenhaufen neu, weil sie ihre Gefühle im Moment nicht mehr als so »aufgehäuft und unübersichtlich« empfindet. »Da hat sich innerlich etwas geordnet.« Gleichzeitig stellt sie ein verschlossenes Kästchen dazu, das die noch unbekannte Zukunftsperspektive darstellt. Denn in Bezug auf die Schwester wird sie vorerst nichts unternehmen, irgendwann wird sie vielleicht bereit sein, das Kästchen vorsichtig zu öffnen.

Dieses Bild und der Prozess in »ihrem Gasthaus der Gefühle« hat bei Maria die tiefe Einsicht bewirkt, wie heilend es ist, Gefühle zuzulassen und nicht, wie sie es sonst getan hat, rational zu bewerten, wegzuschieben oder gar zu ignorieren. Gefühle wollen gefühlt werden, sonst bleiben sie an uns haften und machen eng und unfrei.

### Übung: Deine Gefühle ins eigene »Gasthaus« einladen

Wenn dich das Gedicht von Rumi und Marias Erkenntnis berührt haben, laden wir dich ein, das Gedicht zu kopieren und es irgendwo sichtbar aufzuhängen, um dich an dein inneres Gasthaus zu erinnern. Sei eine gute Gastgeberin und heiße deine Gefühle willkommen. Wie jeder Gast werden sie auch wieder gehen, und ein neuer Gast tritt vor deine Tür. Lass sie freundlich eintreten, biete einen Platz und Tee an und höre, was sie zu sagen haben. Dann verabschiede dich von ihnen und bleibe neugierig, was dann passiert.

## Fallbeispiel: Die Mutigere

Christina, 36 Jahre, ist die jüngere Schwester von Vanessa. Als Kinder waren sie wie ein Herz und eine Seele. Da sie nur ein-einhalb Jahre auseinander waren, wurden sie fast wie Zwillinge behandelt. Tatsächlich sahen sie sich ähnlich und wurden zu-dem oft gleich gekleidet. Doch von ihrem Charakter her waren sie sehr unterschiedlich: Vanessa war die Vorsichtige und Ängstliche, Christina war eher draufgängerisch und die Muti-gere von beiden.

In der Pubertät fing es an, zwischen den beiden zu kriseln, und ihr Verhältnis wurde zunehmend spannungsgeladen. Im-mer häufiger ging es um Eifersucht, Wettbewerb und Miss-gunst. Auch ihre Interessen entwickelten sich in unterschied-liche Richtungen, und somit entstanden auch verschiedene Freundeskreise, was Christina begrüßte, denn sie wollte nicht mehr nur »im Zweierpack« gesehen werden.

Seit nunmehr 15 Jahren haben die Schwestern fast gar keinen Kontakt.

Christina kann sich diesen Kontaktabbruch nicht erklären, denn »manchmal ging es auch gut miteinander, und schließlich sind wir doch Schwestern«. Es gab aus ihrer Perspektive keinen besonderen Auslöser für diesen totalen Kontaktabbruch – kei-nen großen Streit oder so. Sie weiß bis heute nicht, warum ihre Schwester sie ab einem bestimmten Zeitpunkt gar nicht mehr sehen wollte und will.

Bis vor Kurzem war Christina davon überzeugt, an der gan-zen Situation unschuldig zu sein. Ihre Schwester hingegen sei »unmöglich«, weil sie es offenbar nicht für nötig hält, ihr zu sagen, warum sie nichts mehr mit ihr zu tun haben will. Inzwi-schen ahnt sie, dass Vanessa für die Spannungen und den Kon-taktabbruch nicht allein verantwortlich ist. Allmählich beginnt sie zu akzeptieren, dass Vanessa den Kontakt meidet, und sieht sogar eine Erleichterung darin, dass sie beide sich dadurch konfliktreiche Begegnungen und unangenehme Auseinandersetzungen ersparen.

Als Symbol für den Kontaktabbruch wählt Christina eine Holzschale, die in der Mitte in zwei Teile zerbrochen ist. Diese Teile wieder zusammenzuführen, ist nicht unbedingt ihr Ziel, so sagt sie – dafür seien sie viel zu unterschiedlich. Ihr Wunsch ist es, ihren Frieden mit der Situation zu machen, Vanessa und sich zu verzeihen und sich gerne auch an die schönen gemeinsamen Erlebnisse zu erinnern.

Wir erleben viele Frauen, die einer zerrütteten Schwesternbeziehung verständnis- und ratlos gegenüberstehen. Wie ist es bei dir? Herrscht zwischen dir und deiner Schwester womöglich auch Funkstille – aus welchen Gründen auch immer? Oder ist dein Verhältnis zu deiner Schwester so heikel und explosiv, dass du womöglich einen Kontaktabbruch befürchtest? Vielleicht möchtest du selbst weniger oder keinen Kontakt mehr zu deiner Schwester haben und dir dies zugestehen und dich damit aussöhnen?

In diesen oder  ähnlichen Fällen können dich die folgende Methode und Übung unterstützen.


**Methode: Innere Helferinnen**


Gemeinsam mit Christina gehen wir auf die Suche nach ihren inneren Helferinnen: Welche Qualitäten/Eigenschaften trägt sie in sich, die sie darin unterstützen könnten, mit dem Kontaktabbruch besser umzugehen? Dazu fragen wir Christina, was sie braucht, um Frieden schließen zu können – und was dem womöglich im Wege steht. Sie sagt, da sei dieser »Groll« auf ihre Schwester, auf ihre Eltern und auch auf sich selbst. Wir bitten sie daher, ihren Groll in ihr Gasthaus der Gefühle einzuladen und ihm einmal offen zu lauschen. Sie lässt sich darauf ein, und ihr wird deutlich, dass dieser Groll etwas Altes ist und dass er eigentlich gar nicht mehr so richtig passt – wie ein zu klein gewordener Schuh. Stattdessen stellt sich danach ein Gefühl von »Ratlosigkeit und Leere« ein, und ein wenig später »so etwas wie Sanftheit oder Sanftmut«.

Wir greifen das Stichwort auf und fragen: »Brauchst du vielleicht Sanftmut? Darin ist ja auch das Wort Mut enthalten! Fehlt dir Sanftmut, um Frieden schließen zu können und dich auch gern an die schönen gemeinsamen Erlebnisse mit deiner Schwester zu erinnern?« Dies bejaht sie, und wir laden sie ein, sich ein Symbol für diese Sanftmut auszusuchen. Ihre Wahl fällt auf eine flauschige Katze, weil Katzen für sie etwas Sanftes haben und gleichzeitig Mut verkörpern.

Wir fragen sie, welche Eigenschaft oder welcher Wert ihr noch helfen könnte, um Frieden zu schließen? Vielleicht fällt ihr eine Person ein, die Friedfertigkeit verkörpert – das könne eine reale oder imaginäre Person sein, ein Wesen, ein Tier oder Ähnliches. Christina denkt sofort an eine nahe Freundin, die sie als friedensstiftend und vertrauensvoll erlebt und die allen mit großem Mitgefühl begegnet. »Vertrauen und Mitgefühl sind Eigenschaften, die mir auch helfen würden, Frieden zu finden«, ergänzt sie nun. Wir sind davon überzeugt, dass sie diese Anteile auch in sich selbst trägt. Christina bestätigt dies und sucht sich entsprechende Symbole: Eine kleine Kristallkugel symbolisiert »vertrauensvoll in die Zukunft schauen«, und für das Mitgefühl wählt sie ein weiches Stoffherz. Auch ihre verstorbene Oma habe ganz viel Liebe ausgestrahlt, und Christina spürt nun auch Dankbarkeit für alles Gute in ihrer Kindheit: dass ihre Eltern letztendlich ihr Bestes gegeben haben und dass sie mit ihrer Schwester Vanessa viel Schönes erlebt habe. Sie erkennt, dass ihr noch ein Symbol für diese Dankbarkeit fehlt, und wählt dafür eine Schatzkiste.

Christina hat nun eine ganze Reihe von Eigenschaften und Symbolen identifiziert, die ihr in Zukunft helfen werden, Frieden mit der Situation schließen zu können: Sanftmut (Katze),

Vertrauen (Kristallkugel), Mitgefühl (Stoffherz) und Dankbarkeit (Schatzkiste). Nun bitten wir sie, noch ein Symbol für sich selbst auszusuchen, worauf sie grinsend den Maulwurf Grabowski auswählt, weil sie immer gern »in die Tiefe und allen Dingen auf den Grund« gehe.

Mit einem Seil legen wir einen Kreis und fordern Christina auf, die zerbrochene Holzschale als ihr Symbol für den Kontaktabbruch außerhalb des Kreises abzulegen, innerhalb der Kreislinie aber ihr eigenes und die anderen Symbole für ihre inneren Helferinnen so zu platzieren, wie es sich für sie stimmig anfühlt. So gelingt es ihr, die eigene Situation von außen zu betrachten und die Positionen ihrer inneren Helferinnen bis zu ihrer vollen Zufriedenheit zu ändern.

Im Anschluss bitten wir Christina, ihren Blickwinkel von außen wieder in ihre Ich-Perspektive zu wechseln und sich anstelle des Maulwurf-Symbols in den Kreis zu stellen. Wie geht es ihr im Kreis ihrer inneren Helferinnen? Christina beschreibt, dass sie sich ausgesprochen entspannt und friedlich fühle und dass sie die symbolisierten Eigenschaften ganz deutlich spüren könne. Von der intensiven Wirkung dieser Übung und der Symbole ist sie recht beeindruckt. Sie saugt diese Situation und ihre jetzigen Gefühle noch einmal intensiv ein, was wir ihrem tiefen Einatmen und einem Seufzer der Erleichterung entnehmen. Zur Erinnerung macht sie ein Foto von dieser Aufstellung, damit sie die in sich aufgenommenen inneren Helferinnen abrufen kann, wenn ihr erneut Zweifel kommen.

## Übung: Deine Inneren Helferinnen finden

Überlege dir bitte, um welche Situation genau es dir geht und was du tun oder verändern möchtest. Sei dabei möglichst konkret. Geht es zum Beispiel um ein klärendes Gespräch, das du mit deiner Schwester führen möchtest? Oder darum, deinen

Frieden mit der Situation zu machen, wenn kein Kontakt möglich ist – oder worum geht es dir?

- Beschreibe deine eigene Situation genau und suche dir ein Symbol dafür. (Christina wählte eine zerbrochene Holzschale.)
- Welchen Wunsch hast du? Was möchtest du erreichen in dem Verhältnis zu deiner Schwester oder bei dir selbst? (Christinas Wunsch: Frieden schließen.)
- Überlege dir eine Eigenschaft, die dir in dieser Situation helfen könnte. Was brauchst du?
- Finde für die gefundene Eigenschaft ein Symbol. Gibt es ein Ding, eine reale oder imaginäre Person, ein Wesen, ein Tier oder Ähnliches mit dieser Eigenschaft, welche(s) dies treffend für dich symbolisiert?
- Welche Eigenschaften könnten dich in dieser Situation außerdem noch unterstützen, finde dazu Symbole für Helferinnen, die diese Eigenschaften verkörpern.
- Suche dir auf diese Weise drei bis vier Helferinnen-Symbole.
- Wähle ein Symbol für dich. Platziere dieses stellvertretend für dich sowie die gefundenen Unterstützerinnen so in einen markierten Raum (bei Christina war dies der Kreis aus einem Seil), wie es sich für dich stimmig anfühlt. Das Symbol für deine Situation positionierst du außerhalb. Mit deiner Perspektive von außen betrachtest du nun deine aufgestellte Wunschsituation von allen Seiten. Ändere die Positionen der Symbole, bis du zufrieden bist.
- Stelle dich danach selbst an die Stelle deines Symbols und schau um dich herum deine inneren Helferinnen an – vielleicht möchtest du von hier aus noch einmal etwas verändern? Wenn alles so für dich stimmig ist, lass es auf dich wirken und nimm die Wirkung tief in dich auf.
- Stelle dir die anfangs beschriebene Situation vor und imaginiere, wie du mithilfe deiner inneren Helferinnen (Eigenschaften) die bevorstehende Herausforderung meisterst.

Dann verlässt du diese Aufstellung und kehrst in dein jetziges Leben zurück. Vielleicht magst du in dein Schwestern-Lesetagebuch etwas dazu aufschreiben, zeichnen/malen, ein Foto davon einkleben oder etwas anderes?

## Was tun bei Kontaktabbruch?

In unseren Schwestern-Workshops erleben wir, wie entlastend es für unsere Teilnehmerinnen ist, ihr »Päckchen« endlich einmal anderen Frauen mitteilen zu können. Vielleicht erlebst auch du hier erstmals, dass du mit dem Kontaktabbruch zur Schwester – häufig ein Tabuthema – nicht allein bist?[95] Du wirst sicherlich erkannt haben, wie auch du den Kreislauf deines bisherigen Denkens mithilfe unterschiedlicher Perspektiven verlassen kannst und sich dadurch neue Kommunikations- und Lösungswege auftun. Denn häufig geht es bei Kontaktabbruch darum, sich von alten Ideal- oder Moralvorstellungen und (eigenen) Erwartungshaltungen zu verabschieden.[96] Wie all dies schrittweise zu erreichen ist, dabei helfen dir die Fallbeispiele, Methoden und Übungen wie etwa die inneren Helferinnen.

Jede gelingende Schwesternbeziehung beruht erst einmal auf einer Versöhnung mit sich selbst. Das kann auch bedeuten, dir ohne (Selbst-)Vorwürfe zuzugestehen, zu deiner Schwester keine enge Verbindung oder eventuell auch gar keinen Kontakt mehr halten zu wollen und zu müssen. Oder du erkennst und lernst, in Frieden damit zu leben, wenn die Schwester keinen Kontakt wünscht und sich aus der Beziehung dauerhaft entfernt hat.

Viele Frauen hadern jedoch insbesondere damit, dass sie nicht verstehen, warum die Schwester sich zurückgezogen hat. Dann ist der Kontaktabbruch nicht allein das Problem, sondern die Tatsache, dass sie dem mit Unverständnis gegenüberstehen, weil sie von der Schwester keine Erklärung mehr erhalten. Aber ist es nicht eigentlich eine Illusion anzunehmen, wir könnten die Schwester auf ihrer Realitätsinsel mit all ihren Beweggründen und der anderen Perspektive wirklich, wirklich verstehen? Denn dies ist bereits rein technisch nicht möglich: Die ungefilterte Realität kann das menschliche Gehirn nach jetzigem Stand der Hirnforschung nicht erfassen. Es strömen Millionen von Einzeleindrücken pro Sekunde auf uns Menschen ein, und nur einen Bruchteil davon können wir aufnehmen.[97] Letztendlich erleben wir nur eine Minirealität aller Möglichkeiten, der Rest wird herausgefiltert. Unser Ego versucht jedoch über das Verstehen-Wollen, Sicherheit und Kontrolle für uns herzustellen.

Der amerikanische Psychoanalytiker Irving Yalom beschreibt sehr anschaulich die Hindernisse, die wir überwinden müssen, um unser Gegenüber begreifen zu können, da »eine Reihe verzerrender Prismen ... uns den Weg zur Erkenntnis des anderen ... versperrt«. Ein Hindernis, so Yalom, ist, dass unser Bewusstsein in Bildern denkt, diese aber, um sich mitteilen zu können, in Gedanken übersetzt und dann wiederum in Sprache umgesetzt werden müssen. Dabei gehen viele Informationen verloren. Ein weiteres Hindernis ist, dass wir anderen meistens nicht wirklich alles preisgeben. Wir filtern also – bewusst oder unbewusst – auch vorher schon Dinge heraus, die wir nicht mitteilen können oder wollen. Und als drittes Hindernis beschreibt Yalom die Tatsache, dass die anderen das, was wir senden, wiederum von Sprache in Bilder übertragen müssen. »Es ist also höchst unwahrscheinlich, dass das Bild des Empfängers mit dem ursprünglichen Bild des Senders übereinstimmt.«[98]

Letztendlich können wir also nur erahnen, wie es der Schwester geht, denn wenn wir die andere »›erblicken ... erkennen wir nur unsere eigenen Vorstellungen wieder.‹ – diese Worte liefern den Schlüssel zum Verständnis vieler gescheiterter Beziehungen.«[99]

Katie Byron beschreibt die Sichtweise der unterschiedlichen Realitätsinseln als »Einsicht des schönen Du, dass du frei bist, mich zu sehen, so, wie du mich sehen musst. So, wie du glaubst, wie ich sei – das ist das Recht, mit dem jede*r auf die Welt kommt.«[100]

Es ist uns naturgemäß nur eingeschränkt möglich, uns selbst, andere Menschen und letztendlich die Welt wirklich verstehen zu können. Doch Frieden und Friedfertigkeit können entstehen, wenn wir zulassen, auch einmal etwas nicht zu wissen. Vielleicht kannst auch du deiner Umwelt einen Vertrauensvorschuss geben – oder wie wir gerne sagen: ins Vertrauen gehen.

### Impulsfragen

Was von dem Beschriebenen hat dich am meisten angesprochen und berührt? Worin – in welchen Themen oder Problemen – hast du dich wiedererkannt? Wenn es darum ging,

- in Rollenzuschreibungen und Rollenerwartungen festzustecken?
- ein schlechtes Selbstbild zu haben und unter einem geringen Selbstwertgefühl zu leiden?
- die Schwester partout nicht verstehen zu können?
- unterschiedliche Kontaktwünsche zu haben?
- dass die Kommunikation nicht gelingt?
- im Umgang mit der Schwester immer wieder in Missverständnissen, Uneinigkeit oder heftigem Zerwürfnis zu enden?
- schon häufig und ohne Erfolg um eine Wiederannäherung bemüht gewesen zu sein?
- ... sodass es letztendlich zum Kontaktabbruch gekommen ist oder dieser bevorstehen könnte?

Was auch immer es ist, stets beginnt die Lösung damit, bei sich selbst etwas zu verändern.

## Sei selbst die Veränderung, die du dir wünschst

Wir lernen schon sehr früh, dass wir für das Wohlbefinden anderer verantwortlich sein sollen und umgekehrt – doch dies ist ein großer Irrtum! Andere Menschen sind vielleicht die Auslöser für unsere Gefühle, aber niemals die Ursache. Wenn sich zum Beispiel jemand über uns lustig macht, können wir es mit Humor nehmen und über uns selbst lachen, zutiefst gekränkt sein und uns mies fühlen oder uns tierisch darüber ärgern und wütend werden oder noch vieles mehr. Wir haben jederzeit die Wahl und die Verantwortung, wie wir mit äußeren Begebenheiten umgehen und welche Bedeutung wir ihnen beimessen.

So ist es auch mit Veränderungen, die wir uns wünschen: Wir können darauf warten, dass sich im Außen – bei unserer Schwester – etwas verändert, weil »die ja so schwierig ist«. Wir können weiterhin darauf beharren, insistieren, Kontrolle und Druck ausüben und versuchen, ein schlechtes Gewissen bei ihr auszulösen. Aber was bringt das? Nichts, oder?

Stattdessen möchten wir dich dazu einladen, selbst die Veränderung zu sein, die du dir wünschst. Denn Veränderung bei dir selbst ist der Ausgangspunkt für Veränderung im Außen: Wenn du dich bewegst, bewegen sich andere automatisch mit – wie bei dem bekannten Mobile: Bewegt sich ein Teil, bewegen sich alle anderen auch.

Deshalb sind die ersten Schritte zur Veränderung:

- Finde Frieden mit dir selbst, indem du deine Stärken und innere Reichtümer aufdeckst und deine Schwächen anerkennst, denn Selbsterkundung zieht Versöhnung nach sich.[101]
- Versöhne dich mit dem Außen, mit deinen Mitmenschen, deiner Schwester.

Schließt du Frieden mit dir selbst, gewinnst du ein größeres Selbst-bewusst-sein und ein stabiles inneres Rückgrat. Dann bist du (erst wirklich) bereit, dein Herz auch für die Menschen zu öffnen und zu weiten, mit denen du in Unfrieden bist, die bisher wunde Punkte von dir treffen konnten, mit denen es Verletzungen und Unverständnis gab bis hin zu Sprachlosigkeit und völliger Funkstille. Dann ist es möglich, den anderen Standpunkt »sein zu lassen«, die andere in ihrer Einzigartigkeit und Gleichwertigkeit mit ihrer Sichtweise und Meinung neben dir stehen lassen zu können.

Fritz Perls hat diese Haltung von Ebenbürtigkeit wunderbar auf den Punkt gebracht:

> *»Ich bin ich.*
> *Du bist du.*
> *Ich bin nicht auf dieser Welt,*
> *um deine Erwartungen zu erfüllen.*
> *Du bist nicht auf dieser Welt, um meine zu erfüllen.*
> *Du bist du.*
> *Ich bin ich.*
> *Wenn wir uns in irgendeinem Moment*
> *oder irgendeinem Punkt treffen,*
> *wird es wunderbar sein.*
> *Wenn nicht, kann es nicht verhindert werden.*
> *Mir fehlt es an Liebe mir selbst gegenüber,*
> *wenn ich mich in dem Versuch, dir zu gefallen, betrüge.*
> *Mir fehlt es an Liebe für dich, wenn ich versuche zu erreichen,*
> *dass du wirst, wie ich es will,*
> *anstatt dich so zu akzeptieren, wie du wirklich bist.*
> *Du bist du und ich bin ich.«*[102]

Im nächsten Kapitel geht es um Chancen und Ressourcen, um Wertschätzung von Verbindendem wie Unterschiedlichem und um gelingende Schwesternbeziehungen.

# Wie lebendige Schwesternbeziehungen gelingen können

Du hast nun viele Beispiele von schwierigen und konfliktreichen Schwesternbeziehungen kennengelernt, in denen es u. a. um ein Sich-miteinander-Vergleichen und Konkurrenz, festgefahrene Bilder und Erwartungen, alte Rollen- und Denkmuster, um Recht-haben-Wollen und um Unverständnis ging. Dazu haben wir dir verschiedene Wege und Möglichkeiten aufgezeigt, wie du deine Perspektive erweiterst und so Veränderungen bewirkst.

Bei allen Fallbeispielen liegt eine der Hauptursachen für die Beziehungsprobleme darin, dass die Schwestern alte Rollenzuschreibungen noch nicht oder unzureichend reflektiert hatten und deshalb – insbesondere im direkten Kontakt zu ihren Schwestern – immer wieder in ihr Kindheits-Ich gerutscht sind. Meistens waren sie auch in ihrem Selbstwertgefühl mehr oder weniger stark angegriffen. Ihr Wunsch war es, mit der Schwester auf Augenhöhe zu sein. Doch eine wichtige Voraussetzung für Ebenbürtigkeit ist es, die Rollen, die wir als Kinder hatten, zu hinterfragen und aus ihnen herauszuwachsen. Oder, wie Hans Sohni es beschreibt: »… mit alten elterlichen Zuschreibungen und bisher mitgeschleppten Projektionen aufzuräumen.«[103]

# Schritte zu gleichwertigen Beziehungen

Wie fangen wir es an, gleichwertige Beziehungen zu unseren Schwestern zu gestalten? In diesem Kapitel fassen wir für dich die wichtigsten Erkenntnisse aus unseren Fallbeispielen zusammen. Damit bekommst du Handlungsschritte aufgezeigt, die dir bestimmt auf deinem Weg zu einer verbesserten Schwesternbeziehung hilfreich sein können:

## 1. Schritt: Dein Selbstwertgefühl stärken

Hier geht es um dich und wie du dich selbst siehst. Wenn du die folgenden Fragen beantwortest, hast du wertvolle Erkenntnisse über dich selbst gewonnen:
- Wer bin ich eigentlich wirklich? Was macht mich aus?
- Was sind meine Fähigkeiten, Talente, Leidenschaften?
- Was kann ich gut, wobei geht mir das Herz auf, worüber freue ich mich, wofür bin ich dankbar?
- Und wo sind meine Grenzen?
- Was möchte ich lernen, entwickeln und entfalten? Was ist mein sehnlichster Wunsch?

Zur Selbstreflexion – eine Lebensaufgabe, die nie aufhören sollte – gehört es, eigene Anteile kritisch zu beleuchten. Damit ist nicht die strenge Richterin und nörgelnde Selbstzweiflerin gemeint, die manche von uns im Hinterkopf mit sich herumtragen, sondern die wohlwollende Beobachterin, die alles wertschätzend betrachtet, auch die eigenen Unzulänglichkeiten, Schwächen, wunden Punkte und Fehler. Gleichwertige und erwachsene Beziehungen können wir erst dann führen, wenn wir sowohl unsere Licht- als auch unsere Schattenseiten anerkennen und wertschätzen.

Hier haben wir noch zwei Stimmen von ehemaligen Teilnehmerinnen, die über ihr wachsendes Selbstwertgefühl sehr dankbar waren. Sie waren mit der Erwartung, es ginge um Veränderungen bei ihrer »schwierigen« Schwester, zum Workshop gekommen.

Eine 39-jährige wissenschaftliche Mitarbeiterin schrieb uns: »Überraschend: Es ging nicht um die Geschwister – es ging um uns. Kein ›Abarbeiten‹ an tausendfach durchgekauten Situationen, sondern ein stärkender Blick auf uns selbst. Irgendwie ging es eher um die Beziehung zu uns selbst als um die zu unseren Geschwistern.« Und Anette S., eine 55-Jährige, schrieb uns: »Hier habe ich erfahren, was nottut: bei mir zu sein – wenn ich in meiner Mitte bin, bin ich nicht mehr (viel weniger, nein gar nicht) eifersüchtig. Dieses Thema zieht sich durch mein Leben – und bei euch habe ich diese Verknüpfung gespürt/erfahren: in der Mitte, in meiner Mitte zu sein und dann keine Eifersucht zu spüren und gelassen auf meine Schwester zu schauen ... das ist meine Lebensaufgabe, ich bin dran, falle oft raus und kann immer wieder an das Erlebte (bei euch) andocken ...«

Wir sind gespannt darauf, auch von dir zu hören, wie du von dem Gelesenen für deine Schwesternbeziehung hast profitieren können.

## 2. Schritt: Wege zur Versöhnung

Der nächste Schritt auf dem Weg zu einer lebendigen und gelingenden Schwesternbeziehung ist die Bereitschaft zur Versöhnung. Dazu gehört es, sich selbst und der Schwester gegenüber eigene Fehler einzugestehen und sich aufrichtig dafür zu entschuldigen. Du könntest das so formulieren: »Wenn ich dich verletzt habe, tut es mir sehr leid.« Oder: »Dass ich ... gesagt habe, war nicht richtig/war falsch – es tut mir leid.« Wir wissen, dass es zu keiner Verständigung führt, wenn wir uns für unsere Fehler rechtfertigen oder die Verantwortung dafür abgeben und womöglich der Schwester Vorwürfe machen, wie zum Beispiel: »Weil du ... gesagt hast, habe ich so ... gehandelt.« Diese Art der Reaktion spiegelt unser Kindheits-Ich aus der Sandkistenzeit wider (»Du hast mir auch eine Schaufel weggenommen ...«). Möchtest du weiterhin recht haben oder eine gute, wertschätzende oder zumindest respektvolle Beziehung zu deiner Schwester aufbauen und führen? Erinnere dich: Die Verantwortung und Möglichkeit einer Veränderung liegt bei dir, unabhängig davon, was deine Schwester sagt oder nicht sagt oder wie sie handelt. Du bist als Erwachsene selbst verantwortlich für dein Tun und Handeln. Dies befähigt dich, eine Brücke zu bauen, über die der Weg zur Versöhnung mit deiner Schwester verlaufen kann.

Eine Brücke muss nicht gleich – wie aus Beton – feststehen; es darf auch zunächst eine vorläufige Behelfs- oder Hängebrücke sein. Wie wäre es, erst einmal die unterschiedlichen Sichtweisen nebeneinander stehen zu lassen und zu akzeptieren, dass deine Schwester etwas ganz anders erlebt (hat) als du? Andere Standpunkte brauchen wir nicht gleich als Angriff zu sehen, denn wenn unsere Schwester ganz anders denkt und fühlt als wir, ist sie nicht gleich unsere Feindin!

Meistens gibt es mehr als nur die zwei Seiten von »entweder – oder«, »richtig oder falsch« und »besser oder schlechter«, was unwillkürlich zu einer Spaltung führt. Versuche deinen Blickwinkel zu erweitern. Dann siehst du eher, wo du eine Brücke aus »sowohl als auch« aufbauen könntest. Das bedeutet konkret, das Erleben der Schwester und ihre Ansicht wahrzunehmen, zu akzeptieren und zu würdigen: »Ja, ich sehe dich. Ich sehe deine Haltung dazu und respektiere sie.« Dies entspannt die Beziehung und kann ein weiterer Schritt in Richtung Verständigung sein. Der Schwester Vorgefallenes nachzutragen und womöglich bei jeder Gelegenheit »wiederzukäuen«, etwas

»ewig nachzutragen, zu projizieren und Schuld zuzuschreiben«[104], tut dir und euch beiden nicht gut. Es verhilft nicht zum Bau einer tragfähigen Brücke, sondern wirkt wie eine Mauer, die wir bauen.[105] Und vor allem belasten und vergiften wir insbesondere uns selbst damit, denn wir sind es, die diese Gedanken ständig mit uns herumtragen!

Ein ganz wichtiger Aspekt für gelingende Beziehungen ist die Bereitschaft, wahrhaftig zu verzeihen. Vielleicht passt ja einer dieser Sätze auf dich und deine Situation: »Ich sehe, dass du auch deine Päckchen zu tragen hattest oder sie heute noch trägst. Ich sehe deine Kränkungen und Enttäuschungen. Das tut mir leid. Ich verzeihe dir auch deine Verletzungen mir gegenüber.«

### 3. Schritt: Beziehungspflege

Wie jede andere Beziehung auch, funktioniert die Schwesternbeziehung nicht automatisch, sondern muss wie eine Pflanze regelmäßig gegossen und gepflegt werden. Katharina Ley beschreibt das so: »Geschwister-Sein wird … zur lebenslangen, anspruchsvollen Aufgabe.«[106] Schwestern teilen Gefühle und Geschichten aus ihrer gesamten Lebensspanne. Akzeptiere die unterschiedliche Wahrnehmung auf eure Vergangenheit, nur so könnt ihr eure jeweiligen Erinnerungen, euer Familienarchiv, wertschätzen und als stützend und stärkend empfinden. Bleibe offen und frage, wer deine Schwester – hinter deinen Vorstellungsbildern, Erwartungen und Vorurteilen – eigentlich wirklich ist.

Fange an, die Fähigkeiten, Kompetenzen, Stärken und die Gleichwertigkeit deiner Schwester anzuerkennen. Solange sich Schwestern miteinander vergleichen in »besser, schlauer«, eben »ungleicher«,[107] ist eine Annäherung schwierig. Wenn du beginnst, die Andersartigkeit als gleichwertig anzuerkennen und als Bereicherung anzusehen, besteht auch die Chance, dass deine Schwester nachzieht.

Kontakte, die vorurteilsfrei, offen, ohne Schuldzuweisungen, mit der Bereitschaft zur Selbstreflexion und Selbstkritik gestaltet werden, tragen zu einer befriedigenden Beziehung bei.

## 4. Schritt: Wertschätzende Kommunikation

»Die Natur hat uns nur EINEN Mund, aber ZWEI Ohren gegeben, was darauf hindeutet, dass wir weniger sprechen und mehr zuhören sollten.«[108] Dieses Zitat stellen wir hier voran, da bei wertschätzender Kommunikation immer auch das Hören und Eingehen auf die andere im Vordergrund steht – eine Basis für erfolgreiche Kommunikation. Wir sind uns dessen bewusst, dass die meisten von uns dies nicht gelernt haben. Auch deshalb haben wir dies am Beispiel von Birgit (Die Kontaktsuchende) ausführlich thematisiert. In unseren Familien, in den Schulen, in der hierarchischen Arbeitswelt oder der Politik herrscht eher eine vertikale Kommunikation vor, die geprägt ist von Schlagabtausch, Kontrolle, Dominanz und Machtausübung. Was wir aber in unseren schwesterlichen Beziehungen üben dürfen, ist eine horizontale Kommunikation, denn »… zu demokratischen Strukturen gehören Konflikte und zu deren Lösung die Anerkennung von Verschiedenheit. Geschwisterlichkeit heißt nicht Harmonie, sondern Konfliktfähigkeit.«[109] Förderlich ist es dabei, wenn beide dazu bereit sind, doch jede von uns kann allein damit beginnen (denke an das Mobile!).

## Impulsfragen

Folgende Fragen kannst du wie eine (innere) Checkliste zur Vorbereitung und Überprüfung deines Gesprächsverhaltens nutzen:

- Frage dich, bevor du in eine Kommunikation gehst, was deine wirkliche Absicht ist – geht es dir zum Beispiel um Klarheit, Verständnis oder Versöhnung?
- Weißt du genau, was für Botschaften und Signale du senden willst? Frage deine Schwester, was sie gehört hat. Und überprüfe auch, ob du richtig verstanden hast, was sie gesagt/dir an Botschaft gesendet hat.
- Kommunizierst du wohlwollend und wertschätzend? Oft hilft es, das (innere) Kind in der anderen zu sehen.
- Kannst du Nähe zwischen euch herstellen und über ein gemeinsames Thema sprechen, ohne wunde Punkte zu treffen?
- Bist du bereit, die Realität deiner Schwester zu erlauschen und zu empfangen sowie Andersartigkeit und Distanz anzuerkennen? Erlaubst du dir, ehrlich und voll sichtbar zu sein und zu sagen, was du fühlst?
- Sprichst du rechtzeitig und zeitnah an, wenn dich zum Beispiel etwas verletzt oder verärgert hat?
- Hinterfragst du ehrlich und offen, ob du wirklich Nähe zu deiner Schwester willst und sowohl deine als auch ihre Distanzwünsche akzeptierst? Wertschätzende, erfolgreiche Kommunikation erzeugt Nähe. Auch wenn wir uns Nähe wünschen, ist sie manchmal nur schwer auszuhalten und wir fangen an, diese (selbst doch) wieder zu (zer)stören, wenn uns Distanz und Konflikte vertrauter sind.

Wenn du die beschriebenen Aspekte für eine gelingende Kommunikation berücksichtigst, wird sich nicht nur die Beziehung zu deiner Schwester verändern. Je mehr du merkst, dass die Verständigung so besser gelingt, desto leichter wirst du in allen deinen Beziehungen irgendwann automatisch in dieser Form kommunizieren, weil du sie verinnerlicht hast.

# Zur Neugestaltung einer Schwesternbeziehung

Im folgenden Beispiel begleiten wir drei Schwestern in verschiedenen Phasen ihrer Beziehungen zueinander und erleben dabei zum Teil überraschende Entwicklungen. In ihrer Geschichte kannst du miterleben, wie sich eine Schwesternbeziehung neu gestalten lässt.

### Fallbeispiel: Von Streithennen zu drei Musketieren

Gerlinde, 51 Jahre alt, ist die Jüngste von drei Schwestern, deren Altersabstand jeweils drei Jahre beträgt. Als Kinder und Jugendliche haben sie sich viel gestritten. Zu Renate, der Ältesten, hatte Gerlinde keine enge Beziehung, da diese ja sechs Jahre älter war. Und Monika, die Mittlere, und sie empfanden große Konkurrenz: Gerlinde schildert, ihr sei erst als Erwachsene klar geworden, dass sie sich damals nicht in die Geschwisterreihe einordnen, sondern der Mittleren ihren Rang streitig machen und auch groß sein wollte. Denn sie hatte als Jüngste Probleme, einen Platz in der Familie zu finden. Renate war von vornherein als Älteste ein »Papakind«, und Monika hatte eine ganz enge Bindung zur Mutter. Gerlinde galt meist als die »kleine Nervige«, denn sie verhielt sich ausgesprochen exaltiert, temperamentvoll und gefühlsbetont – sie glaubt, das war den anderen zu viel. Die Eltern verhielten sich ihr gegenüber oft recht harsch, weil sie mit dem »theatralischen Verhalten«, wie das genannt wurde, nicht gut umgehen konnten. Sie war das Enfant terrible, die Wilde, Ungezügelte und Anstrengende, aber auch die Schlaue, und damit in der Schule eine Überfliegerin. Renate, als Älteste, war hingegen die Vernünftige, die erst später aus dieser rationalen Rolle ausbrach. Monika in der Mitte war die

Brave und ist es im Prinzip heute noch, was sie selbst allerdings auch bedauert.

Erst als Gerlinde etwa 17, Monika 20 und Renate 23 Jahre alt waren, fingen sie an, vermehrt auch schöne Dinge miteinander zu machen und sich auf einer neuen Ebene als erwachsene Schwestern zu begegnen, wie gegenseitige Besuche am Studienort, Unternehmungen und Weiteres. Den Schwestern wurde zunehmend bewusst, dass sie sich meist nur zu Familienfesten im Beisein anderer Verwandten trafen. Es entstand der Wunsch, »auch mal wieder nur zu dritt zu quatschen, wie früher im Nachthemd auf der Bettkante«. Denn dieses Gemeinschaftsgefühl gab es neben den vielen Streitereien in der Kindheit auch – alle drei hatten sich eine Zeit lang ein Zimmer geteilt. So begannen die Schwestern gemeinsame Wochenenden nur zu dritt – ohne ihre Familien – zu verbringen. Allerdings war die Schwestern-Dynamik so, dass Gerlinde und Monika jeweils mit Renate gut konnten, aber immer noch nicht miteinander. Die Große war also zur Vermittlerin und ihr Verbindungsglied geworden. Es war wie eine Dreieckskonstellation mit zwei stark ausgeprägten Schenkeln. Gerlinde fühlte sich von Monika häufig übergangen und nicht ernst genommen. Wenn sie beispielsweise zu dritt auf Reisen waren und Gerlinde nach etwas fragte oder etwas vorschlug, reagierte Monika nur auf die Antworten und Angebote der Großen, nicht aber auf ihre. Dies ärgerte sie zunehmend, und sie schrieb Monika einen Brief, denn ein direktes Gespräch traute sie sich nicht zu. Darin beschrieb sie, was sie an Monikas Verhalten wahrnahm und wie sie sich damit fühlte. Monika antwortete ihr daraufhin, dass sie als die ältere Schwester sich ebenfalls von Gerlinde nie anerkannt gefühlt habe. Gerlinde konnte dies annehmen, denn genau das war ihr bereits während einer Familienaufstellung mit Figuren, in der sie ihre eigene Schwesterfigur höher und ihre mittlere Schwesterfigur niedriger als sich selbst aufgestellt hatte, bewusst geworden.

Hier wird beispielhaft deutlich, was wir in vielen konfliktreichen und angespannten Schwesternbeziehungen beobachten können: Die einzelne Schwester fühlt sich nicht richtig gesehen und ernst genommen – nicht auf Augenhöhe – und wirft dies der anderen vor. »Du nimmst mich nicht ernst.« Doch das, was sie an der anderen zu beobachten meint, sind auch ihre eigenen Anteile: Sie selbst sieht die Schwester ebenso nicht richtig und nimmt sie nicht ernst.

Gerlinde ist es gelungen, ihr eigenes Verhalten zu reflektieren und ihre eigenen Schattenanteile, auch blinde Flecken genannt, aufzudecken, ans Licht zu bringen und die Verantwortung dafür zu übernehmen. So konnten die beiden Schwestern die Schieflage aufklären. Dies war für die Beziehung der drei Schwestern heilsam: Ihnen wurde deutlich, dass jede jeweils die andere als Aggressor gesehen hatte. Dadurch, dass Gerlinde ihren Anteil erkennen konnte und die beiden sich ihre jeweilige Wahrnehmung eingestanden hatten, konnte die Verstrickung letztendlich aufgelöst werden, und die Beziehung entspannte sich. Ihr Konkurrenzverhalten wandelte sich in gegenseitige Wertschätzung, und sie lernten, ihre Verschiedenheit zu schätzen. Gerlinde erlebt seitdem ihr »Schwesternbeziehungs-Dreieck als rund«. Was mathematisch und in der Geometrie ausgeschlossen ist – Schwestern machen es möglich!

Der Austausch auf Augenhöhe erwies sich bei den drei Schwestern als enorm wichtig, als es darum ging, die pflegebedürftige Mutter im betreuten Wohnen unterzubringen. Jede Schwester brachte, so beschreibt es Gerlinde, ihr persönliches Talent dabei ein: Gerlinde das Organisatorische, Monika die kreative Gestaltung des neuen Wohnraums der Mutter, damit sie sich dort schnell zu Hause fühlen konnte, und Renate kümmerte sich um die behördlichen Angelegenheiten. Alle schätzen es, wie solidarisch sie inzwischen miteinander sein konnten und dass sie »wie die drei Musketiere« zusammenhielten. Gerlinde erzählt das gleichzeitig stolz und amüsiert. Auch wenn

Monika nah bei der Mutter wohnt und sie diese hauptsächlich betreut, fühlt sie sich nicht allein gelassen, denn sie hat es für sich so entschieden. Gerlinde und Renate fahren abwechselnd alle zwei Monate für ein Wochenende dorthin, um Monika unter die Arme zu greifen. Außerdem haben alle miteinander vereinbart, dass die Mutter dies entsprechend im Testament berücksichtigen und Monika einen Extraanteil des Erbes erhalten wird.

Gerlinde schildert, dass es ein langer Weg war, bis sie ihre Schwesternbeziehung so neu gestalten konnten, doch dass die Basis dafür wohl bereits im Elternhaus gelegt wurde, wo sich alle drei, trotz unterschiedlicher Rollenzuschreibungen, durchaus geliebt gefühlt haben und wo gestritten, sich aber auch wieder versöhnt wurde.

Doch selbst wenn es durch die Eltern zu Ungleichbehandlung und emotionaler und materieller Bevorzugung oder Benachteiligung einzelner Kinder gekommen sein sollte, ist ja nicht eine Schwester dafür verantwortlich. Für einen Vorwurf wie beispielsweise, sie habe es immer besser oder leichter gehabt, ist eine Schwester daher die falsche Adressatin, denn hierbei liegen die Ursache und Verantwortung bei den Eltern und nicht bei der Schwester.

Dies zu unterscheiden ist ausgesprochen wichtig, damit wir den Grund unserer frühen Verletzungen nicht der Schwester zuschreiben.

### »Geheimnisse« einer gelingenden Schwesternbeziehung

Wir fragen Gerlinde, was die Gründe und »Geheimnisse« sind, warum die drei Schwestern eine gelingende und glückliche Schwesternbeziehung zueinander gefunden haben? Sie zählt auf:

- bereit zu sein, meine eigene Rolle und mein Verhalten in dem Beziehungsgeflecht kritisch anzuschauen.
- aufzuhören, vorwurfsvoll mit dem Finger auf die andere zu zeigen, sondern sie stattdessen zu fragen: »Ich empfinde es so, wenn du …, warum verhältst du dich so?«
- über den eigenen Schatten zu springen und auf die Schwester zuzugehen.
- nicht übereinander, sondern miteinander zu reden.
- Bereitschaft zu zeigen, an der Beziehung zu arbeiten und – vielleicht zunächst langsam – anzufangen, sich Zeit füreinander zu nehmen, zum Beispiel einmal im Jahr einen Tag, ein (verlängertes) Schwesternwochenende (ohne Partner* innen und Kinder) zu verbringen oder einen gemeinsamen Kurs zu besuchen.
- jede so sein lassen zu können, wie sie ist, und die Unterschiedlichkeiten als Bereicherung zu betrachten.

### Verschiedenheit nutzen, statt sie zu bekämpfen

Unsere Welt ist bunt, vielfältig und äußerst komplex, voller Widersprüche, konträrer Meinungen, Haltungen und Wertesysteme. Dies gilt es nicht nur auszuhalten oder mehr oder weniger widerspruchslos zu ertragen, sondern es eröffnet uns durchaus auch die Möglichkeit, diese Vielfältigkeit zu nutzen oder uns in Toleranz zu üben, denn diese Pluralität ist wichtig und gut. Wir können mit unseren unterschiedlichen Stärken, Standpunkten und Wahrnehmungen gemeinsam nach Lösungen suchen, denke an die Geschichte vom Elefanten.

Mit unseren Schwestern machen wir unsere ersten sozialen Lernerfahrungen auf horizontaler Ebene, und jede erwirbt dabei unterschiedliche Kompetenzen wie Durchsetzungsvermögen, das Übernehmen von Verantwortung, die Fähigkeit, teilen zu können, Kreativität, Abgrenzung und Empathie.[110]

Anstatt Andersartigkeit zu bekämpfen, haben wir – insbesondere im Erwachsenenalter – die Chance, die darin liegenden Potenziale zu erkennen und zu entfalten. Es ist immer besser, nicht *gegen*, sondern *für* etwas zu kämpfen, beispielsweise für ein Gelingen der gemeinsamen Beziehung. Wie wäre es, wenn wir unser Ego und unsere Rechthaberei zugunsten eines gemeinsamen Anliegens zurückstellten und stattdessen die jeweiligen einzigartigen Talente und Gaben miteinander kombinierten, um Synergien zu bilden und gemeinsam ein völlig neues Level der Kreativität zu erreichen. Wir können unser Bewusstsein vom ICH auf ein WIR verlagern und neue Lösungen hervorbringen, die dem Wohle aller Beteiligten dienen. Dies ist wahre Co-Creation.[111]

## Impulsfragen

- Was hast du von deiner Schwester und durch eure spezifische Beziehung (vielleicht auch unbewusst) gelernt – praktisch, kognitiv, psychisch, emotional, spirituell?
- Und was hat sie von dir gelernt?
- Welche (positiven) Erfahrungen durftest du durch sie erleben?
- Was kannst du auch aus negativen Erfahrungen für dich konstruktiv nutzen? Welche Lernaufgaben kannst du daraus ziehen?
- Was sind deine spezifischen Fähigkeiten und Ressourcen?
- Und die deiner Schwester? Was wertschätzt du an ihr?
- Was ist das spezifisch Schwesterliche, das du in deinem Leben gelernt hast?
- Wofür könntest du dich gemeinsam mit deiner Schwester einsetzen?

Wir, Cordula und Barbara, haben unsere jeweiligen spezifischen Erfahrungen, Kompetenzen und Ressourcen zusammengefügt und wollen mit unserer gemeinsamen Schwesternpower zum Gelingen lebendiger Schwesternbeziehungen beitragen. Daraus wurde in Co-Creation zunächst unser Herzensprojekt, die »Schwestern-Workshops«, und dann auch dieses Buch geboren!

### Übung: Den Kreis schließen

- Kannst du dich noch an deine eigene Rückbesinnung in der Einstimmungsübung erinnern? Wie wäre es, wenn du dir jetzt noch einmal dafür Zeit nimmst und schaust, ob – und wenn ja, wie – sich dein Blick auf die verschiedenen Phasen deiner persönlichen Schwestern-Dynamik (vielleicht) verändert hat?
- Gibt es Erkenntnisse in deinem Schwestern-Lesetagebuch?
- Und wenn du dir zu Beginn deines Prozesses mit diesem Schwesternbuch ein Symbol ausgesucht hast: Schau es dir bitte jetzt noch einmal genauer an, ob sich an der Bedeutung, die du ihm gegeben hast, etwas verändert hat. Wenn nicht, ist es auch gut – alles kommt zu seiner Zeit.

Im abschließenden Kapitel werden wir den Blickwinkel noch ein Stück erweitern, denn dort geht es darum, welchen Einfluss dein Erleben als Schwester womöglich auf deine anderen Beziehungen hat und wie du auch diese positiver gestalten kannst.

# Schwestern auf Augenhöhe

Die Fallbeispiele haben dir gezeigt, dass zwischen Schwestern ein Leben lang ein Verbundenheitsgefühl – ein Schwesternband – besteht, unabhängig davon, welche Qualität euer Kontakt zueinander hat. Du hast erkannt, wie wichtig es ist, festgefahrene Rollenverteilungen und Verhaltensmuster zu entlarven und dich daraus zu lösen, sodass aus starren Beziehungsmustern lebendige Beziehungsdynamiken werden können. Neben dem Wunsch nach größerer Harmonie, gegenseitigem Verständnis und Solidarität zwischen Schwestern beobachten wir durchgängig die Sehnsucht nach Augenhöhe, Gleichwertigkeit und Ebenbürtigkeit.

Die Dynamiken, Rollenmuster und Problembereiche zwischen Schwestern sowie ihr Bedürfnis nach einträchtigen oder zumindest friedfertigen, verträglichen Schwesternbeziehungen waren übrigens bei allen Frauen, die wir in unseren Workshops kennenlernen durften, generationsübergreifend übereinstimmend. Hier scheinen gesellschaftliche Veränderungen bezüglich Frauenrollen und Gender nicht viel verändert zu haben.

Die Beziehung zu unseren Eltern ist eine vertikale: von oben nach unten und von unten nach oben. Die unter Geschwistern – also auch die Schwesternebene – ist naturgemäß eine horizontale, denn sie »sind in derselben Epoche über Jahrzehnte unterwegs, als Gefährten teilen sie eine Bandbreite von Erfahrungen wie in keiner anderen Langzeitbeziehung ...«[112]. Geraten Schwestern allerdings in eine »falsche«, ihnen nicht zustehende Rolle, entstehen zwischen ihnen häufig auch vertikale, hierarchische Strukturen. Das kennst du von den Fallbeispielen »Die Bestimmerin«, »Die Ersatzmutter« und »Das Nesthäkchen«. Wenn wir als Schwestern mit unserer ureigenen Persönlichkeit unseren Platz in der Familie und später im Leben einnehmen, einander wertzuschätzen und unsere Andersartigkeiten als gleichwertig anerkennen, können horizontale, ebenbürtige Beziehungen entstehen. Im Erwachsenenalter gehört dazu, Verantwortung für sich zu übernehmen. Wir verändern uns alle ein Leben lang, und alle Schwesternbeziehungen durchlaufen im Laufe des Lebens unterschiedliche Phasen. Weder wir persönlich noch unsere Schwester(n) bleiben dieselbe(n). Dies ist eine Chance, die wir bis ins hohe Alter nutzen dürfen. Denn insbesondere im Alter »... sind es meist die horizontalen Familienbeziehungen, die gesundheitsfördernd sind – und das sind neben Partner*innen eben in hohem Maße die eigenen Geschwister«.[113]

## Einfluss von Schwesternerfahrungen auf andere Beziehungen

Unsere Erfahrungen und Prägungen als Schwester beeinflussen auch die Beziehungen zu unseren Partner*innen, Freund*innen und Kolleg*innen, denn diese begegnen uns auf der horizontalen Ebene gewissermaßen auch als »Schwestern und Brüder«. Zum einen sehen wir Geschwister in ihnen, wie das Fallbeispiel »Die kleine Dümmere« zeigte. Sie erlebte sich häufig im Vergleich zu ihren Kolleg*innen, die sie unbewusst wie große Geschwister empfand, als klein und nicht gut genug.

Zum anderen sind viele Menschen, denen wir in unserem Leben begegnen, ja selbst Schwestern (und Brüder) und übernehmen häufig ihre erlernten Rollen. Oftmals strahlen sie das auch aus, indem sie sich zum Beispiel wie eine große und kompetente Schwester benehmen, wie etwa Martha, »die Kümmerin«. Frauen, die jüngere Schwestern sind, reagieren – meist unbewusst – wiederum mit ihren Rollenmustern darauf. Insofern können sich geschwisterliche Erfahrungen überall in zwischenmenschlichen Begegnungen wiederholen. Denn wir haben es immer auch mit gegenseitigen Projektionen zu tun.

Insbesondere in Paarbeziehungen kann geschwisterliches Empfinden wieder aufblitzen, weil wir – wenn wir es nicht reflektieren – gewohnt sind, »die Welt durch die Augen unserer Kindheitsprägungen zu sehen …«.[114] So fühlen sich Partner*innen häufig nicht gesehen oder buhlen darum, wer es schwerer hat oder wer wohl im Recht ist. »Die Partnerwahl ist an früheren Beziehungsvorbildern orientiert und stellt eine Wiederfindung mit den entsprechenden Tendenzen zur Wiederholung dar.«[115] Wie Geschwister um einen Platz in der Familie ringen, so können auch hier Konkurrenz und Kampf entstehen um unerfüllte Bedürfnisse, Anerkennung oder Nähe – ein Ringen um etwas, das einem in der Kindheit gefehlt hat.

Es ist sehr erhellend, in die wohlwollende Beobachterinnenperspektive zu schlüpfen, unsere Beziehungen aus der horizontalen, geschwisterlichen Ebene zu betrachten und solche Projektionen aufzudecken. Denn als kleine, mittlere oder große Schwester geboren und aufgewachsen zu sein, hat Auswirkungen auf unser Erleben in allen Lebensbereichen.

## Ausblick auf lebendige Beziehungen

Wenn du dir diese Zusammenhänge bewusst machst, kannst auch du dich aus den alten Kindheitsmustern lösen und die anderen Menschen auf Augenhöhe wahrnehmen. Wenn wir uns auf der horizontalen, enthierarchisierten Ebene sehen und begegnen, gelingt es uns, Beziehungskonflikte respektvoll, wertschätzend und ebenbürtig anzugehen. »Lebendige Beziehungen geben uns nicht, was wir wollen. Sie schenken uns, was wir brauchen, um aufzuwachen.«[116]

Indem wir mit uns selbst ins Reine kommen, uns mit uns selbst versöhnen sowie mit Umständen, die wir nicht ändern können, entspannen und heilen wir auch unsere Beziehungen im Außen – zu unseren Schwestern und zu all unseren Mitmenschen. Ist es nicht eine wunderbare Möglichkeit, mehr Frieden in die Welt zu bringen, indem wir bei uns selbst anfangen? So werden Selbstakzeptanz und Selbstliebe gleichsam zu etwas Größerem, und wir werden Beschützerin eines friedlichen Zusammenlebens. »Wenn wir unsere eigenen Gaben lieben, können wir die Gaben schätzen, die andere anzubieten haben. Neid darf sich dann im Nichts auflösen.«[117]

## Versöhnung

Jede von uns weiß, wie es sich anfühlt, mit einer wichtigen oder nahen Beziehung – oder mit uns selbst – unversöhnt zu sein und zu bleiben: Groll und Unfrieden wirken wie Gift, das wir uns selbst in kleinen oder großen Dosen laufend zuführen. Wir können die Vergangenheit nicht ändern – sie ist vorbei. (»Du kannst vom Regen des letzten Montags nicht nass werden.«[118]) Wir schauen zurück und geben dem Vergangenen unsere Bedeutung. Häufig fällt diese negativ aus, denn viele Menschen neigen dazu, insbesondere Negatives zu erinnern und damit zu hadern. Wir sind dann nachtragend: Wir tragen den anderen/ der anderen etwas nach – und belasten uns damit letztendlich selbst! Durch dieses nachtragende Festhalten an schwierigen, verletzenden Erfahrungen aus der Vergangenheit schwächen wir uns selbst und machen uns zu Opfern.

Wir haben jedoch das Potenzial, entscheiden zu können, mit

welchem Blick wir unser bisheriges Leben betrachten: Ist er geprägt von Kränkung, Groll und Unversöhnlichkeit? Oder betrachten wir unsere Mitmenschen – und auch uns selbst – mit einem sanften Blick, wertschätzend und voller Mitgefühl?

Sich versöhnen zu wollen ist eine bewusste Entscheidung und kann ein längerer Prozess sein oder auch ganz schnell gehen. Versöhnung ist ein Zeichen von Erwachsensein und Reife – wobei Kinder sich meist noch viel leichter wieder vertragen können. Von den anderen, von unseren Schwestern, können wir Versöhnung nicht einfordern – lediglich von uns selbst. Auch wenn der Weg zur Versöhnung lang und schmerzvoll sein sollte, am Ende fühlen wir uns entlastet und frei: frei für die Gegenwart und eine unbeschwerte Zukunft.

### Eine Einladung

Wir laden dich ein,

- deine Vergangenheit aus deinem Hadern zu entlassen und sie von dem Wunsch zu befreien, dass sie anders hätte sein sollen, als sie gewesen ist. Du hast die Möglichkeit, sie für dich neu zu interpretieren und dich mit ihr zu versöhnen.
- dich damit auszusöhnen, dass in deiner Vergangenheit und in deiner Beziehung zu deiner Schwester Dinge vielleicht verletzend und schlimm waren. Ja, sie tun weh und schmerzen, aber lass sie ruhen.
- dich damit abzufinden, dass du deine Schwester – und andere Mitmenschen – nicht ändern kannst. Doch du kannst die Bedeutung, die du ihrem Verhalten gibst, ändern.
- dir bewusst zu machen, dass du sonst deine kostbare Lebenszeit mit deinem Hadern und Ringen um Dinge verschwendest, die du nicht verändern kannst. Du hast die Wahl, wofür du deine wertvolle Energie einsetzen möchtest.

Welchen ersten Schritt in diese Richtung möchtest du heute gehen? Wähle dir dafür ein passendes, schönes Symbol – vielleicht aus der Natur –, um dich daran zu erinnern und dich immer wieder in deiner Entscheidung zu bestärken. Wir wünschen dir gutes Gelingen und vielfältige, bereichernde lebendige Beziehungen!

Und wir möchten dich auch herzlich einladen, mit uns gemeinsam an deinen Schwesternthemen zu arbeiten: Wir würden uns sehr freuen, dich auf einem unserer Schwestern-Workshops oder Coachings kennenlernen zu dürfen!

# Nachklang

Mai 2021 – wir haben uns ein paar Tage Auszeit gegönnt, um während eines Schwesternkurzurlaubes die Fertigstellung unseres Buches zu feiern. Anstelle des Blickes auf die Ostsee wie am Anfang schauen wir jetzt in Bayern auf die Alpen.

In dem Zeitraum unseres Schreibens gab es ein tief einschneidendes – die ganze Welt betreffendes – Ereignis, die Corona-Pandemie. Unsere Schwestern-Workshops mussten leider ausfallen, jedoch haben wir über Blogbeiträge auf unserer Website sowie durch Online-Coachings versucht, Schwestern auch weiterhin zu unterstützen. Die Arbeit an diesem Buch, unserem Herzensprojekt »Schwesternbande«, hat uns persönlich zusätzlich sehr erfüllt, genährt und somit die herausfordernde Zeit gut meistern und nutzen lassen. Wir fühlten uns wie in einer Art »Schreib-Quarantäne«.

Viele Familien und Geschwister rücken in Krisenzeiten – obwohl wir alle Abstand halten müssen – emotional enger zusammen. Bei anderen wiederum werden bestehende Konflikte und fehlender Zusammenhalt noch deutlicher und schmerzlicher spürbar. Umso wichtiger ist es, sich auf heilsame Beziehungen zu konzentrieren und sich mit stärkenden, Mut machenden Anregungen zu versorgen. Geschwister können eine Kraftquelle sein, wenn die Beziehungen gut sind.

In jedem Menschen ruhen innere Ressourcen, um Kräfte und Fähigkeiten zu mobilisieren und schwierige Situationen zu überwinden. In unseren Workshops zu erleben, welch reichhaltige Erfahrungsschätze die Frauen schon mitbringen, ist immer wieder beeindruckend. So wie sie hast sicher auch du, liebe Leserin, bereits schwierige Zeiten bewältigt und Konflikte erfolgreich gelöst – allein oder gemeinsam mit deiner Schwester.

Deshalb möchten wir dich hier noch einmal an deine eigenen Stärken und Problemlösungskompetenzen – und die deiner Schwester(n) – erinnern. Glaube an dich und vertraue auf die starke Wirkung von kleinen Schritten. Vielleicht hilft unser Buch dir ja, den nächsten Schritt bewusst zu gehen.

Bevor ich, Cordula, angefangen hatte zu schreiben, war ich nicht sicher, ob ich das konnte: ein richtiges Buch schreiben. »Doch eine wirklich gute Idee erkennt man daran, dass ihre Verwirklichung von vornherein ausgeschlossen scheint.«[119] So begann ich also einfach damit, und Barbara, die zunächst nicht mitmachen wollte, war beim Lesen meiner ersten Entwürfe dann ebenso infiziert und stieg schnell voll mit ein. Das Ergebnis hältst du nun in deinen Händen. Möge es dazu beitragen, dass du dein »Schwesternband« – wie auch immer es aussieht – entwirren, auseinanderrollen und neu knüpfen kannst.

Auf unserer Website zum Buch findest du Bonusmaterialien wie Fotos der erwähnten Symbole, Audios, Übungsanleitungen zum Ausdrucken und mehr: http://www.schwestern-buch.de/material.

Auf unserer Schwestern-Workshop-Website www.schwestern-workshops.de gibt es laufend aktualisierte Informationen zu unseren Workshops und Coachings sowie inspirierende Blogbeiträge. Wir freuen uns auf dich.

*Cordula und Barbara im Mai 2021*

# Danke

Wir sind voller Freude und Dankbarkeit, dieses Buch in den Händen zu halten, und sagen »Danke!«:
- allen Schwestern, die direkt zur Entstehung dieses Buches beigetragen haben – danke, ihr Lieben.
- und allen ehemaligen Teilnehmerinnen unserer Schwestern-Workshops und Coachings – danke, dass wir an euren Prozessen teilhaben durften.

Eure Geschichten, Erfahrungen, Aha-Erlebnisse, Ressourcen und Lösungskompetenzen, die wir in unseren Workshops mit euch erleben durften und dürfen, sind ein großes Geschenk.

Lieben Dank an die freie Journalistin Ulrike Bremm, die den Kontakt zum Droemer Knaur Verlag hergestellt hat. Dies kam genau zum richtigen Zeitpunkt!

Ein herzlicher Dank an den Droemer Knaur Verlag und unsere Lektorin Maria Hellstern, die uns fachkundig mit fröhlicher Leichtigkeit durch den Entstehungsprozess des Buches geführt und begleitet hat. Sie und unsere zweite Lektorin, Dr. Caroline Draeger, haben unserem Schwesternbuch den letzten Schliff gegeben.

Unser Herzensdank geht an unsere Familien: Ihr habt uns die ganze Zeit den Rücken nicht nur freigehalten, sondern ihn auch – mit eurem Glauben an uns – gestärkt und uns mit Rat und Tat zur Seite gestanden.

Danke an unsere Eltern, dass sie uns einander als Schwestern geschenkt haben! Aus dem mit ihnen Erlebten – dem Positiven wie dem Negativen – hat jede von uns ihre Stärken und einen »roten Faden« für ihr eigenes, aber auch unser gemeinsames Leben entwickelt.

**Barbara:**

Danke, meine *kleine* Schwester Cordula, du warst, bist und bleibst ein Geschenk des Himmels! Super, dass du einfach allein angefangen hast, dieses Buch zu schreiben – ich wollte ja eigentlich nicht. Doch schon mit den ersten Ausschnitten hast du mich begeistert, es mitzugestalten, und mich für diese Co-Creation gewonnen. Ich freue mich riesig darüber!

**Cordula:**

Ein Schwesternherzensdank an meine *große* Schwester Barbara – du weißt, was du mir bedeutest! Ich bin sehr froh, dass du mit eingestiegen bist und dass dieses Buch ein weiteres gemeinsames Schwesternprojekt geworden ist.

Ich bedanke mich von Herzen für die offenen Ohren, Bestätigungen und Ermutigungen meiner Freundinnen und Freunde.

Mein Dank geht auch an Andrea und Veit Lindau und ihre HOMODEA-Community sowie an die lieben Wegbegleiter*innen. Ohne die vielen wertvollen Impulse und Inspirationen der Integral-Life-Coaching-Ausbildung und des »Schreibglück«-Kurses wäre ich sicherlich nicht auf die Idee gekommen, ein Buch zu schreiben.

Den größten Teil des Buches habe ich mit Ostseeblick in der »Oase am Meer« geschrieben – danke für diesen so liebevoll gestalteten Ort.

# Anmerkungen

1 https://www.psychologie-heute.de/abo-shop/einzelhefte-jahrgaenge/heftinhalt/38715-psychologie-heute-102018-geschwister.html

2 Wright, Liz, Studienautorin, in: »Psychologie heute«, Weinheim, Ausgabe 10/2009

3 Siehe Webblog zu Kurt Tucholsky http://www.sudelblog.de/?p=394

4 Onnen-Isemann, Corinna, Rösch, Gertrud Maria, Schwesterherz Schwesterschmerz, Schwestern zwischen Solidarität und Rivalität, Heidelberg, 2006, S. 19 ff.

5 Dies wurde auch in einer Studie von Onnen-Isemann und Rösch festgestellt. Ebd., S. 136 ff.

6 Ausführlich beschrieben von: Onnen-Isemann, ebd., S. 25 ff.

7 Hess, Annette (Drehbuch), Bohse, Sven (Regie), Ku'damm 56, ZDF, März 2016; dies., Ku'damm 59, ZDF, März 2018; Terjung, Marc (Drehbuch), Bernardi, Sabine (Regie), Ku'damm 63, ZDF, März 2021

8 Bode, Sabine, Die vergessene Generation: Die Kriegskinder brechen ihr Schweigen, Stuttgart 2015; dies.: Nachkriegskinder: Die 1950er Jahrgänge und ihre Soldatenväter, Stuttgart, 2019; dies. Kriegsenkel: Die Erben der vergessenen Generation, Stuttgart, 2019

9 »Schwesterlichkeit« im Sinne von »absichtsvoll und bewusst in Gesten und Worten ausgedrückte(r) Nähe ... zweier Frauen« im Gegensatz zu »Schwesternschaft« als »Bezeichnung für die biologische Gegebenheit«. Onnen-Isemann, Corinna, Rösch, Gertrud Maria, Schwesterherz Schwesterschmerz, Schwestern zwischen Solidarität und Rivalität, Heidelberg, 2006, S. 23

10 Vgl. Birgit Cramon-Daibler et al., Schwesternstreit. Von den heimlichen und unheimlichen Auseinandersetzungen zwischen Frauen, Reinbek bei Hamburg, 1983 und
Imme, de Haen, »Aber die Jüngste war die Allerschönste«, Schwesternerfahrungen und weibliche Rolle, Frankfurt am Main, 1983

11 Onnen-Isemann, a. a. O., S. 122

12 Studie Liz Wright, a. a. O.

13 Ley, Katharina, Geschwisterbande, Liebe, Hass und Solidarität, Stuttgart, 2007, S. 158

14 Frick, Jürg, Ich mag dich – du nervst mich! Geschwister und ihre Bedeutung für das Leben, Bern, 2004, S. 155 ff.

15 Frick, Jürg, a. a. O., S. 27 ff.

16 Miebach-Berkes, Anna, Schwestern im Alter. Rückblicke auf eine lebenslange Beziehung, Marburg, 2010, vgl. S. 141.

17 Sohni, Hans, Geschwisterdynamik, Gießen, 3. Auflage, 2020, S. 85

18 Wilfried, Schneider, »Symbole als Hoffnung oder ›Es ist alles schon da. Du musst es nur finden‹.«, zitiert auf: https://www.psychologische-symbolarbeit.de/

19 Vgl. Watzlawick, Paul, Wie wirklich ist die Wirklichkeit. Wahn – Täuschung – Verstehen, München, 1978

20 Schneider, Wilfried, (Hrsg.): Wenn Worte fehlen – Symbole als Dolmetscher. Ein Praxisbuch für Therapie, Beratung, Begleitung von Teams und Pädagogik. Mit Beiträgen von 33 Autorinnen und Autoren. Studienverlag (Innsbruck, Wien, München, Bozen), 2020

21 Nidiaye, Safi, Herz öffnen statt Kopf zerbrechen: Der Weg zu Freiheit, Freude und Frieden, Berlin, 2005

22 Nach dem Lied »Männer« von Herbert Grönemeyer

23 Fähigkeit zur »Triangulierung«, Adam-Lauterbach, Dorothee, Geschwisterbeziehungen und seelische Erkrankungen, Stuttgart, 2013, S. 35

24 Watzlawik, Paul, Anleitung zum Unglücklichsein, München, 15. Auflage, 2009

25 Hanson, Rick, Selbstgesteuerte Plastizität, Freiburg, 2004

26 Stuart, Ian, Joines, Vann, Die Transaktionsanalyse, Eine Einführung, Freiburg im Breisgau, 12. Auflage, 2015, S. 228 ff.

27 Vgl. Bundeszentrale für gesundheitliche Aufklärung: Die magische Phase. Unter: https://www.kindergesundheit-info.de/themen/entwicklung/entwicklungsschritte/geistige-entwicklung/magische-phase/

28 Lindgren, Astrid, »Här kommer Pippi Långstrump«, Titellied der Pippi Langstrumpf-Fernsehserie, Franke, Wolfgang / Harun, Helmut: deutsche Übersetzung »Hey, Pippi Langstrumpf!«

29 Vgl. Brock, Inés, Geschwister verstehen, München, 2020, S. 72

30 Moeller, Michael Lukas, Die Wahrheit beginnt zu zweit: Das Paar im Gespräch, Reinbek bei Hamburg, 2010

31 Frick, Jürg, Ich mag dich – du nervst mich! Geschwister und ihre Bedeutung für das Leben, Bern, 2004, S. 41

32 Brock, Inés, Geschwister und ihr Einfluss auf die Entwicklung von sozialer und emotionaler Kompetenz, in »Familiendynamik«, Stuttgart, 35. Jahrgang, Heft 4/2010, S. 2–9

33 Onnen-Isemann, Corinna, Rösch, Gertrud Maria, Schwestern. Zur Dynamik einer lebenslangen Beziehung, Frankfurt am Main, 2005

34  Brock, Inés, Geschwister verstehen, München, 2020, S. 69 ff.

35  Ebd., S. 70–71

36  Alfred Adler, österreichischer Arzt und Psychotherapeut. Begründer der Individualpsychologie. Er sagte bereits 1927, dass »... *es (...) ein allgemeiner Irrtum (ist), anzunehmen, dass Kinder derselben Familie von derselben Umgebung geprägt werden«*. Menschenkenntnis, Kapitel 8: Geschwister, Leipzig (Hirzel), 1927, S. 117–124

37  Brock, Inés, Geschwister verstehen, München, 2020, S. 73

38  Es gibt eine Reihe ähnlicher Stofftiere, z.B. einen Wolf, der sich in ein Schaf verwandeln kann und natürlich umgekehrt, mit denen ich, Cordula, in meiner Psychotherapeutischen Praxis sehr gern und erfolgreich arbeite.

39  Perls, Fritz, neben Laura Perls und Paul Goodman ist er Mitbegründer der Gestalttherapie; Quelle unbekannt

40  Zitat aus: moment-by-moment-2018-01-S-56–59.pdf / Literatur: Doty, James R., Der Neurochirurg, der sein Herz vergessen hatte, München, 2017

41  http://www.zitate-sprichworte.de/albert-einstein-zitate.html

42  Wobei dieser Begriff lediglich für eine Dreierkonstellation zutreffend ist. Brock, Inés, Geschwister verstehen, München, 2020, S. 72–73

43  Adam-Lauterbach, Dorothee, Geschwisterbeziehungen und seelische Erkrankungen, Stuttgart, 2013, S. 132

44  Brock, Inés, Geschwister verstehen, München, 2020, S. 72 ff.

45  Frick, Jürg, Ich mag dich – du nervst mich! Geschwister und ihre Bedeutung für das Leben, Bern, 2004, S. 58

46  Kraus, Helga und Karin, Schwestern über Schwestern, Frankfurt am Main, 1991, S. 72

47  Onnen-Isemann, Corinna und Rösch, Gertrud Maria, Schwesterherz Schwesterschmerz, Heidelberg, 2006, S. 75

48  Frick, Jürg, Ich mag dich – du nervst mich, Bern, 2004, S. 193

49  Potreck-Rose, Friederike, Selbstzuwendung, Selbstakzeptanz, Selbstvertrauen, Stuttgart, 2003, S. 117 ff.

50  Vgl. Potreck-Rose, Friederike, Von der Freude, den Selbstwert zu stärken, Stuttgart. 2006, S. 27 ff.

51  Ley, Katharina, 2007, a. a. O., S. 176

52  Sparrer, Insa, Varga von Kibéd, Matthias, Ganz im Gegenteil, Tetralemmaarbeit und andere Grundformen Systemischer Strukturaufstellungen – für Querdenker und solche, die es werden wollen, Heidelberg, 2009, S. 75 ff.

53  Klein, Peter und Limberg-Strohmaier, Sigrid, Das Aufstellungsbuch,

Wien 2012, und: Chu, Victor, Neugeburt einer Familie, Familienstellen in der Gestalttherapie, Wuppertal, 2008

54    Ley, Katharina, a. a. O., S. 68

55    Brock, Inés, Geschwister verstehen, München, 2020, S. 74 ff.

56    Frick, Jürg, Ich mag dich – du nervst mich! Geschwister und ihre Bedeutung für das Leben, Bern, 2004, S. 35 ff.

57    Ebd., S. 41

58    Ley, Katharina, Geschwisterbande. Liebe, Hass und Solidarität, Stuttgart, 2007, S. 65

59    Vgl. Backhaus, Hanna, Große Brüder und kleine Prinzessinnen. Geschwisterfolge – Schlüssel zur eigenen Persönlichkeit, Moers, 2013

60    Vgl. Ben Fuhrmann: Es ist nie zu spät, eine glückliche Kindheit zu haben, Dortmund 1999, 6. Auflage, 2013

61    Zu der Wirkungsweise von Aufstellungen, Probehandeln und Ritualen gibt es u. a. den Erklärungsansatz von dem Biologen Rupert Sheldrake und seinem Modell der morphogenetischen Felder. »Es scheint, als flösse die Erfahrung und Entdeckung jedes Einzelnen in einen kollektiven Wissensspeicher, aus dem auch andere sich bedienen können.« aus: Küpper-Popp, Karolin und Lamp, Ida (Hg.), Rituale und Symbole in der Hospizarbeit, Gütersloh, 2014, 2. Auflage, S. 21 ff.
Siehe auch: Klein, Peter und Limberg-Strohmaier, Sigrid, Das Aufstellungsbuch, Wien, 2012, S. 41 ff. und: Chu, Victor, Neugeburt einer Familie, Familienstellen in der Gestalttherapie, Wuppertal, 2008, S. 113 ff.

62    Kasten, Hartmut, Geschwister: Vorbilder, Rivalen, Vertraute, München 2001, S. 85

63    Croos-Müller Dr. med., Claudia, Kopf hoch. Das Überlebensbuch, München 2011; Croos-Müller Dr. med, Claudia, Körperübungen für Gehirn und Gefühle, Body2Brain-App, München 2017

64    Kasten, Hartmut, Geschwister: Vorbilder, Rivalen, Vertraute, München 2001, S. 85

65    Kinderreiche Familien in Deutschland – Auslaufmodell oder Lebensentwurf für die Zukunft? Broschüre des Bundesinstituts für Bevölkerungsforschung, 2019, S. 57

66    Witte, Susanne, Geschwister im Kontext von Misshandlung, Missbrauch und Vernachlässigung, 2018, S. 10; zitiert aus Brock, Inés, a. a. O., S. 76

67    Brock, Inés, a. a. O., S. 77

68    Miebach-Berkes, Anna, Schwestern im Alter. Rückblicke auf eine lebenslange Beziehung, Marburg, 2010, S. 54

69    Ebd., S. 58

70    Frankl, Viktor E., Trotzdem Ja zum Leben sagen, München, 2019, Zitat, S. 102 : https://zitatezumnachdenken.com/viktor-frankl

71    Vgl. https://ladybugkreativ.blogspot.com/2018/08/urteile-nie-uber-einen-menschen-bevor.html

72    Vgl. Stief- und Patchworkfamilien in Deutschland, Monitor-Familienforschung, 31. Ausgabe, 2013

73    Sehr anschaulich beschreibt dies Susann Sitzler am Beispiel ihrer eigenen Familienerfahrungen in Geschwister: Die längste Beziehung des Lebens, Stuttgart, 2014

74    Stahl, Stefanie, So bin ich eben! Erkenne dich selbst und andere, München, 2020, S. 146 ff.

75    Schulz von Thun, Friedemann, Miteinander reden: 3, Das »Innere Team« und situationsgerechte Kommunikation, Hamburg, 1998

76    Satir, Virginia, et al., Das Satir-Modell, 8. Kapitel: Die Parts Party, Paderborn, 1995, S. 195 ff.

77    Der Film »Alles steht Kopf« zeigt dies sehr anschaulich und humorvoll! Computeranimationsfilm von Pixar, USA, 2015

78    Kumbier, Dagmar, Literaturhinweise zum »Inneren Team«: https://www.integrative-teilearbeit.de/?page_id=150

79    Vgl. Gordon, Thomas, Familienkonferenz: Die Lösung von Konflikten zwischen Eltern und Kind, Hamburg, 1972

80    Brock, Inés, (Hg.), Bruderheld und Schwesterherz, Gießen, 2015, S. 41, siehe auch: Kasten, Hartmut, Die Geschwisterbeziehung, Band 2: Spezielle Geschwisterbeziehungen Kap. 5 Geschwisterbeziehungen von Stiefgeschwistern und Halbgeschwistern, S. 147–199, Göttingen 1993

81    Vgl. Reddemann, Luise, Eine Reise von 1000 Meilen beginnt mit dem ersten Schritt. Seelische Kräfte entwickeln und fördern, Freiburg in Breisgau, 2. Auflage, 2008, S. 42 ff.

82    Eine ähnliche Anregung findest du in der kurzen Geschichte: »Das rosa Tütchen«, https://rosa-tuetchen.de/ueber-uns/

83    Potreck-Rose, Friederike, Von der Freude, den Selbstwert zu stärken, Stuttgart, 2018

84    Watzlawick, Paul, Wie wirklich ist die Wirklichkeit, Wahn, Täuschung, Verstehen, München, 2005

85    Nach »Die Blinden und der Elefant« aus Asien, Originalquelle unbekannt; Fundstellen im Internet: https://internet-maerchen.de/maerchen/blinde-elefant.html

86    Vgl. Arntz, William, Chase, Betsy, et al., »Bleep«, An der Schnittstelle von Spiritualität und Wissenschaft, Das offizielle Buch zum Film »What the BLEEP do we know!?«, Kirchzarten bei Freiburg, 2007

87  siehe hierzu auch Bert Brecht, Geschichten von Herrn Keuner: https:// nosologoethevlc.files.wordpress.com/2013/03/brecht-geschichten-keuner.pdf

Wenn Herr K. einen Menschen liebte: »Was tun Sie«, wurde Herr K. gefragt, »wenn Sie einen Menschen lieben?« »Ich mache einen Entwurf von ihm«, sagte Herr K., »und sorge, daß er ihm ähnlich wird.« »Wer? Der Entwurf?« »Nein«, sagte Herr K., »der Mensch.«

88  Schulz von Thun, Friedemann, Miteinander reden: 1; Störungen und Klärungen, Allgemeine Psychologie der Kommunikation, Hamburg, 49. Auflage, 2011

89  Ein weiteres in ähnlicher Weise aufgebautes und sehr hilfreiches Kommunikationsmodell ist die Gewaltfreie Kommunikation von Marshall Rosenberg: Rosenberg, Marshall, Gewaltfreie Kommunikation, Eine Sprache des Lebens, Paderborn, 2001, 9. Auflage, 2010

90  Lindau, Veit, Experte für integrale Selbstverwirklichung, Autor, Coach, Unveröffentlichtes Manuskript, EHP, Part III, S. 86.

91  Tulku Lobsang Rinpoche, Buddhistischer Meister, geb. 1976, gehört in »Flow! Summit 2020, https://www.flowsummit.net/«

92  Vgl. Schmidt, Nicola, Geschwister als Team – Ideen für eine starke Familie, München, 2018

93  Brock, Inés, 2020, a. a. O., S. 30

94  Dschalāl ad-Dīn Muhammad Rūmī, 1207–1273, persischer Sufi-Mystiker, Gelehrter und Dichter

95  Vgl. Miebach-Berkes, a. a. O., 2010, S. 137: Dort wird hervorgehoben, dass ein Tabu »… oder zumindest eine Zurückhaltung besteht, Konflikte anzusprechen …«, indem Teilnehmerinnen der Studie »… zögerten, Auseinandersetzungen zu benennen, diese beschwichtigten oder ganz verleugneten«.

96  Zu Abgrenzung von idealisierten Schwesternbeziehungen und gesellschaftlichen Erwartungen siehe auch Schlussbemerkung von: Onnen-Isemann, Corinna und Rösch, Gertrud Maria, Schwesterherz Schwesterschmerz, Heidelberg, 2006, S. 163

97  Neurowissenschaftler Gerhardt Roth schätzt, dass uns nur 0,1 Prozent dessen, was das Gehirn gerade tut, bewusst wird. https://www.welt.de/ wissenschaft/article3411612/Die-heimliche-Macht-des-Unbewussten.html

98  Yalom, Irving, Die Liebe und ihr Henker, München, 2001, S. 254–256

99  Yalom, a. a. O., S. 256

100 Byron, Katie, gehört auf dem Flow-Summer-Online-Kongress 2020, Tag 8, https://www.flowsummit.net/

101 Vgl. Dr. Ley, Katharina, Das Lernen in verschiedenen Kontexten: »Versöhnung lernen – mit sich selber, mit Anderen«, Vortrag Lindauer Psychotherapiewochen, 2005, https://www.lptw.de/archiv/vortrag/ 2005/ley-katharina-versoehnung-lernen-Lindauer-Psychotherapie-wochen2005.pdf

102 Fritz Perls: https://gedankenwelt.de/brief-die-eigenliebe-ich-bin-ich-du-bist-du/ (Bekannt auch als »Gestaltgebet«)

103 Sohni, Hans, Geschwisterdynamik, Gießen, 3. Auflage, 2020, S. 132

104 Ley, Dr. phil. Katharina, »Familie vor neuen Herausforderungen: Patchwork als Regelform? Was sich in den letzten Jahrzehnten verändert hat«, Vortrag Lindauer Psychotherapiewochen, 2011 https://www. lptw.de/archiv/vortrag/2011/ley-katharina-familie-vor-neuen-heraus-forderungen-patchwork-lindauer-psychotherapiewochen2011.pdf

105 »Wenn der Wind des Wandels weht, bauen die einen Schutzmauern und die anderen Windmühlen.« Chinesisches Sprichwort, Quelle unbekannt, https://gutezitate.com/zitat/104460

106 Ley, Katharina, Geschwisterbande, Liebe, Hass und Solidarität, Stuttgart, 2007, S. 66

107 Frick, Jürg, Ich mag dich – du nervst mich, Geschwister und ihre Bedeutung für das Leben, Bern, 1. Auflage, 2004, S. 268

108 Zenon von Kition, (333–261 v. Chr.)

109 Sohni, Hans, a. a. O., S. 133

110 Frick, Jürg, 2004, a. a. O., S. 280 ff.

111 Vgl. Anderson, Carolyn P., Roske, Katharine, Das Co-Creation Handbuch 2.0, Ein praktischer Leitfaden zur Entdeckung deines Lebensplans und für gelingende Beziehungen in einer neuen Welt, Wasserburg am Inn, 2019

112 Sohni, Hans, 2020, a. a. O., S. 85

113 Brock, Inés, 2020, a. a. O., S. 32

114 Stahl, Stefanie, Das Kind in dir muss Heimat finden, München, 9. Auflage, 2015, S. 185

115 Adam-Lauterbach, Dorothee, Geschwisterbeziehungen und seelische Erkrankungen, Stuttgart, 2013, S. 72

116 Lindau, Veit, Experte für integrale Selbstverwirklichung, Autor, Coach, gehört in »Heilungswerk«, https://app.homodea.com/, 2020

117 In einem Interview von Anita Moorjani gehört. Siehe auch: Moorjani, Anita, Heilung im Licht, München, 4. Auflage, 2012

118 Quelle unbekannt

119 Einstein, Albert, Quelle: diverse Einstein-Zitate-Sammlungen im Internet https://gutezitate.com/zitat/192978

# Literatur

Adam-Lauterbach, Dorothee, Geschwisterbeziehungen und seelische Erkrankungen, Stuttgart, 2013

Adler, Alfred, Menschenkenntnis, Kapitel 8: Geschwister, Leipzig (Hirzel), 1927

Alles steht Kopf (Animationsfilm), https://www.moviepilot.de/movies/inside-out-alles-steht-kopf, Pixar, USA, 2015

Anderson, Carolyn P., Roske, Katharine, Das Co-Creation Handbuch 2. 0, Ein praktischer Leitfaden zur Entdeckung deines Lebensplans und für gelingende Beziehungen in einer neuen Welt, Wasserburg am Inn, 2019

Arntz, William, Chase, Betsy, et al., »Bleep«, An der Schnittstelle von Spiritualität und Wissenschaft. Das offizielle Buch zum Film »What the BLEEP do we know!?«, Kirchzarten bei Freiburg, 2007

Backhaus, Hanna, Große Brüder und kleine Prinzessinnen, Geschwisterfolge – Schlüssel zur eigenen Persönlichkeit, Moers, 2013

Bode, Sabine, Die vergessene Generation: Die Kriegskinder brechen ihr Schweigen, Stuttgart 2015

dies., Nachkriegskinder: Die 1950er Jahrgänge und ihre Soldatenväter, Stuttgart, 2019

dies., Kriegsenkel: Die Erben der vergessenen Generation, Stuttgart, 2019

Brecht, Bert, Geschichten von Herrn Keuner: https://nosologoethevlc.files.wordpress/2013/03/brecht-geschichten-keuner.pdf: Wenn Herr K. einen Menschen liebte

Brock, Inés, (Hg.), Bruderheld und Schwesterherz, Gießen, 2015

dies., Geschwister und ihr Einfluss auf die Entwicklung von sozialer und emotionaler Kompetenz, in: »Familiendynamik«, Stuttgart, 35. Jahrgang, Heft 4/2010

dies., Geschwister verstehen, München, 2020

Bundesinstitut für Bevölkerungsforschung, Kinderreiche Familien in Deutschland – Auslaufmodell oder Lebensentwurf für die Zukunft?, 2019

Byron, Katie, gehört auf dem Flow-Summer-Online-Kongress 2020, Tag 8, https://www.flowsummit.net/

Chu, Victor, Neugeburt einer Familie, Familienstellen in der Gestalttherapie, Wuppertal, 2008

Cramon-Daibler, Birgit, et al., Schwesternstreit. Von den heimlichen und unheimlichen Auseinandersetzungen zwischen Frauen, Reinbek bei Hamburg, 1983

Croos-Müller Dr. med., Claudia, Kopf hoch, Das Überlebensbuch, München, 2011

dies., Körperübungen für Gehirn und Gefühle, Body2Brain-App, München, 2017

»Das rosa Tütchen«, http://www.selbsthilfe-hilfe.de/t119 f36-Das-rosa-Tuetchen.html

De Haen, Imme, »Aber die Jüngste war die Allerschönste«, Schwesternerfahrungen und weibliche Rolle, Frankfurt am Main, 1983

Die Blinden und der Elefant, Asien, Originalquelle unbekannt, https://internet-maerchen.de/maerchen/blinde-elefant.htm

Dschalāl ad-Dīn Muhammad Rūmī, 1207–1273, persischer Sufi-Mystiker, Gelehrter und Dichter

Frankl, Viktor E., Trotzdem Ja zum Leben sagen, München, 2019, Zitat: https://zitatezumnachdenken.com/viktor-frankl

Frick, Jürg, Ich mag dich – du nervst mich! Geschwister und ihre Bedeutung für das Leben, Bern, 2004

Fuhrmann, Ben, Es ist nie zu spät, eine glückliche Kindheit zu haben, Dortmund 1999, 6. Auflage, 2013

Hanson, Rick, Selbstgesteuerte Plastizität, Freiburg, 2004

Hess, Annette (Drehbuch), Bohse, Sven (Regie), Ku'damm 56, ZDF, März 2016;

dies., Ku'damm 59, ZDF, März 2018; Terjung, Marc (Drehbuch), Bernardi, Sabine (Regie), Ku'damm 63, ZDF, März 2021

https://www.psychologie-heute.de/abo-shop/einzelhefte-jahrgaenge/
heftinhalt/38715-psychologie-heute-102018-geschwister.html

Indianische Weisheit: https://ladybugkreativ.blogspot.com/2018/08/
urteile-nie-uber-einen-menschen-bevor.html

Kasten, Hartmut, Die Geschwisterbeziehung, Band 2: Spezielle Geschwisterbeziehungen, Kap. 5 Geschwisterbeziehungen von Stiefgeschwistern und Halbgeschwistern, Göttingen, 1993

ders., Geschwister: Vorbilder, Rivalen, Vertraute, München, 2001

Klein, Peter / Limberg-Strohmaier, Sigrid, Das Aufstellungsbuch,
Wien, 2012

Kraus, Helga und Karin, Schwestern über Schwestern, Frankfurt am
Main, 1991

Küpper-Popp, Karolin / Lamp, Ida (Hg.), Rituale und Symbole in der
Hospizarbeit, Gütersloh, 2014

Kumbier, Dagmar, https://www.integrative-teilearbeit.de/?page_id=
150, Literaturhinweise zum »Inneren Team«

Ley Dr. phil., Katharina, Das Lernen in verschiedenen Kontexten:
»Versöhnung lernen – mit sich selber, mit Anderen«, Vortrag Lindauer Psychotherapiewochen, 2005, https://www.lptw.de/archiv/
vortrag/2005/ley-katharina-versoehnung-lernen-Lindauer-Psy-
chotherapiewochen2005.pdf

dies., »Familie vor neuen Herausforderungen: Patchwork als Regelform? Was sich in den letzten Jahrzehnten verändert hat«, Vortrag
Lindauer Psychotherapiewochen, 2011 https:// www.lptw.de/archiv/
vortrag/2011/ley-katharina-familie-vor-neuen-herausforderun-
gen-patchwork-lindauer-psychotherapiewochen2011.pdf

dies., Geschwisterbande, Liebe, Hass und Solidarität, Stuttgart, 2007

Lindau, Veit, Experte für integrale Selbstverwirklichung, Autor,
Coach, gehört in »Heilungswerk«, https://homodea.com/, 2020

Lindgren, Astrid, »Här kommer Pippi Långstrump«, Titellied der Pippi Langstrumpf-Fernsehserie, Franke, Wolfgang / Harun, Helmut:
deutsche Übersetzung »Hey, Pippi Langstrumpf!«

Miebach-Berkes, Anna, Schwestern im Alter. Rückblicke auf eine lebenslange Beziehung, Marburg, 2010

Moeller, Michael Lukas, Die Wahrheit beginnt zu zweit: Das Paar im Gespräch, Reinbek bei Hamburg, 2010

moment-by-moment-2018–01-S-56–59.pdf Doty, James R., Der Neurochirurg, der sein Herz vergessen hatte, München, 2017

Monitor-Familienforschung, 31. Ausgabe, Stief- und Patchworkfamilien in Deutschland, 2013

Moorjani, Anita, Heilung im Licht, München, 4. Auflage, 2012 und Interview

Nidiaye, Safi, Herz öffnen statt Kopf zerbrechen: Der Weg zu Freiheit, Freude und Frieden, Berlin, 2005

Onnen-Isemann, Corinna, Rösch, Gertrud Maria, Schwesterherz Schwesterschmerz, Schwestern zwischen Solidarität und Rivalität, Heidelberg, 2006

dies., Schwestern. Zur Dynamik einer lebenslangen Beziehung, Frankfurt am Main, 2005

Perls, Fritz, Ich bin ich (bekannt auch als »Gestaltgebet«), https://gedankenwelt.de/brief-die-eigenliebe-ich-bin-ich-du-bist-du/

Potreck-Rose, Friederike, Selbstzuwendung, Selbstakzeptanz, Selbstvertrauen, Stuttgart, 2003

dies., Von der Freude, den Selbstwert zu stärken, Stuttgart, 2006

Reddemann, Luise, Eine Reise von 1000 Meilen beginnt mit dem ersten Schritt. Seelische Kräfte entwickeln und fördern, Freiburg im Breisgau, 2. Auflage, 2008

dies., Imagination als heilsame Kraft. Zur Behandlung von Traumafolgen mit ressourcenorientierten Verfahren, München, 2006

Rosenberg, Marshall, Gewaltfreie Kommunikation, Eine Sprache des Lebens, Paderborn, 2001, 2010

Roth, Gerhardt, Neurowissenschaftler, https://www.welt.de/wissenschaft/article3411612/Die-heimliche-Macht-des-Unbewussten.html

Satir, Virginia, et al., Das Satir-Modell, 8. Kapitel: Die Parts Party, Paderborn, 1995

Schmidt, Nicola, Geschwister als Team – Ideen für eine starke Familie, München, 2018

Schneider, Wilfried »Symbole als Hoffnung oder ›Es ist alles schon da. Du musst es nur finden‹«, zitiert auf: https://www.psychologische-symbolarbeit.de/

ders., (Hrsg.): Wenn Worte fehlen – Symbole als Dolmetscher. Ein Praxisbuch für Therapie, Beratung, Begleitung von Teams und Pädagogik. Mit Beiträgen von 33 Autorinnen und Autoren. Studienverlag (Innsbruck, Wien, München, Bozen), 2020

Schulz von Thun, Friedemann, Miteinander reden: 1; Störungen und Klärungen, Allgemeine Psychologie der Kommunikation, Hamburg, 2011

ders., Miteinander reden: 3, Das »Innere Team« und situationsgerechte Kommunikation, Hamburg, 1998

Sitzler, Susann, Geschwister: Die längste Beziehung des Lebens, Stuttgart, 2014

Sohni, Hans, Geschwisterdynamik, Gießen, 3. Auflage, 2020

Sparrer, Insa, Varga von Kibéd, Matthias, Ganz im Gegenteil, Tetralemmaarbeit und andere Grundformen Systemischer Strukturaufstellungen – für Querdenker und solche, die es werden wollen, Heidelberg, 2009

Stahl, Stefanie, Das Kind in dir muss Heimat finden, München, 2015

dies., So bin ich eben! Erkenne dich selbst und andere, München, 2020

Storch, Maja / Cantieni, Benita / Hüther, Gerald / Tschacher, Wolfgang, Embodiment – Die Wechselwirkung von Körper und Psyche verstehen und nutzen, Bern, 2017

Stuart, Ian, Joines, Vann, Die Transaktionsanalyse. Eine Einführung, Freiburg im Breisgau, 12. Auflage, 2015

Tucholsky, Kurt, http://www.sudelblog.de/?p=394

Tulku Lobsang Rinpoche, Buddhistischer Meister, geb. 1976, gehört in »Flow! Summit 2020, https://www.flowsummit.net/

Watzlawik, Paul, Anleitung zum Unglücklichsein, München, 15. Auflage, 2009

ders., Wie wirklich ist die Wirklichkeit. Wahn – Täuschung – Verstehen, München, 1978, 2005

Witte, Susanne, Geschwister im Kontext von Misshandlung, Missbrauch und Vernachlässigung, Basel, 2018

Wright, Liz, Studienautorin, in »Psychologie heute«, Weinheim, Ausgabe 10/2009

Yalom, Irving, Die Liebe und ihr Henker, München, 1990 (Sonderausgabe März 2001)

Zenon von Kition, (333–261 v. Chr.)